5 pasos para transformar una oficina de personal en un área de Recursos Humanos

Coordinación
de la serie Martha Alles
Gabriela Scalamandré

Diseño de tapa
Juan Pablo Olivieri

MARTHA ALICIA ALLES

5 pasos para transformar una oficina de personal en un área de Recursos Humanos

Mirando al futuro en el contexto de las nuevas generaciones

Nuevo libro

GRANICA

ARGENTINA - ESPAÑA - MÉXICO - CHILE - URUGUAY

© Martha Alicia Alles
© 2005, 2018 *by* Ediciones Granica S.A.
Primera edición: 2005
Segunda edición: setiembre de 2018

ARGENTINA
Ediciones Granica S.A.
Lavalle 1634 - 3º G / C1048AAN Buenos Aires, Argentina
Tel.: +54(11) 4374-1456 Fax: +54(11) 4373-0669
granica.ar@granicaeditor.com
atencionaempresas@granicaeditor.com

MÉXICO
Ediciones Granica México S.A. de C.V.
Industria No. 82, Colonia Nextengo, Delegación Azcapotzalco
02070 Ciudad de Máxico - México
Tel.: +5255-5360-1010
granica.mx@granicaeditor.co

URUGUAY
Ediciones Granica S.A.
Scoseria 2639 Bis
11300 Montevideo, Uruguay
Tel: +59 (82) 712 4857 / +59 (82) 712 4858
granica.uy@granicaeditor.com

CHILE
granica.cl@granicaeditor.com
Tel.: +56 2 8107455

ESPAÑA
granica.es@granicaeditor.com
Tel.: +34 (93) 635 4120

www.granicaeditor.com

ISBN 978-950-641-954-7

Hecho el depósito que marca la ley 11.723

Impreso en Argentina. *Printed in Argentina*

Alles, Martha Alicia
    5 pasos para transformar una oficina de personal en un área de Recursos
    Humanos : mirando al futuro en el contexto de las nuevas generacio-
    nes / Martha Alicia Alles. - 2ª ed . - Ciudad Autónoma de Buenos Aires :
    Granica, 2018.
    280 p. ; 23 x 17 cm.

    ISBN 978-950-641-954-7

    1. Administración de Recursos Humanos. I. Título.
    CDD 658.3

Índice

Presentación

5 pasos para transformar una oficina de personal en un área de Recursos Humanos
Nuevo libro 2018

Recursos Humanos en el contexto de los años 2020. Mirando hacia el 2030. En el contexto de los *millennials*

Todos nosotros llevamos a cabo nuestras actividades en el contexto de los años 2020, mirando para adelante, al futuro. Las organizaciones también.

Tanto en la vida personal como en el ámbito organizacional conviven las nuevas generaciones planteándose nuevos roles, nuevas formas de relacionarse y hacer las cosas.

La disciplina Recursos Humanos debe reflejar las nuevas realidades del contexto actual y futuro, sin perder su esencia.

Los liderazgos también se han modificado. Los jóvenes esperan nuevos estilos, nuevas formas de liderar.

Por otro lado, casi con seguridad todo lo que ha cambiado volverá a cambiar.

En este marco, los Recursos Humanos cobran relevancia, marcarán la diferencia.

En la presentación de una obra previa les comenté a mis lectores que, en algún momento, Ariel Granica me dijo: *Tienes que hablarles al oído a los responsables de RRHH, hacer un coaching dirigido a los encargados de lidiar con las personas en las empresas y organizaciones… quizá diciéndoles: "Si a usted le pasa esto, fíjese en el capítulo tal de mi libro; cuando me sucedió algo similar, yo hice esto…".* A partir de esa sugerencia, pensé desde qué lugar podía *hablarles al oído a mis lectores* y así escribí la obra *Cuestiones sobre gestión de personas,* publicada en 2015.

Continuando con la misma idea, decidí reescribir uno de mis libros clásicos, donde planteaba *5 pasos para transformar una oficina de personal en un área de Recursos Humanos.* El área de RRHH a la cual hace referencia el título deberá, a través de esa mirada hacia el futuro que mencionábamos, ser un pilar de la alta gerencia para la consecución de los objetivos estratégicos en un contexto donde las personas, mirando el presente y también proyectando el porvenir, esperan cosas diferentes tanto de sus vidas personales como de las organizaciones en las cuales trabajan.

De alguna manera, el título propone un juego de palabras en torno a una idea fuerza. La mencionada "oficina de personal" es necesaria, incluso diría imprescindible.

En ella se llevan a cabo un conjunto de tareas relacionadas con los aspectos administrativos y legales relacionados con las personas, de todos los niveles, que integran la organización.

La pregunta será, entonces, qué aspectos del área se desea transformar. La respuesta es sencilla: la propuesta es lograr que el área, además de realizar todo lo mencionado, brinde soporte a la Dirección General para alcanzar la *estrategia organizacional*, propósito que concierne a organizaciones de cualquier tipo y tamaño.

La oficina de personal a mejorar sería aquella donde solo se lleva a cabo la administración de personal. En la práctica esto generalmente no es tan así, aún en los casos en que deba realizarse la transformación a la cual alude el título. En muchas empresas el área de personal realiza una serie de funciones adicionales a las administrativas, pero no todas las posibles, y quizá no todas bien; por una razón u otra, la gestión del área no cubre ni las expectativas de la alta dirección, ni las de los colaboradores. Muchas veces no se trabaja siguiendo las buenas prácticas, diseñando métodos de trabajo de cara al futuro. En resumen, un cambio es necesario.

La administración de personal es una de las funciones del área de Recursos Humanos. Sin esta no serán posibles las otras. Pero, a su vez, sin la presencia de las otras funciones no se podrá denominar al área "Recursos Humanos". Poner en evidencia e ilustrar cuáles son los pasos para llevar a cabo todas las funciones de RRHH es el propósito de esta obra.

Con frecuencia, dueños de empresas grandes, medianas y pequeñas, números 1 de organizaciones con área de Recursos Humanos o no, directivos de áreas diversas, jefes de grupos más o menos numerosos, solo por citar algunos casos, me preguntan *qué hacer* para lograr esta transformación a la que aludimos.

La cuestión es casi siempre la misma, por dónde comenzar, cómo abordar un tema tan complejo, con tanto en juego. Como decíamos, en ocasiones "algo se hace" –en materia de Recursos Humanos–, pero no da los resultados esperados: los colaboradores, o los jefes, o los directivos, o todos los anteriores en su totalidad, no están conformes.

Con frecuencia se percibe que las supuestas soluciones –en respuesta a la pregunta *qué hacer*– no son prácticas; quizá podrían ser buenas para enfrentar otros problemas, que no son aquellos que acucian en ese momento a quien formula la pregunta. Se ofrecen soluciones y/o caminos a seguir que las personas que integran la organización no pueden sentir como propios o adecuados. Unos y otros esperan propuestas que los ayuden a resolver los problemas existentes y/o las eventuales dificultades que se les presentarán en un futuro, cuando deban encarar las acciones necesarias para alcanzar los desafíos y objetivos estratégicos.

Estoy en esta actividad desde hace muchos años y, en mi rol de consultora, he acompañado y trabajado para empresas diferentes en países diversos. Por lo tanto, entiendo que el aporte más valioso que puedo ofrecer es desde ese rol. Como les contaba,

Ariel me sugirió que les hable a las personas sobre *cómo resolver problemas.* El desafío que en esta obra tratamos es uno de esos problemas/cuestiones, y por eso decidí reescribir desde cero este libro, un clásico actual y de interés de cara al futuro. En este nuevo libro, he mantenido el mismo esquema del anterior, los 5 pasos no se han modificado, como tampoco el orden para llevarlos a cabo. Sin embargo, el enfoque con el cual deben analizarse las cuestiones y resolverlas, las herramientas que deben usarse en cada caso, son diferentes. Ciertos cambios de contexto, nuevas tecnologías, comportamientos diferentes en las personas, requieren nuevas formas de hacer las cosas.

Los consejos o caminos aquí sugeridos se relacionan con otras obras y reflejan, de manera sencilla, los pasos a seguir.

Pasos para transformar una oficina de personal en un área de Recursos Humanos

Como decíamos, esta expresión es un juego de palabras, a través del cual se desea enfatizar la idea de que se debe poner en práctica una serie de pasos para lograr un manejo estratégico del personal. Los *5 pasos* que se ilustran en la figura siguiente se sugieren para organizaciones que aún no han implementado acciones con este propósito y/o desean mejorar al respecto.

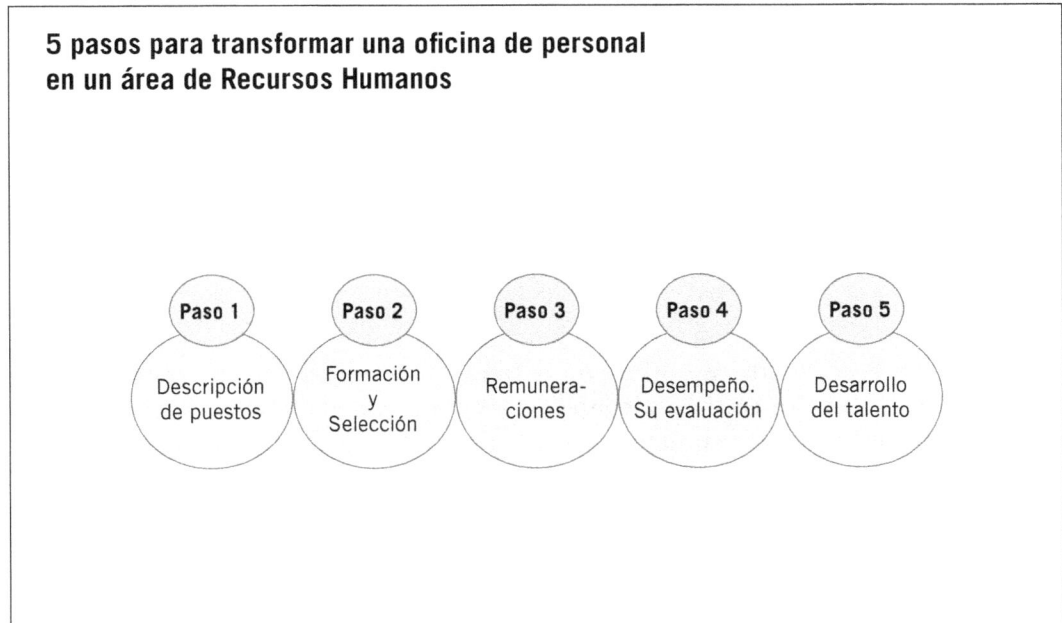

5 pasos para transformar una oficina de personal en un área de Recursos Humanos

Paso 1	Paso 2	Paso 3	Paso 4	Paso 5
Descripción de puestos	Formación y Selección	Remuneraciones	Desempeño. Su evaluación	Desarrollo del talento

Los cinco pasos que dan título a esta obra y que permitirán lograr la transformación en el manejo del personal con el propósito de alcanzar la estrategia organizacional son los siguientes:

Paso 1. Descripción de puestos. Este paso implica analizar puestos y confeccionar sus descriptivos. Incluye asignación de competencias a puestos y la valoración de cada posición. Contar con descriptivos de puestos permitirá determinar la adecuación persona-puesto.

Este paso será la base para los siguientes.

Paso 2. Formación y Selección. En este paso se tratan dos aspectos fundamentales. Por un lado, *formación*, utilizando distintos métodos, cuyos resultados deberán medirse. Por otro, *selección*, que abarca desde la definición del perfil de cada puesto, el reclutamiento –que podrá llevarse a cabo optando por caminos diversos– y la medición de las capacidades de los futuros colaboradores. Incluye la *inducción* de nuevos colaboradores a la organización.

Paso 3. Remuneraciones. En este paso se concentran las diferentes gestiones y actividades en relación con la remuneración de los colaboradores, política retributiva y compensación salarial junto con los beneficios de cualquier tipo o especie. Implica valorar puestos (puntuación de puestos), realizar encuestas de remuneraciones, y conocer los diferentes tipos de remuneraciones para elegir las mejores opciones en cada caso.

Paso 4. Desempeño. Su evaluación. En este paso se diseñan e implementan las diferentes mediciones del desempeño de los colaboradores. Entre las mediciones más usuales se puede mencionar: Evaluación vertical, Evaluaciones de 360°, Determinación temprana de brechas, entre otras.

Paso 5. Desarrollo del talento. En este paso se definen y diseñan distintos programas internos para el desarrollo de las personas que trabajan en la organización. Dichos programas definen acciones formativas y de desarrollo. Entre estos programas se pueden citar: Planes de sucesión, Diagramas de reemplazo, Planes de carrera, entre otros.

Antes del Paso 1 toda organización deberá contemplar en su accionar los diferentes aspectos administrativos y legales en relación con el personal. Estos constituyen la base necesaria o los cimientos de los pasos siguientes. A su vez, a medida que se sube en la cuesta imaginaria que implica llevar a la práctica cada uno de los pasos sugeridos, se tendrán también en cuenta los aspectos legales relacionados. La idea se expresa en la figura siguiente.

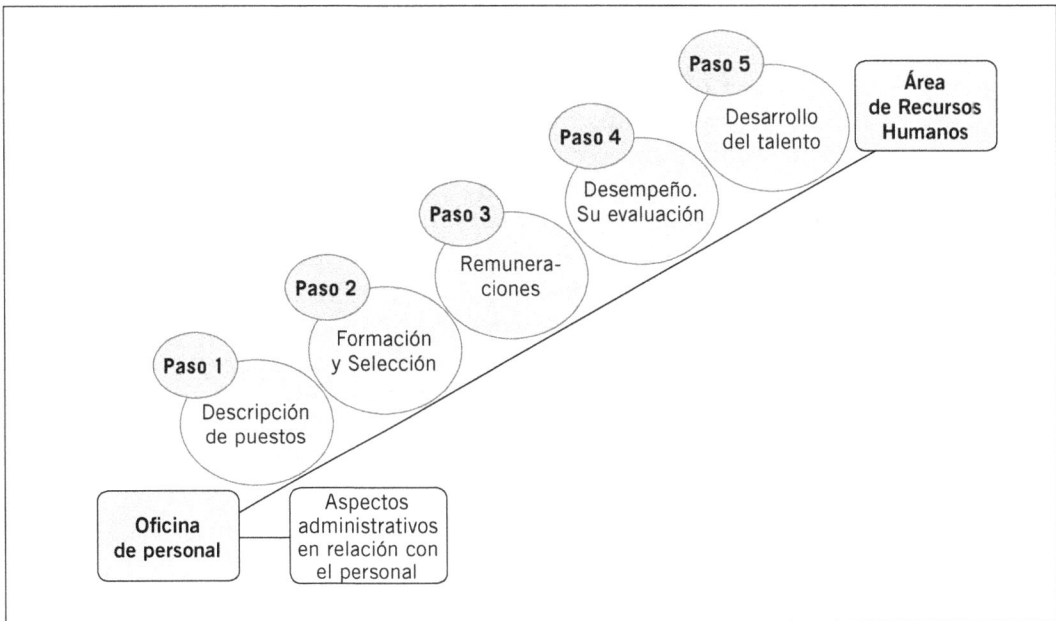

Distintos interesados en la temática de esta obra

Los cinco pasos aquí propuestos, así como los temas introductorios que se tratan en el Capítulo 0 y la información brindada en el último capítulo, donde se proponen –adicionalmente– pasos a seguir para llegar a ser un líder de RRHH, junto con algunas reflexiones finales, constituyen un material que puede ser de interés *desde distintas miradas*. Los temas a tratar a lo largo de toda la obra, como en otras de mi autoría, se basan en las *buenas prácticas*. Este concepto hace referencia a aquellos métodos y procedimientos que son considerados un parámetro o estándar a alcanzar según la opinión de un experto.

La disciplina Recursos Humanos estudia todo lo atinente a la actuación de las personas en el marco de una organización. Por lo tanto, todos los temas aquí tratados serán de interés para dueños de empresas, directivos y jefes, para colaboradores, para expertos en cualquier temática organizacional y, también, para especialistas en Recursos Humanos.

En mis obras utilizo el término "jefe" para hacer referencia a aquella persona que tiene a otras a cargo dentro de una estructura jerárquica. Los jefes pueden tener niveles muy diversos, desde el número 1 de la organización hasta un integrante con pocos colaboradores a cargo.

La palabra "jefe" implica un concepto referido a todos aquellos que tienen personas que les reportan, sin importar su nivel jerárquico. El número 1 de la organización es jefe al igual que otros que reportan a él y también tienen personas a su cargo. Del mismo modo, es jefe aquel que dirige una pequeña empresa en la que trabajan otras personas, familiares o no; y también es jefe el director de una película o de una orquesta, ballet o equipo deportivo.

El área de Recursos Humanos –usualmente una dirección, gerencia o división responsable de todas las funciones relacionadas con las personas que integran la organización– tiene una gran diversidad de funciones a su cargo. Particularmente, todas las inherentes a los *pasos* aquí mencionados, entre ellas, administración de personal, relaciones gremiales o sindicales, y otras adicionales, según la estructura de cada organización, en relación con servicios centrales, salud, etcétera.

En la figura al pie hemos señalado a los principales interesados en la temática de esta obra, desde el número 1 –CEO, dueño, director general, o cualquier otra denominación que corresponda a esa posición– y también los accionistas, hasta el responsable del área de Recursos Humanos. Adicionalmente, todos los integrantes de la organización, gerentes, jefes, colaboradores.

En resumen, los temas relacionados con la disciplina de Recursos Humanos no son de interés solo para los involucrados en la especialidad. Por el contrario, es

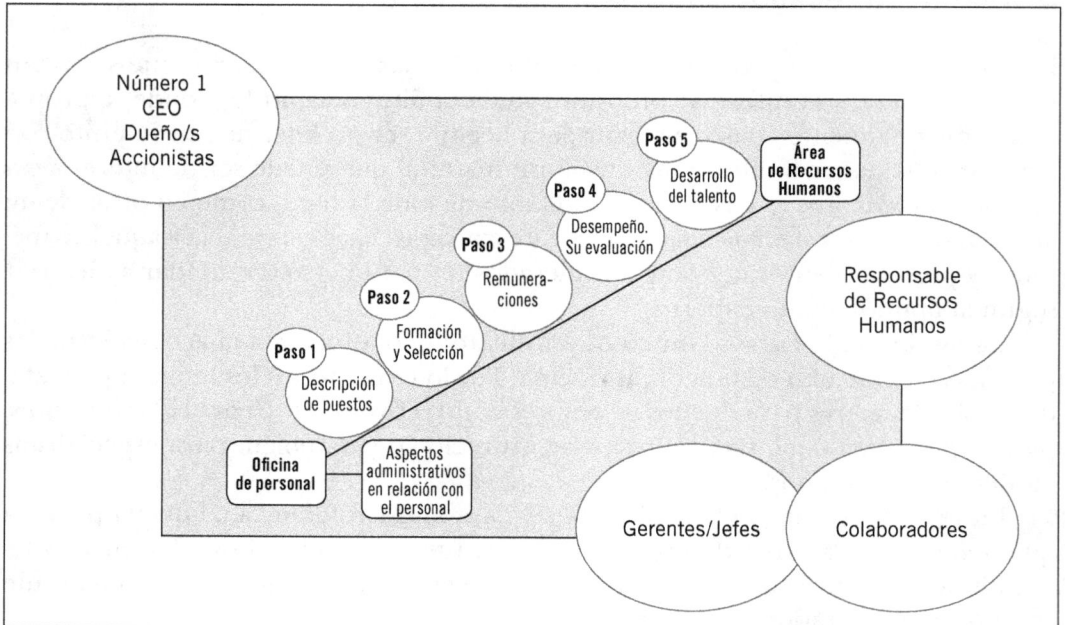

una temática *para todos y de todos.* Una persona puede ser dueño, jefe o colaborador, manejar su propio negocio o formar parte de una gran multinacional; en cualquier circunstancia tiene relación con otras personas, en alguno de los roles mencionados o cualquier otro, y, desde su mirada, personal e individual, los Recursos Humanos lo involucran. Cualquier directivo preocupado por el factor humano deberá conocer acerca de los diferentes métodos y modelos existentes para luego identificar los más convenientes, en función de la visión y estrategia organizacionales, así como también deberá hacerlo un experto en Recursos Humanos.

Con todo lo antedicho en mente escribo habitualmente mis libros y, en especial, este cuyo propósito es tratar todos los temas atinentes a la dirección estratégica de los Recursos Humanos, ya se trate de una empresa, una ONG, un ente gubernamental, una asociación artística o deportiva. Todas las organizaciones se conforman con personas, y en todas será necesario un manejo profesional de los temas concernientes.

Presentación de la obra

He dividido la obra en tres partes, para separar de algún modo los temas introductorios –Capítulo 0– del corazón de la obra –los 5 pasos–, y hacia el final se ofrece un último capítulo a modo de reflexión y conclusiones. La secuencia de lectura sugerida es la que se expone en la figura de la página siguiente.

La propuesta es comenzar por la *Parte I. Estrategia y Recursos Humanos,* donde se presenta el Capítulo 0, al cual le hemos asignado este número para indicar que estos temas son introductorios e indispensables para continuar con la lectura y la comprensión de los diversos pasos. De algún modo, de su lectura surgirá la necesidad de llevar a cabo los *5 pasos para transformar una oficina de personal en un área de Recursos Humanos,* Parte II de la obra, integrada por 5 capítulos, cada uno dedicado a un paso determinado.

Una vez explicados los 5 pasos, necesarios para transformar una oficina de personal en un área de Recursos Humanos, el libro aparentemente debería haber finalizado; no obstante, decidí agregarle un tema más, un capítulo adicional, a modo de *bonus track*[1]. Como se desprende de la figura, luego de haber transitado los cinco pasos mencionados, en la Parte III se expondrá lo necesario para ser un *líder de Recursos Humanos,* tema desarrollado en el Capítulo 6. Aquí nuevamente hemos

---

1 En la industria discográfica se usa esta expresión para señalar una pista, pieza musical y/o canción adicional. Con frecuencia se trata de temas que por un motivo u otro se desea promocionar. En mi caso, solo es un regalo, un extra para mis lectores y los colegas especialistas de Recursos Humanos que siguen mis publicaciones.

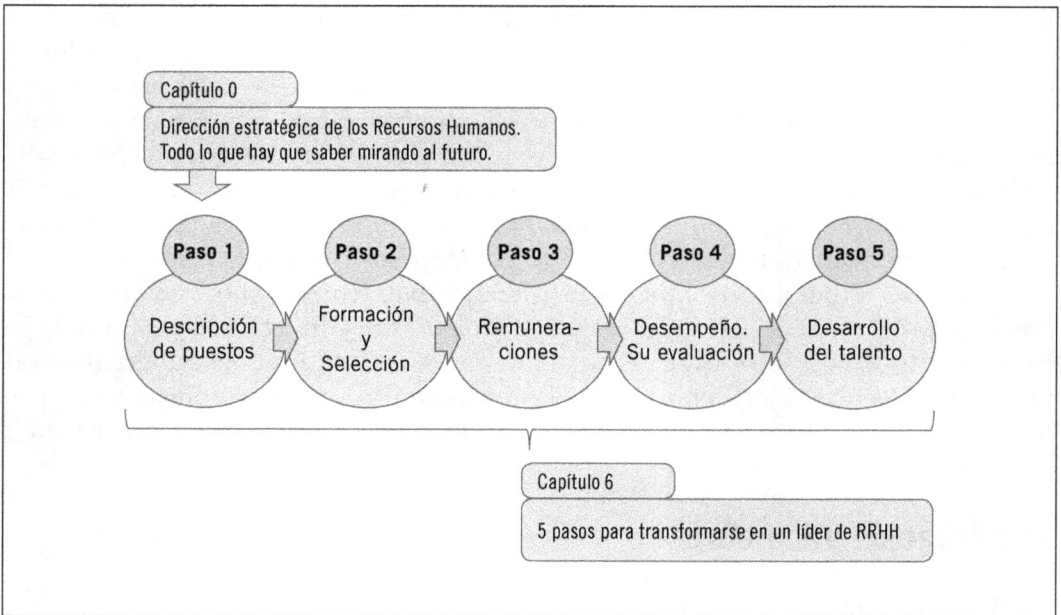

identificado cinco pasos para alcanzar el liderazgo en la especialidad, junto con una reflexión final para números 1 y responsables de RRHH.

En resumen, la nueva edición consta de las siguientes partes y capítulos.

PARTE I.   Estrategia y Recursos Humanos
Capítulo 0. Dirección estratégica de los Recursos Humanos. Todo lo que hay que saber mirando al futuro

PARTE II.   5 pasos para transformar una oficina de personal en un área de RRHH
Capítulo 1. Descripción de puestos
Capítulo 2. Formación y Selección
Capítulo 3. Remuneraciones
Capítulo 4. Desempeño. Su evaluación
Capítulo 5. Desarrollo del talento. Diferentes programas

PARTE III. Ser un líder de RRHH
Capítulo 6. 5 pasos para transformarse en un líder de RRHH

Invito al lector a que nos escriba, comentando sus dudas y sugerencias. Podremos estar comunicados, como siempre, a través de cualquiera de nuestras participaciones en las redes sociales, así como escribiendo a la siguiente dirección de correo electrónico: **libros@marthaalles.com**

Parte I
Estrategia y Recursos Humanos

Dirección estratégica de los Recursos Humanos. Todo lo que hay que saber mirando al futuro

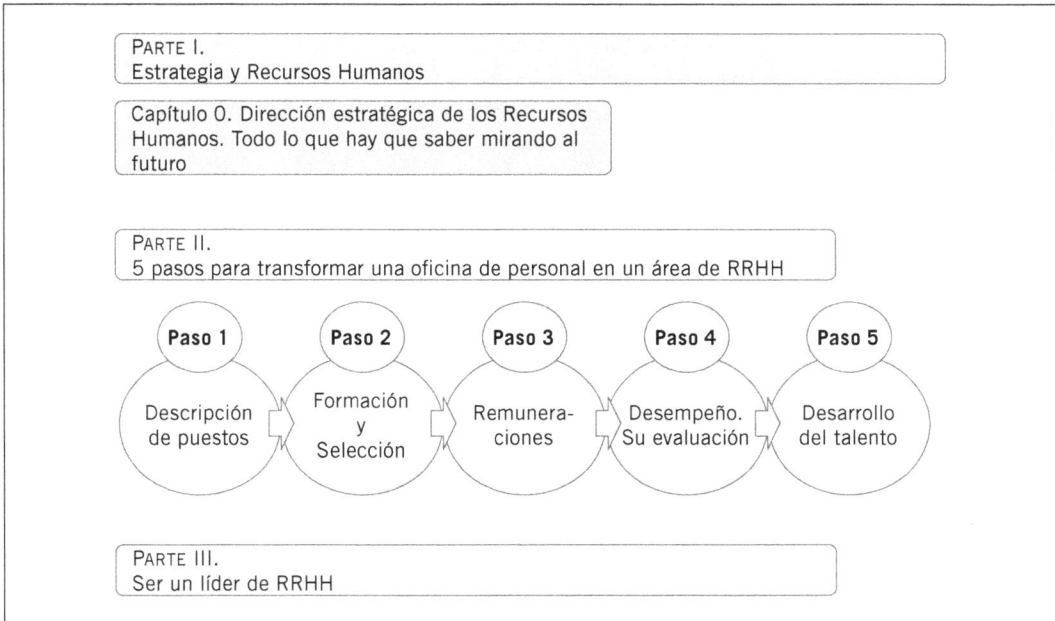

PARTE I.
Estrategia y Recursos Humanos

Capítulo 0. Dirección estratégica de los Recursos Humanos. Todo lo que hay que saber mirando al futuro

PARTE II.
5 pasos para transformar una oficina de personal en un área de RRHH

Paso 1	Paso 2	Paso 3	Paso 4	Paso 5
Descripción de puestos	Formación y Selección	Remuneraciones	Desempeño. Su evaluación	Desarrollo del talento

PARTE III.
Ser un líder de RRHH

Temas del capítulo:

- Recursos Humanos y las buenas prácticas
- Recursos Humanos y estrategia organizacional
- Los jefes y sus roles. Relación con los 5 pasos
- Ubicación y funciones del área de Recursos Humanos
- Los subsistemas de Recursos Humanos y su relación con los 5 pasos planteados en esta obra
- Enfoque sistémico aplicado a la consecución de la estrategia organizacional
- Planeamiento e inventario de los Recursos Humanos
- Satisfacción laboral y otras mediciones como soporte de la gestión
- Indicadores de gestión para Recursos Humanos

Recursos Humanos y las buenas prácticas

Las organizaciones están compuestas por personas, por lo tanto, las cuestiones relacionadas con la disciplina de Recursos Humanos atañen, de un modo u otro, a todos aquellos que las integran. La dirección estratégica (de Recursos Humanos) indica el camino a seguir para que todos los miembros de la organización trabajen, juntos, para alcanzar los objetivos organizacionales.

A este capítulo le hemos asignado el número 0 con el propósito de enfatizar que los temas que aquí veremos deberían analizarse antes de encarar los 5 pasos que se proponen. Nuestro objetivo será guiar al lector a pensar y reflexionar acerca de todo lo que hay considerar y tener en cuenta para gestionar una organización de cara al futuro.

Recursos Humanos es una disciplina dentro de las Ciencias de la Administración y estudia todo lo atinente a la actuación de las personas en el marco de una organización. Por lo tanto, RRHH se despliega en el ámbito de las organizaciones, considerando que el término "organización" se define como un conjunto de personas que conforman una entidad autónoma con capacidad para fijar sus propias reglas, dentro de un marco legal formal, con un propósito determinado.

En algunas organizaciones –dependerá entre otros factores de su tamaño– se podrá encontrar un área con la denominación Recursos Humanos, concepto que se utiliza para designar a la dirección, gerencia o división responsable de todas las funciones organizacionales relacionadas con las personas.

El área de Recursos Humanos tiene una gran diversidad de funciones a su cargo. Entre las principales funciones de RRHH –que detallaremos más adelante, en este mismo capítulo– se pueden mencionar:

- Los pasos 1 a 5 de esta obra.

- Administración de personal.

- Relaciones gremiales o sindicales.

- Otras adicionales, según la estructura de cada organización. Por ejemplo: servicios de salud para los colaboradores, comedor, gimnasio, espacios comunes para el descanso del personal, intendencia y mantenimiento de oficinas, entre otros.

El cumplimiento del marco legal dará origen a la mayoría de los ítems mencionados y será la base de la gestión del área.

Las funciones mencionadas podrán ser llevadas a cabo por un grupo de personas, por una sola persona, o integrar las tareas (más amplias) de otra posición. De un modo u otro, la mayoría de las tareas mencionadas se realizan a diario o regularmente, según sean las circunstancias.

Cuando existe un área específica a cargo de estos temas, también se utiliza la siguiente expresión:

Gestión de los Recursos Humanos – Gestión integral de los Recursos Humanos. Dirección del área de Recursos Humanos con responsabilidad por la gestión de todos los temas relacionados con las personas de la organización. Su campo de acción implica desde los temas legales y administrativos hasta los subsistemas de Recursos Humanos.

El término *administración* y la disciplina de Recursos Humanos

El término "administración" hace referencia a la dirección de una organización, lo cual implica organizar y planificar las actividades de esta para alcanzar un objetivo determinado.

En muchos países, entre ellos los Estados Unidos, se denomina "Administración" al equipo de gobierno que actúa bajo las órdenes del presidente de la nación.

Entre otras aplicaciones del término, se utiliza para designar el área que, dentro de una organización, se ocupa de los aspectos financieros y contables. También se utiliza unido a otras palabras para hacer referencia a otras áreas o funciones: Administración de Recursos Humanos, Administración de materiales, Administración comercial, Administración de la producción, etcétera.

La ciencia denominada Administración es una disciplina social que se ocupa de la planificación, organización, dirección y control de los recursos humanos, financieros, materiales, tecnológicos, etc. que la organización necesita para alcanzar sus objetivos (visión, misión y estrategia). En algunos ámbitos se utiliza la expresión "Administración de Empresas". La disciplina Recursos Humanos forma parte de la Ciencia de la Administración.

En relación con esta obra y su título, es importante destacar la siguiente expresión:

Administración de personal. La expresión "Administración de personal" implica el manejo de todos los aspectos contractuales de la relación empleado-empleador, incluyendo la liquidación de haberes, aspectos impositivos y todos aquellos aspectos que aseguren la integridad física de los colaboradores, por ejemplo, seguridad e higiene. En resumen, se relaciona con el cuidado de todos los aspectos legales de la relación laboral.

La referencia que hacemos –en el título de la obra– acerca de la *oficina de personal*, remite a aquella área donde solo se lleva a cabo la administración de personal. Siendo esta actividad muy importante, otras funciones adicionales serán las que permitirán hablar de un área de Recursos Humanos, como se mencionara en párrafos previos.

En resumen, y como decíamos en la Presentación, la administración de personal es una de las funciones del área de Recursos Humanos. Sin esta no serán posibles las otras. Pero, a su vez, sin la presencia de las otras funciones no se podrá denominar al área "Recursos Humanos". No es solo un juego de palabras; lo veremos al considerar los pasos necesarios para llevar a cabo todas las funciones de RRHH, que constituye el propósito de esta obra.

Aplicar las buenas prácticas a la gestión del área de Recursos Humanos

La expresión "buenas prácticas" hace referencia a aquellas prácticas que son consideradas un parámetro o estándar a alcanzar según la opinión de un experto.

En la materia que nos convoca –Recursos Humanos– es más adecuado explicar y referirse a las buenas prácticas que a la teoría, dado que este último término, en algunos casos, hace referencia a *conceptos no probados* y las organizaciones desean conocer acerca de conceptos debidamente probados y con alta eficacia en cada uno de los aspectos a los que se refieren.

Cuando a la expresión "buenas prácticas" se le adiciona el nombre de la disciplina en cuestión, por ejemplo, "buenas prácticas en Recursos Humanos", se hace referencia a aquellas prácticas que son consideradas un parámetro o estándar a alcanzar según la opinión de un experto en la materia (en este caso, RRHH).

Las "buenas prácticas en RRHH" describen métodos de trabajo que las empresas han implantado y que se consideran "deseables", es decir que sería bueno implementarlas o adoptarlas en aquellas organizaciones que no lo han hecho aún.

Las buenas prácticas describen métodos de trabajo probados que representan la mejor manera de hacer las cosas en lo que respecta a un determinado tema o aspecto de la organización: *métodos de trabajo reales llevados a la práctica por organizaciones reales.*

En resumen, las buenas prácticas representan modelos de gestión que han sido exitosos en algunas o muchas organizaciones, para dar como resultado métodos de trabajo fiables que las organizaciones de todo tipo puedan implementar.

Conocer acerca de las buenas prácticas de RRHH no debe ser algo exclusivo de los especialistas que trabajan en el área, por el contrario, representa la preocupación más frecuente de todos los directivos. Ellos deberán poder identificar las distintas variantes de prácticas disponibles y así determinar las más convenientes para lograr un buen desempeño general, de la misma manera en que también deberá hacerlo un experto en Recursos Humanos.

Modelo de administración y desarrollo del personal

El término "modelo" designa a un conjunto de relaciones basadas en términos lógicos. La expresión "administración", ya analizada, hace referencia al manejo integral del personal que conforma una organización.

En este caso, al concebirse como un *modelo de administración y desarrollo,* su alcance es mayor y se asimila a los subsistemas de Recursos Humanos.

La implementación de este modelo se sugiere, en especial, cuando una organización debe transformar una *oficina de personal en un área de Recursos Humanos,* como se verá en los diferentes capítulos que integran esta obra.

Todo modelo relacionado con las personas que integran una organización debe diseñarse con el propósito de alcanzar la misión, visión y estrategia (de la organización), contemplando los valores de esta, y siempre teniendo en cuenta que el foco debe estar puesto en los clientes, pero no solo en ellos. El término clientes podría ser reemplazado por *stakeholders*[1], de modo tal que se contemple a los diferentes sectores de interés: accionistas, ejecutivos, colaboradores, clientes (específicamente), proveedores, gobierno, bancos, organismos de control, etcétera.

El primer paso será, en todos los casos, el cumplimiento del marco legal del país y la región donde se desenvuelvan las actividades. A partir de allí, se sugiere considerar, para un adecuado manejo de las personas, el cuidado de los siguientes aspectos:

- *Administración e información.* Desde elaborar una adecuada liquidación de salarios hasta llevar ordenadamente legajos del personal. Dentro de este aspecto se incluye el análisis y la descripción de puestos.

- *Incorporación.* Incluye la atracción, selección e incorporación de candidatos.

- *Desarrollo.* Acciones para retener a los buenos empleados, incluyendo formación, entrenamiento y algún tipo de plan de carrera.

- *Evaluación de desempeño:* por qué y para qué realizarla, y las diferentes modalidades para evaluar al personal. (Se sugiere la *evaluación vertical.*)

- La equidad en las *remuneraciones,* interna y externa.

---

1 El término *stakeholders* hace referencia a los distintos sectores de interés en torno a una organización: accionistas, ejecutivos, colaboradores, clientes, proveedores, gobierno, bancos, organismos de control, etcétera.

Modelo de administración y desarrollo del personal

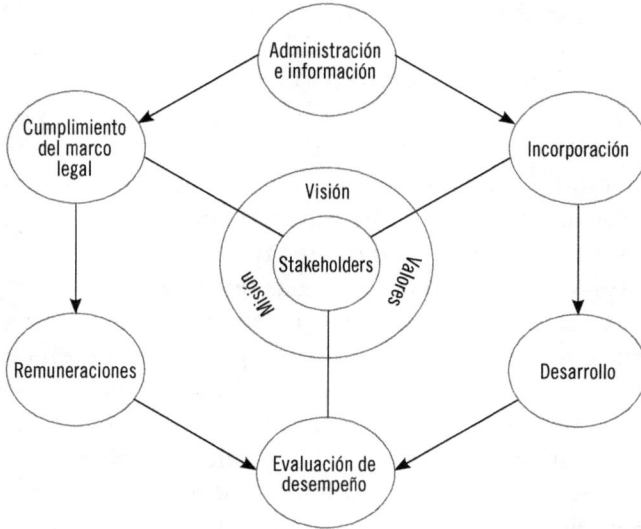

Administración e información

Cumplimiento del marco legal

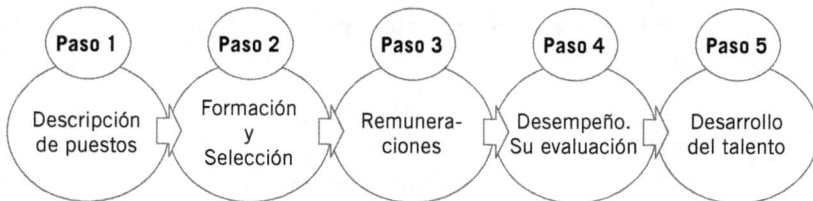

Incorporación

Visión

Stakeholders

Misión

Valores

Remuneraciones

Desarrollo

Evaluación de desempeño

Visión

Clientes

Misión

Valores

Cumplimiento del marco legal

Paso 1	Paso 2	Paso 3	Paso 4	Paso 5
Descripción de puestos	Formación y Selección	Remunera-ciones	Desempeño. Su evaluación	Desarrollo del talento

Las ideas expresadas sobre el modelo aquí descrito se exponen en la figura superior de la página anterior.

Relacionando el modelo precedente con la temática que se verá en esta obra, deseo destacar algunos ítems en relación con los 5 pasos que nos ocupan: visión, misión, valores y *stakeholders* serán aspectos que determinarán la *estrategia organizacional* junto con el cumplimiento del marco legal en el cual se desenvuelva la organización. Una vez definidos y cumplimentados estos aspectos se podrán analizar y diseñar, de acuerdo con las buenas prácticas, los pasos 1 a 5.

Recursos Humanos y estrategia organizacional

Como se desprende del análisis del punto anterior, la estrategia deviene de una serie de factores, entre los cuales se encuentran la misión y visión de la organización, así como sus valores. Todas las organizaciones, cualesquiera sean su tipo y tamaño, poseen una visión, aunque no la hayan definido formalmente. El término organización puede aplicarse tanto a empresas como a asociaciones civiles sin fines de lucro, ONGs u otras entidades y organismos, ya sean públicos o privados, del Estado nacional, provincial, etcétera.

Todas las organizaciones están integradas por una serie de elementos –estructura, organigrama, políticas, métodos de trabajo, como decíamos anteriormente, definidos formalmente o no–, también algún tipo de maquinaria o equipamiento y, muy especialmente, personas de diferentes niveles. En relación con las personas, serán los 5 pasos los que permitirán alcanzar una dirección estratégica de los recursos humanos. La idea se expresa en la figura de la página siguiente.

El término "estructura" hace referencia al orden y distribución de funciones en el interior de cada organización. Por su parte, organigrama es el esquema de la organización de una empresa, entidad o institución.

Existen diferentes estilos de estructura: piramidales, horizontales, circulares, en red, entre otros. Las organizaciones también se desenvuelven dentro de un marco legal formal y poseen un propósito determinado.

Algunas organizaciones definen su estrategia siguiendo procedimientos sofisticados, otras lo hacen más intuitivamente, y luego determinan un rumbo a seguir (visión) y un propósito a alcanzar, a partir de lo cual se confeccionan planes para lograrlo.

El término "estrategia" se utiliza para designar al conjunto de acciones coordinadas y planeadas para conseguir un fin (en el ámbito de las organizaciones, alcanzar los fines u objetivos organizacionales). Las organizaciones, generalmente, establecen también su misión, visión y valores.

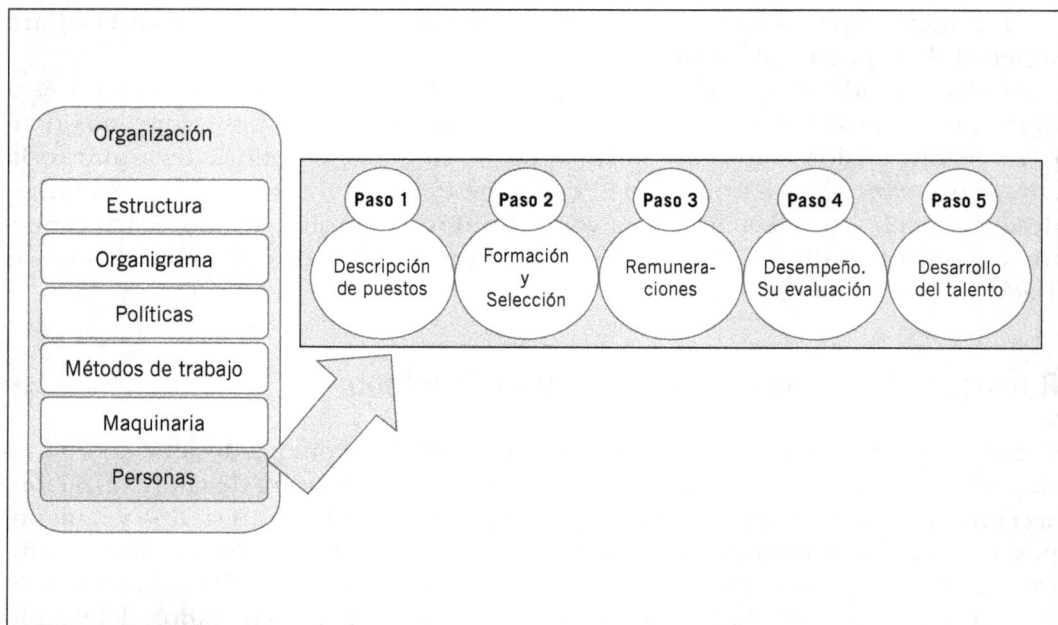

Algunas definiciones necesarias:

- *Misión*. El porqué de lo que la empresa hace, la razón de ser de la organización, su propósito. Expresa aquello por lo cual, en última instancia, la organización quiere ser recordada.

- *Visión*. La imagen del futuro deseado por la organización.

- *Estrategia*. Conjunto de acciones coordinadas y planeadas para conseguir un fin (en el ámbito de las organizaciones, alcanzar los objetivos organizacionales).

- *Valores*. En referencia a los valores organizacionales. Aquellos principios que representan el sentir de la organización, sus objetivos y prioridades estratégicas.

En relación con los temas aquí tratados deseo destacar a uno de los primeros autores que ha relacionado las funciones del área de Recursos Humanos –y la de los profesionales que allí se desempeñan– con la estrategia organizacional: Dave Ulrich[2], quien entre otros conceptos interesantes ha señalado que un profesional de Recursos Humanos debería *convertirse en un socio estratégico. Cuando los profesio-*

---

2 Ulrich, Dave. *Recursos Humanos Champions*. Ediciones Granica, Buenos Aires, 1997.

nales de Recursos Humanos actúan como socios de los negocios cumplen muchas funciones, una de las cuales es convertir la estrategia en acción.

Este enfoque, novedoso en los años '90, hoy es ampliamente aceptado: los recursos humanos serán la clave diferenciadora de los negocios, siempre y cuando su manejo se realice de cara al futuro.

En la obra mencionada, Ulrich va más allá: sostiene la necesidad de incorporar un representante de Recursos Humanos dentro de la unidad de negocios como miembro de la dirección de la empresa. Para ello debe estar capacitado en cuestiones de negocios, así como en las prácticas más modernas del área. Surge de esta manera un nuevo perfil del responsable de Recursos Humanos. (Ver Capítulo 6, *5 pasos para transformarse en un líder de RRHH.*)

A modo de resumen, se sugiere analizar la figura al pie.

Una organización cuenta con una estructura, políticas, métodos y procedimientos, y con las personas que la integran. La empresa se propone alcanzar tanto sus objetivos de corto plazo como sus planes de largo alcance; para ambos propósitos contará, entre otros aspectos, con las personas que la integran.

¿Qué necesita la organización? Entre otras cosas, podría necesitar cambios en la estructura y personas con ciertas características para lograr lograr la mencionada visión. Para conseguirlo se implantan modelos de competencias, expresión que hace referencia

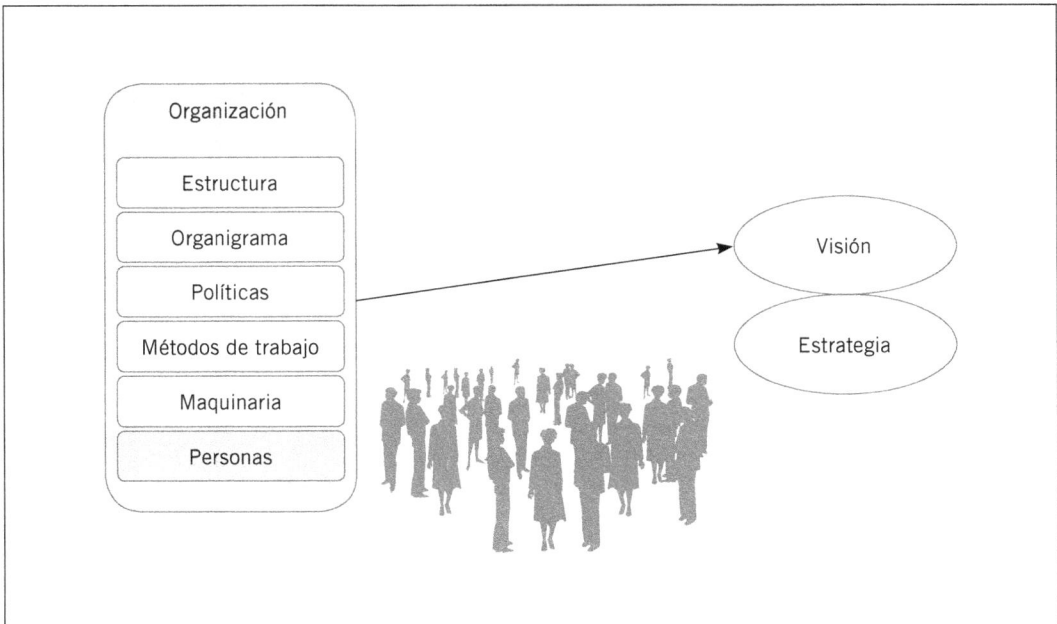

al conjunto de procesos relacionados con las personas que integran la organización y que tienen como propósito alinearlas en pos de los objetivos organizacionales.

Un modelo de competencias permite seleccionar, evaluar y desarrollar a las personas en relación con las competencias necesarias para alcanzar la estrategia organizacional.

Por último, y para cerrar esta sección del capítulo, diremos que la expresión "estrategia de Recursos Humanos" hace referencia al conjunto de acciones coordinadas y planeadas para conseguir un fin, desde la perspectiva del área de Recursos Humanos y dentro del marco de la estrategia organizacional.

Los jefes y sus roles. Relación con los 5 pasos

En varias de mis obras me he referido al *rol del jefe*. Su definición es la siguiente.

Rol del jefe. Concepto integrador de las diversas facetas de la actividad de todo jefe. Enfoca su papel dentro de la organización, agregando a sus funciones tradicionales las responsabilidades y tareas inherentes a esta condición, por ejemplo: seleccionar colaboradores, evaluar su desempeño y entrenarlos, solo por nombrar algunas.

Los distintos roles de un jefe se exponen en la figura siguiente.

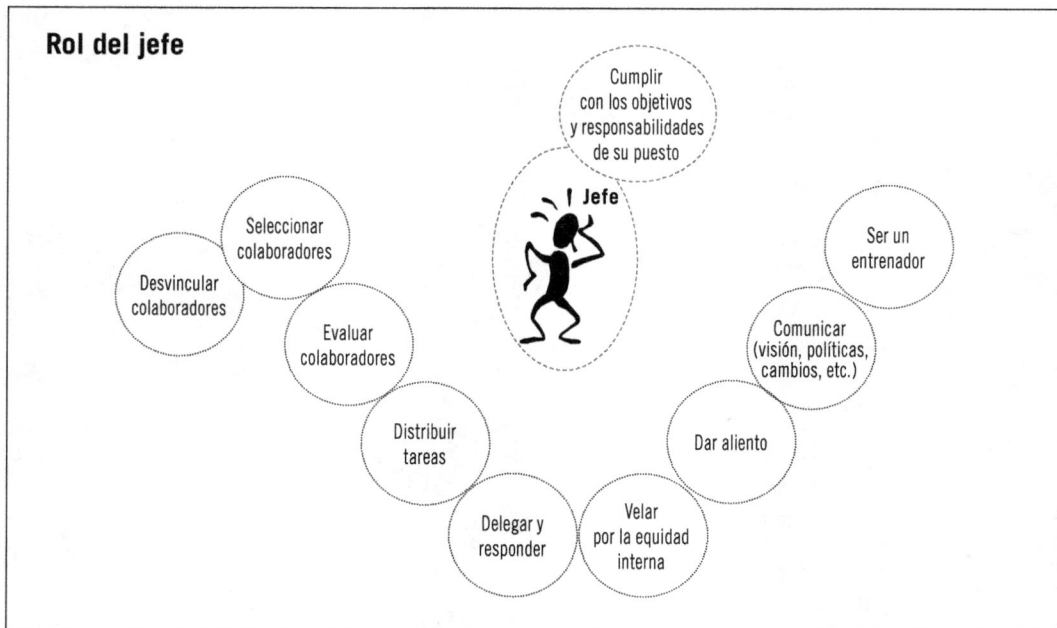

Rol del jefe

- Cumplir con los objetivos y responsabilidades de su puesto
- Jefe
- Seleccionar colaboradores
- Desvincular colaboradores
- Evaluar colaboradores
- Ser un entrenador
- Comunicar (visión, políticas, cambios, etc.)
- Distribuir tareas
- Dar aliento
- Delegar y responder
- Velar por la equidad interna

En aquellas organizaciones que cuentan con un área de Recursos Humanos, para algunas de esas funciones el jefe contará con ese apoyo; por ejemplo, en selección y evaluación de colaboradores, o cuando deba –eventualmente– desvincular a un integrante del equipo a su cargo. Lo mismo podría suceder con algunos otros temas.

En organizaciones donde no se cuenta con un área específica dedicada a RRHH, de un modo u otro las tareas atribuidas al área se realizan de alguna manera, y los jefes participan en ellas, quizá llevándolas a cabo en su totalidad.

Velar por la equidad interna en su área de responsabilidad implica para el jefe una serie de aspectos, desde cierto manejo de las remuneraciones hasta impartir justicia en el trato, desde su rol y respecto de los miembros de su equipo entre sí.

En la figura al pie se exponen los distintos roles de los jefes en relación con los 5 pasos de esta obra.

En el análisis del gráfico se podrá ver que todos los roles tienen relación con algunos de los pasos. El paso 3 (*Remuneraciones*) está conectado también con otros roles, en algunos casos de manera indirecta.

Por último, deseo destacar que "ser un entrenador" está relacionado con la mayoría de los roles mencionados, como se verá varias veces en esta obra.

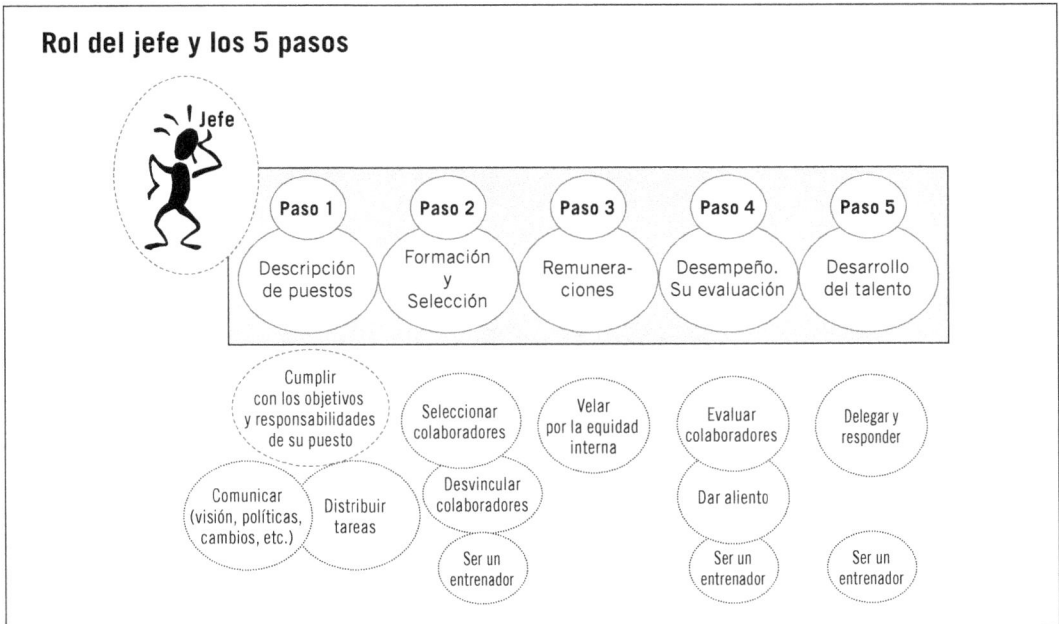

Rol del jefe y los 5 pasos

Por lo expuesto en los párrafos previos, decíamos en la Presentación que esta obra es de interés para todos los jefes, a partir del CEO/número 1 de la organización.

Ubicación y funciones del área de Recursos Humanos

El término "Recursos Humanos", como se expresara, se utiliza tanto para nombrar a la disciplina que estudia todo lo atinente a la actuación de las personas en el marco de una organización como también para designar al área dentro de la organización, dirección, gerencia o división responsable, donde se llevan a cabo distintas actividades relacionadas con las personas.

El área de Recursos Humanos tiene una gran diversidad de funciones a su cargo. Entre las más importantes, todas las inherentes a:

- Los pasos 1 a 5, donde se describen los subsistemas de Recursos Humanos.
- La administración del personal.
- Las relaciones gremiales o sindicales.

En algunos casos el área podrá incluir otras adicionales, según la estructura de cada organización, como ya se explicara.

Dentro de las funciones incluidas en "Administración de personal" se pueden identificar una amplia gama de temas, desde los aspectos legales e impositivos en relación con las personas que integran la organización, hasta el inventario de capacidades y/o legajos del personal.

En adición a lo anterior, se espera que el área de RRHH participe activamente en la consecución de los objetivos organizacionales (estrategia), contemplando, al mismo tiempo, los intereses de los colaboradores. En los últimos años se incluye también tanto la responsabilidad social empresaria (RSE) como otros aspectos de índole ética.

En cuanto al lugar que ocupa el área de Recursos Humanos dentro de la estructura de la organización, existen en la práctica muchas variantes. No hay una única ubicación posible para ella.

Una de las sugeridas es la que se expone en la figura siguiente, donde puede verse que el área de RRHH reporta al número 1 de la organización, al igual que las áreas principales. Dicho nivel de dependencia es de gran importancia. Cuando la gerencia está cerca de la máxima conducción estará también más cerca de ocupar un rol estratégico dentro de la organización. Si bien con ese único elemento no será suficiente, es un primer paso.

Ubicación del área de Recursos Humanos

```
                         ┌──────────────┐
                         │   Número 1   │
                         │     CEO      │
                         └──────────────┘
    ┌──────────────┬──────────┴──────┬───────────────┐
┌─────────┐  ┌──────────┐  ┌──────────┐  ┌───────────────┐
│ Gerente │  │ Gerente  │  │ Gerente  │  │  Gerente de   │
│ de RRHH │  │Industrial/│  │Comercial/│  │ Administración│
│         │  │Operaciones│ │ Mercadeo/ │  │  y Finanzas   │
│         │  │          │  │  Ventas  │  │               │
└─────────┘  └──────────┘  └──────────┘  └───────────────┘
```

Funciones del área de RRHH

| Relaciones laborales | Formación | Selección | Desarrollo | Remuneraciones | Administración del personal |

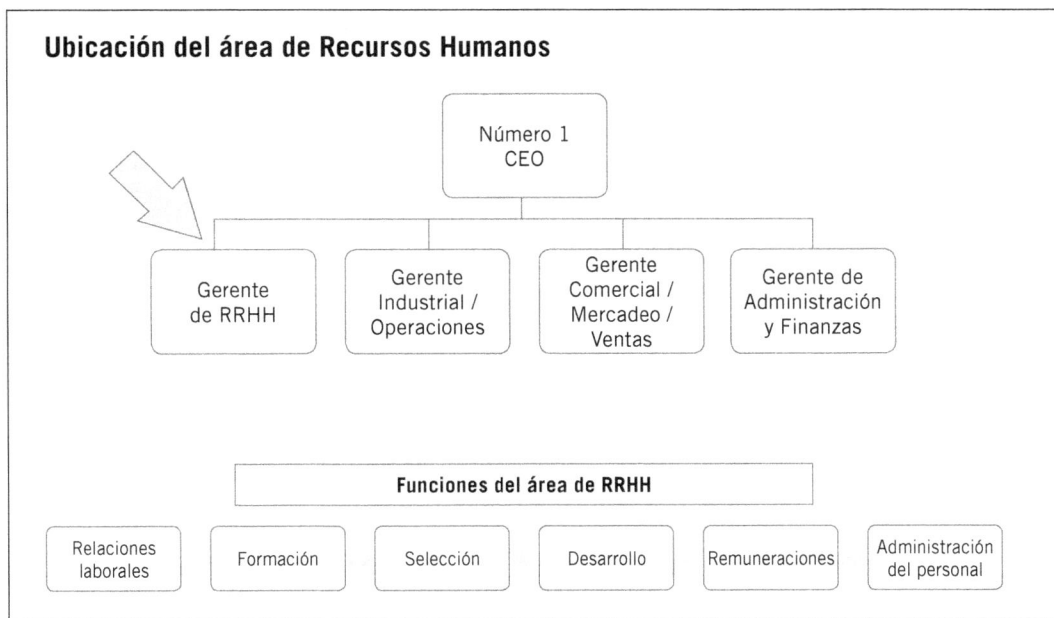

En la segunda parte de la figura pueden verse las funciones del área de Recursos Humanos. No necesariamente deben ser sectores específicos para cada una de las funciones, dependerá de cada caso.

En el gráfico solo exponemos las principales funciones que, según el tamaño de la empresa, podrán ser desempeñadas por una sola persona o un grupo de ellas.

En esta obra se verán la mayoría de los temas mencionados en la figura precedente.

Las funciones *Formación* y *Selección* serán tratadas en el Capítulo 2, y *Desarrollo* en el Capítulo 5. Junto con *Desarrollo* usualmente se incluye la *Evaluación de desempeño*, que aquí la analizaremos de manera específica, en el Capítulo 4. La función *Remuneraciones* se trata en el Capítulo 3.

En la figura precedente se mencionan algunas funciones que, con frecuencia, forman parte del área RRHH, y que no serán tratadas en la presente obra, por ejemplo, *Relaciones laborales*, las cuales incluyen el manejo de las relaciones gremiales y sindicales. En algunas empresas, el manejo de estas relaciones las lleva a cabo la Gerencia Industrial o de Operaciones.

Como ya se mencionara, la expresión "Administración de personal" hace referencia al manejo de todos los aspectos contractuales de la relación empleado-empleador, incluyendo la liquidación de haberes, cuestiones impositivas y todos aquellos aspectos que aseguren la integridad física de los colaboradores, por ejemplo, seguridad e higiene. En resumen, se relaciona con el cuidado de todos los aspectos legales de la relación laboral. En algunas empresas, la liquidación de salarios y demás temas relacionados, se ubican dentro del área de Administración y Finanzas.

La mayoría de las funciones del área de Recursos Humanos, en especial los temas tratados en los capítulos 1 a 5, podrán ser considerados como funciones de *staff*[3], es decir, a través de ellas el área de RRHH –en su conjunto– ofrecerá a las otras áreas un rol de asesoramiento para ayudarlas a resolver situaciones diversas en relación con las personas que allí se desempeñan. Dentro del área en sí misma, los diferentes sectores tendrán una relación *de línea*[4] entre sí.

En ocasiones, las funciones de *staff* pueden ser llevadas a cabo bajo la modalidad de *outsourcing*. El *outsourcing*, también denominado *tercerización*, implica la contratación de proveedores externos para la realización de tareas que –usualmente– con anterioridad realizaban los empleados de la propia organización. En ocasiones, los antiguos colaboradores se transforman en proveedores de servicios a través de esta modalidad.

Políticas y normas de Recursos Humanos. Conceptos y definiciones

Las normas, políticas y procedimientos son necesarios para ordenar el accionar de una organización. En contra de lo que podría creerse en una primera instancia, la fijación de un marco permite a las personas manejarse más libremente y desplegar su iniciativa y creatividad. Cuando dicho marco interno no existe, las personas se ven restringidas e incluso llegan a sentirse incómodas, disminuyendo de este modo el grado de confianza en la organización. Las personas que se desempeñan en organizaciones donde se han definido contextos laborales sumamente flexibles –por ejemplo, empresas que operan en el mundo digital–, lo hacen dentro de un cierto orden predefinido.

Las organizaciones fijan políticas y normas internas diversas con el propósito de asegurar el cumplimiento de ciertos parámetros (cada organización los define según su criterio), dentro del marco de la visión y estrategia organizacional. Las políticas siempre son definidas por la máxima conducción.

La expresión "políticas organizacionales" hace referencia a normas o reglas internas de funcionamiento que deberán cumplir todos los integrantes de la organi-

---

3 El término "staff" se usa para designar aquellas funciones y/o áreas que, si bien son fundamentales para el cumplimiento de los objetivos de la organización, no conforman su objetivo central. Por ejemplo, en una organización industrial, las áreas de Sistemas y Recursos Humanos.

4 El término "línea" se utiliza para designar las funciones y/o las áreas fundamentales para el cumplimiento de los objetivos de la organización. Por ejemplo, en una organización industrial, las áreas de producción y ventas.

zación. Son definidas por cada empresa en función de su cultura y costumbres, respetando las leyes de su país o región, según corresponda.

Dentro de las políticas organizacionales se encuentran las *políticas de Recursos Humanos.*

Por su parte, la expresión "Políticas de Recursos Humanos" se utiliza para designar a las normas internas que se aplican a los colaboradores de todos los niveles, a fin de asegurar el respeto de ciertos principios y valores, dentro del marco de la visión y estrategia organizacional. Usualmente contemplan aspectos éticos, de recaudo del patrimonio y del capital intelectual, entre otros factores.

El término "normas" implica el conjunto de indicaciones o instrucciones que se deben seguir/cumplir en relación con un determinado tema. En el ámbito de las organizaciones, las normas pueden referirse a diferentes aspectos, por ejemplo: comportamientos esperados, cómo llevar a cabo actividades específicas, tareas, procedimientos, etcétera.

En las organizaciones también se utiliza la expresión "normas y procedimientos", en este caso para referirse a los métodos internos para realizar ciertas tareas o funciones. Cuando las normas y procedimientos están registrados por escrito, en el ámbito de la organización en cuestión tienen *fuerza de ley* (interna). Cuando se incumplen, los involucrados pueden ser objeto de sanciones, según la envergadura de la transgresión.

Para una eficaz implementación de normas y procedimientos se deben establecer claramente los pasos para actuar dentro de ese marco normativo y, al mismo tiempo, determinar las consecuencias de no hacerlo.

En resumen, las personas que integran la organización deberán desempeñarse de acuerdo con las normas y procedimientos internos.

Dentro de las políticas de Recursos Humanos se puede citar desde políticas sobre disciplina hasta las políticas de puertas abiertas y políticas sobre la diversidad.

A continuación algunos ejemplos:

- *Políticas sobre disciplina.* Normas o reglas internas relacionadas con el cumplimiento de los procedimientos fijados por la organización por parte de las personas que la integran.
  Los procedimientos a aplicar son de tipo preventivos y/o correctivos.

  - Procedimientos preventivos. Acciones tendientes a lograr que los colaboradores cumplan las normas y políticas organizacionales.

  - Procedimientos correctivos. Acciones posteriores que se realizan cuando los colaboradores no respetan las normas y políticas organizacionales.

- *Política de puertas abiertas.* La expresión hace referencia a una política organizacional por la cual los colaboradores pueden acceder a niveles superiores con facilidad, para plantear inquietudes y sugerencias, sin seguir una estricta línea jerárquica.
  En la práctica, si bien se fomenta la comunicación entre los distintos niveles, esta se realiza sobre la base de algunas reglas previamente fijadas y conocidas por todos.

- *Políticas sobre diversidad.* Normas o reglas internas por las cuales una organización se asegura de que en sus filas trabajen personas con diferentes características vinculadas a la composición social de la compañía de la que forma parte y/o a la cual dirige sus productos o servicios.

Las organizaciones de todo tipo y tamaño deberían contar con políticas de Recursos Humanos, más o menos detalladas que, de algún modo, regulen la vida cotidiana dentro de ellas.

Los subsistemas de Recursos Humanos y su relación con los 5 pasos planteados en esta obra

Como ya se expresara en párrafos anteriores, el área de Recursos Humanos puede tener diversas actividades a su cargo, solo por citar las más frecuentes: 1) liquidación de salarios, beneficios y temas impositivos relacionados y 2) relaciones sindicales, además de cuestiones de seguridad y otras netamente vinculadas a los aspectos legales de la relación de los colaboradores con su empleador. Todas estas funciones son sumamente relevantes. No obstante, esta obra y los mencionados subsistemas del título se focalizan en todo aquello que "no es obligatorio" llevar a cabo, sino que deviene de las "buenas prácticas", con el propósito fundamental de alcanzar los objetivos estratégicos.

Las referidas buenas prácticas de Recursos Humanos comienzan por la aplicación de los denominados subsistemas de Recursos Humanos, sobre los cuales solo se hará –a continuación– una breve mención.

Primero, se deberá realizar un diseño acorde a las necesidades junto con una adecuada puesta en marcha de los subsistemas o pasos sugeridos en esta obra. Luego, será imprescindible formar y entrenar a los distintos actores involucrados, sobre sus beneficios y la forma de utilizar los distintos métodos y procedimientos resultantes. De este modo, todos los integrantes de la organización, directivos, jefes y colaboradores en general, trabajarán de manera mancomunada en pos de los objetivos organizacionales.

Si los subsistemas y pasos son diseñados e implantados de este modo, la relación entre el empleado y su empleador (jefe - colaborador) será del tipo *ganar-ganar*: será bueno para la organización y, al mismo tiempo, lo será también para los colaboradores en general, para jefes y compañeros de trabajo y funcionarios de otras áreas de todos los niveles. Estas son las implantaciones que tienen éxito y perduran en el tiempo.

Definición del concepto *subsistemas de Recursos Humanos*[5]:

El término implica segmentos del sistema de Recursos Humanos, compuestos por normas, políticas y procedimientos, racionalmente enlazados entre sí, que en conjunto contribuyen a alcanzar una meta, en este caso, los objetivos organizacionales, y que rigen el accionar de todos los colaboradores que integran la organización, desde el número 1 hasta el último nivel de la estructura.

Los subsistemas de Recursos Humanos son:

• *Análisis y descripción de puestos.*

• *Atracción, selección e incorporación de personas.*

• *Evaluación de desempeño.*

• *Remuneraciones y beneficios.*

• *Desarrollo y planes de sucesión.*

• *Formación.*

En todos los casos, los subsistemas de Recursos Humanos se diseñan a medida de cada organización.

La gestión de una organización será mejor, y alcanzará las metas propuestas, cuando todos sus integrantes conozcan con precisión sus responsabilidades, sean evaluados en función de ellas y reciban la formación adecuada para asumirlas. Conjuntamente con la posibilidad de hacer una carrera y lograr un trato equitativo en su remuneración. Lo expuesto puede apreciarse en la figura siguiente, y serán estos los temas que trataremos en los 5 pasos de esta obra.

---

5 En la mayoría de mis libros el lector encontrará la definición de los subsistemas de Recursos Humanos, junto con la figura representativa, tal como ha sido expuesto aquí. Los subsistemas se presentaron con esta conformación, por primera vez, en el año 2000, en la primera edición de los dos volúmenes de la obra *Dirección estratégica de Recursos Humanos*, publicada por Ediciones Granica. La versión actual de esta obra los incluye y a ella puede recurrirse para su estudio analítico.

Los subsistemas de Recursos Humanos

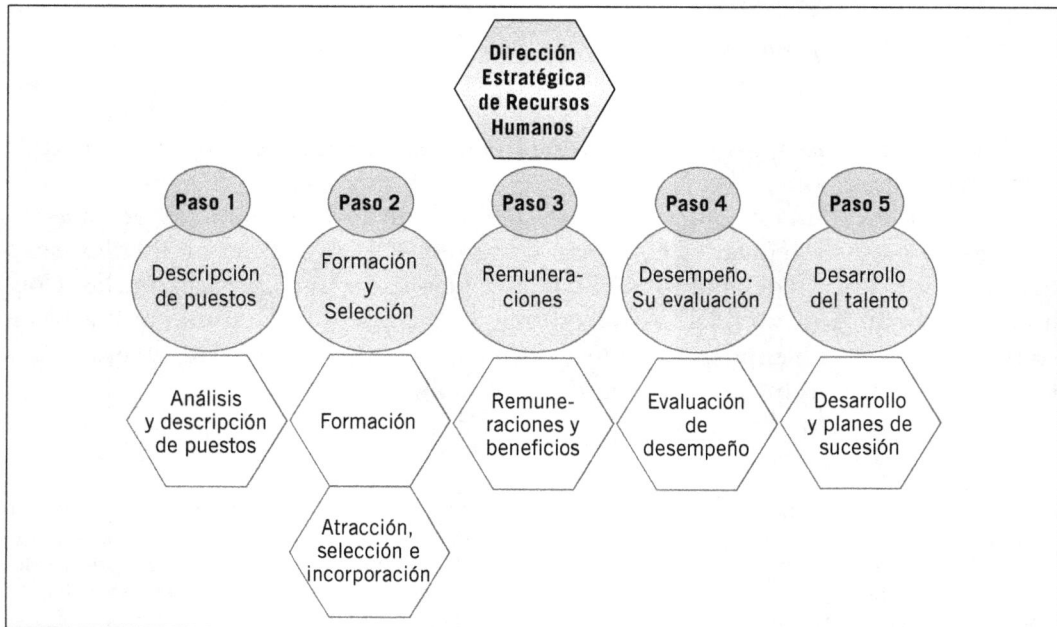

Atracción,
selección e
incorporación

Análisis
y descripción
de puestos

Desarrollo
y planes de
sucesión

**Dirección
Estratégica
de Recursos
Humanos**

Remuneraciones
y beneficios

Formación

Evaluación
de desempeño

**Dirección
Estratégica
de Recursos
Humanos**

Paso 1	Paso 2	Paso 3	Paso 4	Paso 5
Descripción de puestos	Formación y Selección	Remuneraciones	Desempeño. Su evaluación	Desarrollo del talento
Análisis y descripción de puestos	Formación	Remuneraciones y beneficios	Evaluación de desempeño	Desarrollo y planes de sucesión

Atracción,
selección e
incorporación

Pasos y subsistemas se corresponden y, en cualquiera de sus abordajes, el propósito es el mismo: alcanzar la dirección estratégica los Recursos Humanos. La idea se expresa en la figura inferior de la página anterior.

Los 5 pasos que dan origen al título de esta obra se verán en los capítulos 1 a 5. A continuación un breve comentario sobre cada uno.

Paso 1. Descripción de puestos

Para aplicar las buenas prácticas en Recursos Humanos se deberá comenzar por diseñar y definir la estructura de puestos de la organización; este primer paso sustentará las distintas aplicaciones que surgen en la vida diaria organizacional: determinar necesidades de formación, contratar un nuevo colaborador o elegir un posible reemplazo.

Para ello, primero se analizan los puestos, luego de lo cual se confeccionan los descriptivos, que incluyen la asignación de competencias a puestos. Entre otros aspectos de relevancia, en base a la descripción de puestos será posible valorar las diversas posiciones para así determinar la equidad interna y externa (puntuación de puestos) y fijar una política retributiva (paso 3). Por último, contar con descripciones de puestos permitirá determinar la adecuación persona-puesto.

El subsistema relacionado con este paso es *Análisis y descripción de puestos.*

Cada organización debe contar, por escrito, con una breve descripción de cada uno de los puestos que la integran. De este modo se asegura la no repetición de tareas, se evita que otras queden sin ser asignadas a algún colaborador, y al mismo tiempo se fija la base de los demás subsistemas. La descripción de puestos de toda una organización suele integrar lo que se denomina "Manual de puestos". Los demás subsistemas se diseñan a partir de la descripción de puestos.

Paso 2. Formación y Selección

De la determinación de la adecuación persona-puesto surgen, habitualmente, necesidades de formación; por esta razón, se da inicio al paso 2. La formación podrá realizarse utilizando distintos métodos, y los resultados deberán medirse.

El segundo tema que integra este paso es la atracción, selección e incorporación de personas. En Selección se destacan los siguientes aspectos: definición del perfil, el reclutamiento –que podrá llevarse a cabo siguiendo caminos diversos– y la medición de las capacidades de los futuros colaboradores. Un proceso de selección finaliza con la inducción de nuevos colaboradores.

Este paso reúne dos subsistemas, *Formación* y *Atracción, selección e incorporación*.

Las organizaciones realizan una serie de actividades con el propósito de mejorar la actuación de las personas en relación con el puesto de trabajo que ocupan en el presente o que ocuparán eventualmente, en el futuro. Las inversiones en capacitación y desarrollo podrán pasar de ser "un gasto" a constituir una inversión organizacional cuando estos planes se formulen en relación con la estrategia.

La atracción de las personas adecuadas, una buena selección, de tipo profesional y aplicando las pruebas más convenientes en cada caso, así como un adecuado proceso de incorporación, son acciones que definirán un buen inicio de la relación laboral de un buen empleado. La elección sobre cuáles son las pruebas más convenientes dependerá de cada caso en particular. El responsable de conducir el proceso de selección deberá determinarlo según lo que se considere más conveniente.

Paso 3. Remuneraciones

Las remuneraciones están directamente vinculadas a los descriptivos de puestos. Una política retributiva adecuada permitirá cuidar la equidad tanto interna como externa. Para alcanzar este objetivo se podrán implementar diversas herramientas: puntuación de puestos y encuestas de remuneraciones son las más importantes. Por último, será importante conocer los diferentes tipos de remuneraciones para elegir las mejores opciones en cada caso.

El subsistema relacionado con este paso es *Remuneraciones y beneficios*.

El cuidado de la equidad, tanto hacia el interior de la organización como con relación al mercado, es otro de los pilares de la buena relación entre el empleado y el empleador.

Paso 4. Desempeño. Su evaluación

La evaluación de desempeño es un aspecto relevante en la relación de los colaboradores con sus jefes y con la organización en su conjunto. Las buenas prácticas vinculan la evaluación de desempeño con la estrategia.

La medición del desempeño podrá realizarse a través de distintos métodos e incluyendo distintos evaluadores. La "evaluación vertical" es la principal herramienta de gestión para dirigir equipos de trabajo y, al mismo tiempo, constituye un derecho de cada uno de los colaboradores, a quienes se les debe informar cómo están haciendo las cosas.

El subsistema que trata esta temática se denomina *Evaluación de desempeño*.

Las personas esperan que se les informe acerca de su actuación. Además, un buen sistema de evaluación de desempeño combinado con administración por objetivos será un excelente motivador de los colaboradores. Usualmente se vincula con temas económicos a través del grado de cumplimiento de los objetivos mencionados.

Paso 5. Desarrollo del talento

El desarrollo del talento interno es el fin último de la mayoría de los métodos y procedimientos que lleva a cabo el área de RRHH. Contar con programas adecuados permitirá desde realizar promociones internas efectivas hasta contar con posibles sucesores o reemplazos frente a situaciones diversas. Cuando una organización implementa los programas internos para el desarrollo de personas, logrará un mejor cuidado del capital intelectual, crear talento interno y aprovechar la experiencia acumulada en la organización. En un círculo virtuoso, mejorará la marca empleadora[6] y la marca Recursos Humanos[7], términos que hacen referencia al prestigio del empleador y del área de RRHH, respectivamente, producto de sus políticas internas y la calidad de la gestión realizada. Retomaremos este tema más adelante.

Desarrollo y planes de sucesión es el subsistema relacionado con este paso.

El desarrollo de las capacidades de las personas –en especial en relación con sus competencias–, los planes de carrera y los planes de sucesión y los demás programas relacionados para el desarrollo de personas dentro de la organización se han transformado de "buenas prácticas de Recursos Humanos" en ítems para medir el capital intelectual de una entidad.

Los pasos y los subsistemas tienen relación entre sí. Uno de ellos constituye la puerta de entrada a los restantes, *Paso 1. Descripción de puestos*. Si bien, con frecuencia, se poseen descriptivos de puestos, no siempre están actualizados y/o no representan adecuadamente la estrategia organizacional. En ambos casos deberán ser revisados para que reflejen las principales responsabilidades de cada puesto –en definitiva, lo que se espera de los ocupantes de las diferentes posiciones–.

---

6 Marca empleadora o marca del empleador. Lograr esta "marca" implica construir una imagen positiva en el mercado, conseguir una reputación como buen empleador tanto para los colaboradores actuales como para los futuros. Fuente: *Diccionario de términos de Recursos Humanos*.

7 Marca Recursos Humanos. Concepto que identifica la valoración positiva que dentro de una organización posee el área de Recursos Humanos, producto de la eficacia de su gestión. Fuente: *Diccionario de términos de Recursos Humanos*.

Una vez que se cuenta con los descriptivos de puestos, se podrán achicar brechas entre lo requerido por el puesto y las capacidades de sus ocupantes (paso 2), así como, en base a ellos, seleccionar nuevos colaboradores, aspecto que también se verá en el mismo paso indicado.

Los descriptivos mencionados serán considerados para definir esquemas de remuneración (paso 3) y evaluar el desempeño de los colaboradores (paso 4).

Por último, los distintos programas internos para el desarrollo del talento y el cuidado del capital intelectual, como *Planes de sucesión* y *Diagramas de reemplazo*, formarán parte del paso 5.

Los pasos mencionados tienen, como puede visualizarse en los dos gráficos siguientes, una cierta interconexión y orden.

Siguiendo el orden asignado a los pasos, se sugiere comenzar por el paso 1: el diseño o actualización, según corresponda, de los descriptivos de puestos. Sobre esta base se definirán tanto las acciones de formación como la selección e incorporación de nuevos colaboradores cuando esto sea necesario. Al mismo tiempo, será posible definir políticas en materia de remuneraciones e, idealmente, una estructura de puestos con su respectiva escala retributiva.

Interconexión de los pasos - 1

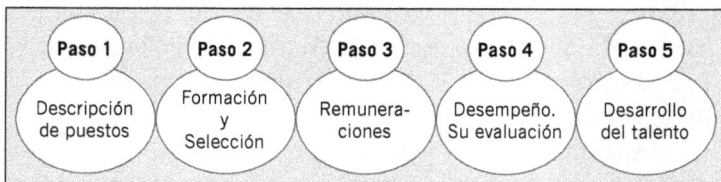

Interconexión de los pasos - 2

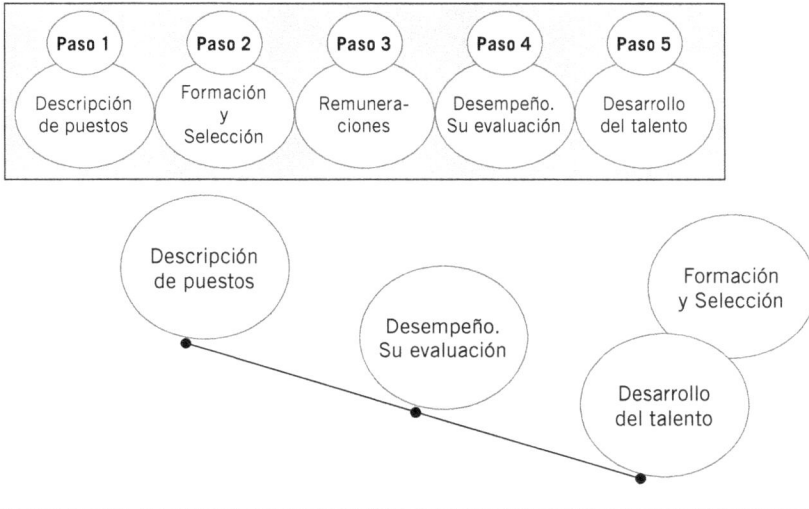

También sobre la base del *Paso 1. Descripción de puestos* será factible medir el *desempeño*. Luego de contar con evaluaciones de desempeño confiables, será posible determinar acciones de *formación* e implementar programas internos para el *desarrollo del talento*.

Las personas que ya pertenecen a una organización, en sus años de permanencia en ella transitan, de manera consciente o no, ciertas "rutas" que les permiten ir logrando su desarrollo personal y profesional. Estas "rutas" pueden ser formales o informales, pero siempre existen, de un modo u otro. El camino a seguir, dentro de una organización, recorre los diversos subsistemas mencionados más arriba.

Desde la mirada del colaborador, la "ruta" más habitual será la señalada en el gráfico siguiente. El camino a recorrer comienza con el ingreso a la organización (1), y continúa cuando al nuevo colaborador se le entrega su descriptivo de puestos (2). A partir de allí su jefe evaluará su desempeño (3) y, en función de las necesidades que surjan, los colaboradores recibirán formación a través de los programas pertinentes (4). Luego, continúa la ruta (5) en función de su desempeño y de acuerdo con los diferentes programas que la organización haya diseñado. De este modo la ruta o camino de los diferentes colaboradores a través del tiempo se relaciona con todos los pasos a tratar en esta obra. En la secuencia no se ha mencionado puntualmente el tema *remuneraciones*, el cual se vincula con todos los restantes.

Ruta de los colaboradores en una organización

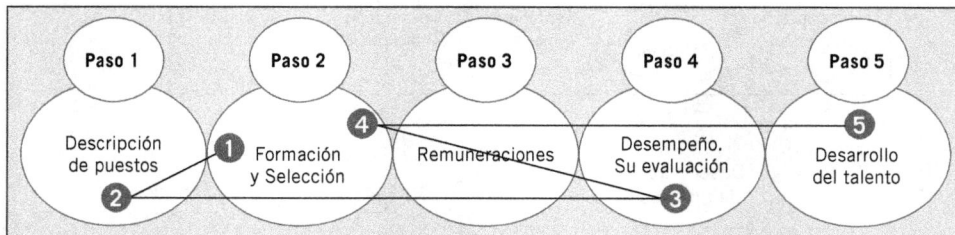

Paso 1	Paso 2	Paso 3	Paso 4	Paso 5
Descripción de puestos	Formación y Selección	Remuneraciones	Desempeño. Su evaluación	Desarrollo del talento

La formación, como ya hemos mencionado en otras obras, se relaciona tanto con conocimientos como con competencias, y en los distintos programas para el desarrollo de personas dentro de la organización se considera, además de estos aspectos (conocimientos y competencias), la *experiencia*, tanto la requerida por el puesto como la que cada persona posee.

En nuestra firma, trabajamos con una serie de programas que hemos denominado *Mapa y ruta de talentos*, que se expondrán en el Capítulo 5. ¿Por qué lo denominamos *mapa*? Porque el primer paso para trabajar en la formación y desarrollo de talentos será realizar un inventario[8] sobre las capacidades de las personas (este inventario sería similar a un mapa, el cual muestra la representación gráfica de algo, en este caso, del talento organizacional) . Se verá cómo hacer un inventario en las páginas siguientes de este mismo capítulo.

Muchas organizaciones preparan su inventario registrando información actualizada sobre estudios y cursos especiales de sus colaboradores. Esto está muy bien, pero es insuficiente. Un "inventario de talentos", una *cartografía del talento* si hablamos de *mapa de talentos*, consistirá en medir las capacidades de los colaboradores

---

8 *Inventario de recursos humanos.* Un inventario de recursos humanos implica el relevamiento completo de los colaboradores que integran la organización, junto con sus capacidades. Fuente: *Diccionario de términos de Recursos Humanos.*

en toda su dimensión, incluyendo en esta medición conocimientos, experiencia, competencias y valores cuando estos no se hayan incorporado al modelo de competencias.

¿Por qué hablamos de *ruta*? Porque de manera planeada o no, las personas siguen un camino dentro de la organización. El desafío será planear la ruta a seguir para construir talento internamente. La *ruta* que seguirán los colaboradores será encauzada a través de la implantación de modernos programas organizacionales que contemplen, por un lado, las últimas teorías al respecto, considerando, al mismo tiempo, los intereses personales de los individuos. La base de los programas mencionados será la formación adecuada de los colaboradores para alcanzar un nivel superior, cualquiera sea el objetivo planteado, tanto por la organización como por el colaborador.

Enfoque sistémico aplicado a la consecución de la estrategia organizacional

El concepto "enfoque sistémico" hace referencia a un aspecto relevante dentro de esta disciplina y se lo incluye, además, entre las nuevas tendencias en la materia. Por mi parte, lo considero de importancia capital, dado lo difundido de las "malas prácticas", todas ellas –o al menos la mayoría– basadas en buenas intenciones y propósitos y, sin embargo, ineficientes.

El concepto de "sistémico" deviene del más simple sentido común: darle a un tema un tratamiento de tipo global, considerándolo en su totalidad, sin dejar de lado ninguna de las partes que lo componen.

Las organizaciones, de cualquier tipo o tamaño, tienen un propósito u objetivo. Por lo que se espera que todos los que trabajan en ellas lo hagan en conjunto para, entre todos, poder alcanzar ese fin deseado.

El enfoque sistémico aplicado a los Recursos Humanos implica que el manejo de estos se haga con una mirada de conjunto, en oposición a una visión parcial.

¿Qué ocurre cuando esto no se verifica? En las organizaciones, usualmente se implementan una serie de programas y métodos de trabajo, intrínsecamente "buenos", pero de manera descoordinada y sin tener en cuenta la estrategia. En todos estos casos el diagnóstico es similar: no se trabaja bajo un enfoque sistémico y se pierde efectividad. Cuando la organización es de gran tamaño, este problema puede alcanzar una dimensión relevante.

Nuestra recomendación es definir como factor aglutinador un modelo de competencias diseñado en función de la *visión y estrategia,* garantizando, de ese modo, el enfoque sistémico.

En el caso de que se implante un modelo de competencias, todos los programas que atañen a las personas se diseñarán en función de las competencias definidas en dicho modelo. Por último, debe tenerse en cuenta que los distintos métodos y procedimientos en relación con las personas deben ser asimilados y llevados a la práctica por cada individuo en particular; es decir, cada jefe, cada colaborador, deberá tomar en cuenta diferentes elementos y actuar. Mientras más sencillos y coherentes sean los procedimientos, mayor será la posibilidad de que sean comprendidos adecuadamente y llevados a la práctica. Si, por el contrario, un jefe, un colaborador –de cualquier nivel– debe cumplir una serie de indicaciones dispersas y desarticuladas, lo más probable es que utilice su propio criterio para realizar sus labores, el cual, aunque quizá sea acertado, puede no corresponderse con criterios compartidos por otros.

El enfoque sistémico es lo que esperan y desean los conductores de toda organización (CEOs[9], directores y gerentes), y es, al mismo tiempo, beneficioso para los colaboradores de todos los niveles.

En resumen, la aplicación con un enfoque sistémico, coordinado y coherente de los distintos métodos de trabajo organizacionales, en todos los casos diseñados en función de la visión y estrategia organizacionales, será el mejor camino posible. La idea expresada se sintetiza en el gráfico siguiente.

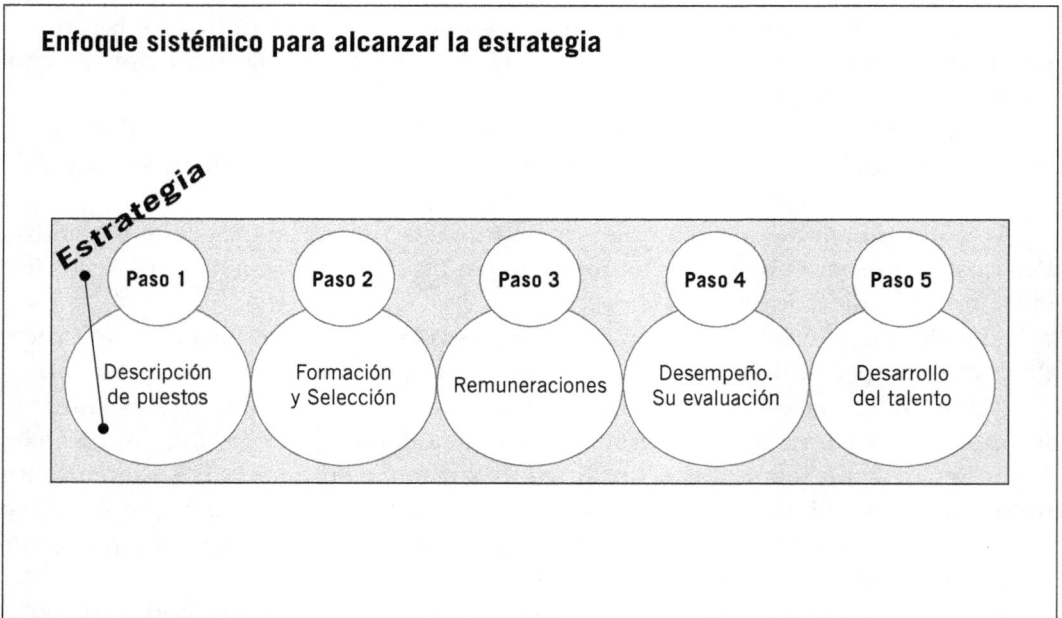

Enfoque sistémico para alcanzar la estrategia

Estrategia

Paso 1	Paso 2	Paso 3	Paso 4	Paso 5
Descripción de puestos	Formación y Selección	Remuneraciones	Desempeño. Su evaluación	Desarrollo del talento

---

9 CEO. Sigla que corresponde a la expresión inglesa *Chief Executive Officer* y que se utiliza para denominar al número 1 de una organización. Fuente: *Diccionario de términos de Recursos Humanos.*

Los distintos métodos de trabajo deberán estar reflejados en los descriptivos de puestos, los cuales serán la base para todos los pasos mencionados: Formación y Selección, Remuneraciones, Desempeño. Su evaluación y Desarrollo del talento.

Desde la mirada del colaborador, el referido documento (descriptivo de puestos) será la guía sobre la cual deberá basar su accionar cotidiano, y mediante la cual se medirá su desempeño y la adecuación persona-puesto, solo por mencionar algunos aspectos de interés. La idea se expresa en el gráfico al pie.

En resumen, el colaborador tendrá un documento guía para su accionar que –a su vez– reflejará lo que se espera de él y será el patrón de medida de su desempeño. Desde ya, y como se explica en relación con la *Evaluación vertical* en el Capítulo 4, no serán los únicos elementos a tomar en cuenta para evaluar el desempeño, sino la base del diseño de la evaluación.

El círculo virtuoso se cierra, dado que su jefe tendrá la misma referencia, tanto de medida como para guiar su propio accionar, y si el *descriptivo* fue diseñado contemplando la estrategia, esto implicará que todos en esa organización trabajan en conjunto para alcanzarla.

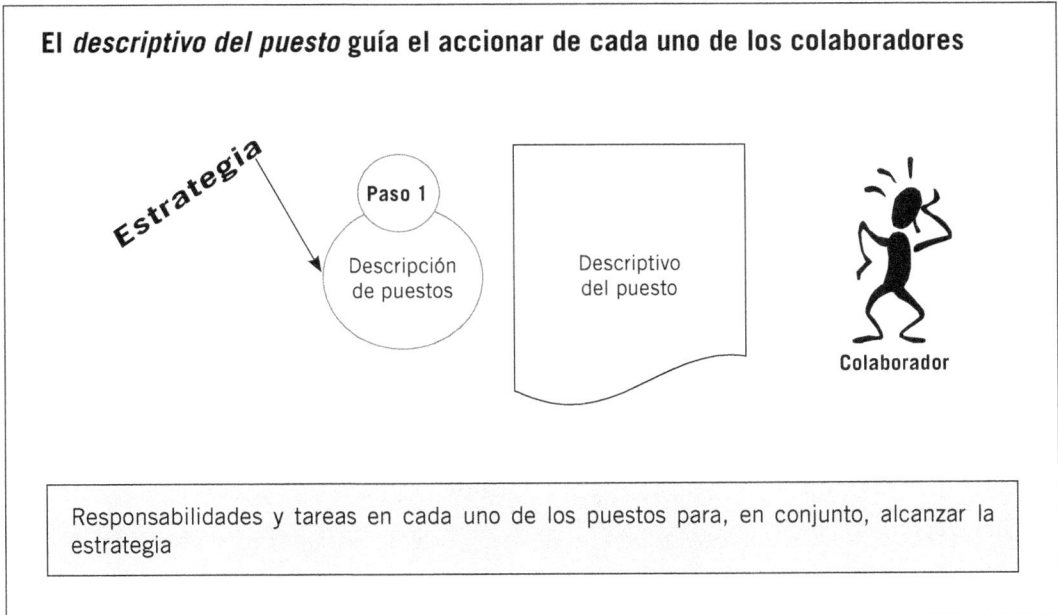

El *descriptivo del puesto* guía el accionar de cada uno de los colaboradores

Estrategia

Paso 1

Descripción de puestos

Descriptivo del puesto

Colaborador

Responsabilidades y tareas en cada uno de los puestos para, en conjunto, alcanzar la estrategia

Planeamiento e inventario de los Recursos Humanos

El manejo estratégico de una organización y de sus recursos humanos considera los dos aspectos mencionados, tanto el planeamiento como un inventario del talento organizacional.

Planificación organizacional y planificación específica de los Recursos Humanos

Las organizaciones realizan un planeamiento o planificación de sus actividades, a través de prácticas dirigidas a confeccionar un plan de acción en relación con un determinado tema. Dicho planeamiento implica la consideración de todos los elementos necesarios para que un determinado proyecto, función, área, unidad de negocios o la empresa en su conjunto alcance un objetivo determinado.

Del mismo modo se puede identificar un planeamiento o planificación de Recursos Humanos. La planificación del capital humano de una empresa es una de las responsabilidades del área de Recursos Humanos. Dicha planificación es uno de los aspectos a ser considerados dentro de la planificación económico-financiera de la organización en su conjunto.

Para realizar el planeamiento de los Recursos Humanos se deberá considerar la estrategia organizacional junto con los objetivos generales de corto, mediano y largo plazo. En función de estos aspectos se deben analizar, en colaboradores de todos los niveles, las capacidades necesarias para alcanzar esos objetivos: conocimientos, experiencia y competencias.

La incorporación o desvinculación de personas, el desarrollo de competencias y la adquisición de nuevos conocimientos son los aspectos más usuales a considerar en dicho plan.

El responsable del área de RRHH liderará su realización, pero no será su único responsable; las otras áreas deberán participar de algún modo.

En síntesis, se puede llevar a cabo el planeamiento en las siguientes ocasiones:

- Cuando la organización en su conjunto prepare el presupuesto del próximo ejercicio.

- Para el análisis estratégico de un área de negocios en particular.

- Frente a una acción concreta derivada de la estrategia o de alguna otra necesidad organizacional, como por ejemplo abrir o cerrar una sucursal o fábrica.

- Por fusión o compra de toda la organización o de un área de negocios en particular.

Dado que el planeamiento debe ser en todos los casos cuantitativo, implicará que las capacidades de las personas deben ser medidas. Para ello se sugiere realizar un inventario de acuerdo con lo que veremos a continuación.

Inventario de Recursos Humanos

La expresión "inventario de Recursos Humanos" implica el relevamiento completo de los colaboradores que integran la organización, junto con sus capacidades.
Constaría, por ejemplo, de los siguientes datos por cada puesto:

- Área.
- Puesto.
- Nombre del ocupante de la posición.
- Estudios.
- Edad.
- Conocimientos específicos.
- Experiencia.
- Competencias.

Se podría confeccionar un inventario de aspectos específicos; por ejemplo, sobre conocimientos o competencias (o ambos).
En resumen, existen una serie de datos sencillos de obtener, como por ejemplo, edad, domicilio, estudios formales, conocimientos específicos… y otros más difíciles, que implicarían la medición de competencias. Si se ha implementado un *modelo de competencias* de allí se podrá obtener información acerca de cada una de ellas y su vinculación con cada puesto.
Para confeccionar un inventario de las personas por área/sector, será muy útil la participación de todas las áreas involucradas. Se podrá partir de la información disponible en el área de Recursos Humanos y completar con mayor detalle la información y/o actualizar la ya existente.
La confección de un inventario de capacidades implica consignar las características relacionadas con la capacidad para desempeñar diferentes trabajos. Dicha

descripción podrá indicar estudios realizados (títulos obtenidos, exámenes aprobados), formación adquirida, experiencia, evaluaciones de sus superiores, etc. Un inventario de capacidades puede ser de mucha utilidad en los programas internos para el desarrollo de personas y promociones internas.

Entre las capacidades, también será factible incluir un *inventario de competencias*; en este caso el procedimiento es similar, solo que las competencias requieren de una evaluación específica. Si la organización ha implementado un modelo de competencias podrá contar con dicha información. En caso contrario habrá que realizar mediciones antes de confeccionar el inventario.

Área/sector: ....

Nombre (del colaborador)	Puesto actual	Estudios y conocimientos (1)	Edad	Experiencia (2)	Competencias (3)

Notas sobre el esquema anterior:

(1) Estudios formales y conocimientos específicos.
(2) Experiencia relevante. Puede ser actual o anterior al puesto actual.
(3) Competencias: las mismas deberán ser evaluadas de manera específica al confeccionarse el inventario de Recursos Humanos o, si se cuenta con dicha información, obtenerse de la última evaluación de desempeño.

Satisfacción laboral y otras mediciones como soporte de la gestión

Los jefes, con frecuencia, conocen el grado de satisfacción laboral de sus colaboradores directos, así como otras inquietudes que estos puedan tener (por ejemplo, proyectos personales, expectativas de carrera...). Este conocimiento dependerá de la cantidad de personas que el jefe tenga a cargo y de otras circunstancias.

Las organizaciones pueden, también, medir estos aspectos a través de herramientas específicas.

Las mediciones siempre son interesantes y permiten sacar conclusiones diversas. No obstante, si se desea ordenar el área de Recursos Humanos, implementar las buenas prácticas, ponerse al día en materia de tendencias relacionadas con las personas, el camino a seguir será –primero– llevar a cabo los 5 pasos que se proponen en esta obra.

Si no se cuenta con una estructura mínima en materia de Recursos Humanos, si no se cubren ciertas funciones básicas, la realización de mediciones podrá brindar información útil, pero dicha información será más útil aún después de una aplicación sistémica y ordenada de los pasos aquí descritos.

Encuestas a colaboradores. Su aplicación

Las buenas prácticas identifican diferentes encuestas que pueden administrarse a los colaboradores, una de ellas de amplia difusión.

¿Para qué realizar encuestas? Para conocer acerca de la satisfacción de los colaboradores con su trabajo y el contexto en el cual se desenvuelven. También se denominan *encuestas de clima organizacional*, y tienen una amplia difusión. Menos conocidas, las encuestas sobre valores y proyectos personales pueden ser de gran utilidad tanto para los colaboradores como para la alta dirección.

La información obtenida permite un mejor diseño de los métodos de trabajo organizacionales. Si las organizaciones indagan sobre los tres aspectos mencionados, en especial sobre los proyectos personales, y toman acciones al respecto, por ejemplo, diseñando carreras específicas, esto será bueno para los colaboradores cuando ellos necesiten armonizar su vida profesional con otros proyectos.

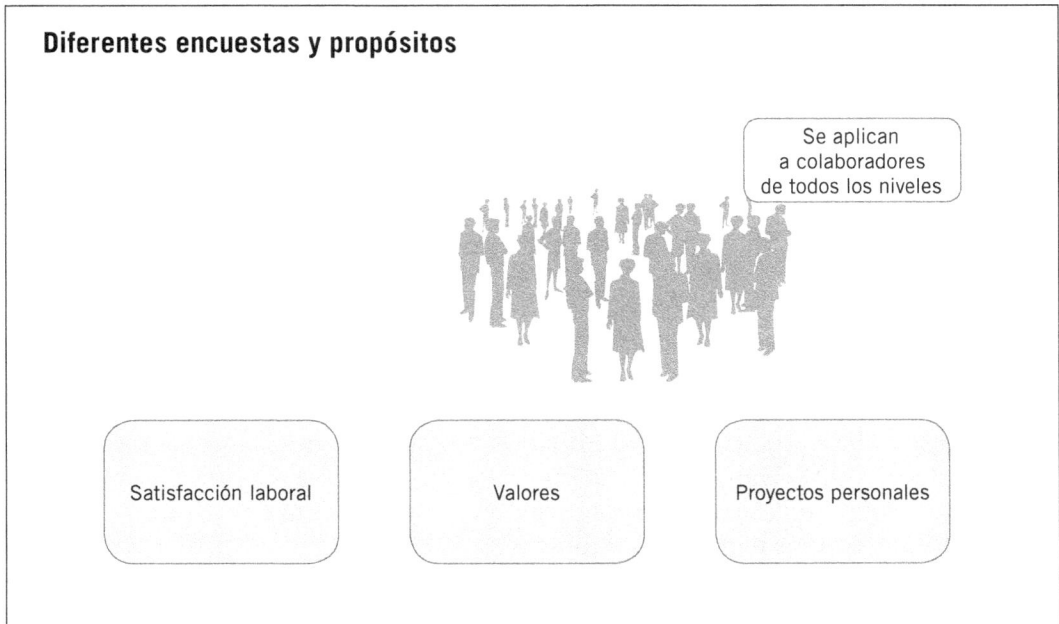

Diferentes encuestas y propósitos

Se aplican a colaboradores de todos los niveles

Satisfacción laboral

Valores

Proyectos personales

Las organizaciones realizan, en muchos casos, diversas mediciones de cultura y otros factores relacionados con el comportamiento organizacional.

Mediciones sobre satisfacción laboral

Las *encuestas de satisfacción laboral*, bien administradas, ofrecen muchos beneficios. En caso contrario –mal implementadas– pueden ser altamente perjudiciales y generar un resultado opuesto al deseado.

Antes de iniciar un proceso de encuesta de satisfacción laboral, la organización y sus directivos deberán tener en cuenta que para que cumpla su cometido debe ser implementada en forma periódica. Eventualmente, no es necesario llevarlas a cabo todos los años, pero sí con una periodicidad definida.

Por lo tanto, si no se está pensando en administrar estas encuestas con regularidad, será preferible no hacerlas e intentar un sondeo informal a través de los gerentes; por ejemplo, con relación a cómo percibe cada uno de ellos el grado de satisfacción de los empleados a su cargo. Siempre habrá que tener presente que esta información será imprecisa y, quizá, influenciada por las percepciones subjetivas de los distintos jefes consultados.

Para conocer la opinión de los colaboradores se pueden utilizar diferentes métodos, desde mediciones a través de talleres realizados por un facilitador externo hasta encuestas para medir la satisfacción laboral. También –aunque de aplicación menos frecuente– pueden realizarse encuestas de percepción de los jefes y consultas informales a los principales directivos con relación a sus colaboradores. Estas dos últimas variantes son mediciones indirectas del grado de satisfacción laboral de los empleados y, por lo tanto, más imprecisas que las dos primeras.

Entre los beneficios de una encuesta de satisfacción laboral podríamos mencionar que su aplicación le permite a la dirección tener un indicio de los niveles generales de satisfacción respecto de la organización. En todos los casos serán muy importantes su diseño y los ítems que se contemplen al realizar la consulta a los colaboradores. En algunos casos estos participan en el diseño de la herramienta.

Para implementar este tipo de encuestas será fundamental contar con el apoyo de la alta dirección, determinar claramente los objetivos a alcanzar, y contar con un diseño y aplicación adecuados. Adicionalmente, será necesario una apropiada capacidad de la dirección para emprender acciones consecuentes (y disposición a hacerlo) y a su vez una efectiva comunicación a los colaboradores acerca de los resultados, junto con los planes de acción derivados.

Es usual que en el mercado se ofrezcan productos prediseñados que *a priori* parecen muy interesantes, pero no es lo indicado optar por una alternativa de este tipo. En todos los casos, la encuesta para evaluar la satisfacción laboral debe ser diseñada a medida de la organización.

Es necesario tener en cuenta que, si la empresa no está preparada para llevar a cabo un plan de acción consecuente con los resultados de la encuesta de satisfacción laboral (ante un nivel de satisfacción bajo en algunos aspectos, particularmente), será mejor, como ya se dijo, no realizarla. Sin embargo, si los directivos están dispuestos a "hacer algo" sobre la base de los resultados obtenidos, la encuesta será una muy buena herramienta para encarar medidas de mejora interna. Del mismo modo puede darse que los resultados propongan desde acciones no viables hasta otras que los directivos no consideren oportunas; pero los colaboradores que participaron en la encuesta esperan que algo cambie. Por lo tanto, la retroalimentación podrá decir qué se cambiará y qué no, explicando por qué no se decide actuar con relación a ciertos puntos.

Por último, si se tuviese la percepción de que las personas no confiarán en una encuesta como la descrita, quizá se deba esperar un tiempo antes de realizar una nueva encuesta de satisfacción laboral o utilizar alguno de los otros métodos descritos anteriormente.

Estudios sobre valores y proyectos personales

Esta encuesta, siendo muy interesante, está poco difundida. Las personas suelen tener una visión[10] de sí mismas, una meta a alcanzar, sus propios valores. Los colaboradores de una organización, de todos los niveles, tienen proyectos individuales de diferente índole, tanto profesionales como personales. Estos últimos pueden abarcar desde la práctica de hobbies hasta otros intereses vinculados con temas familiares o de cualquier otro tipo.

Las personas también tienen sus valores y creencias. Estos valores y creencias resultan fundamentales para el modo de conducirse y para las decisiones que toman en todos los ámbitos. Al mismo tiempo, una persona probablemente pueda cambiar con el tiempo estos valores fundamentales, pero el cambio requiere un proceso difícil y personal, sobre el que las organizaciones solo pueden tener una influencia limitada.

Es importante destacar que si bien los valores son inherentes a cada persona, si el individuo lo desea podrá modificar o desarrollar los comportamientos asociados con esos mismos valores que defina como propios.

---

10 *Visión desde la perspectiva individual.* La imagen del futuro deseado para uno mismo. Implica fijarse retos y objetivos a alcanzar en un futuro. Fuente: *Diccionario de términos de Recursos Humanos.*

El término valores incluye las virtudes personales junto con otros conceptos adicionales, que impliquen en una persona aspectos esenciales acerca de su concepción de las cosas. Por lo tanto, dentro del concepto *valores* es posible considerar aspectos como *integridad* y *ética,* y también otros, por ejemplo, *calidad,* cuando este concepto sea relevante para una persona.

Es difícil que las personas puedan responder con objetividad preguntas tales como: *¿Cuáles son sus valores? ¿Cuáles cree que son los valores que le han inculcado sus padres? ¿Cuál es su visión personal o su visión de futuro?*

No obstante, cuando las personas actúan, tanto en la vida profesional como personal, ponen en juego esos valores, y en ambos ámbitos es posible observar sus comportamientos.

En resumen, y como se verá en el Capítulo 4, en el momento de evaluar el desempeño de colaboradores –de todos los niveles– será posible observar el grado de aplicación de sus conocimientos, sus comportamientos y, entre otros aspectos, se podrán percibir aquellos comportamientos en los cuales se evidencian sus valores.

Para que valores y proyectos se articulen armoniosamente y se logre una conjunción de intereses positiva, deben darse una serie de correlaciones o correspondencias entre ciertos factores. Los más importantes son:

Organización	Personas que integran la organización	Relación adecuada
Valores organizacionales.	Valores personales.	Valores compartidos.
Capacidades: conocimientos y competencias requeridos por el puesto.	Capacidades: conocimientos y competencias de la persona.	Concepto adecuación persona-puesto.
Proyectos organizacionales.	Proyectos personales.	No deben existir aspectos contrapuestos.

Si la relación entre la organización y las personas que la integran es como la señalada en la columna de la derecha (*relación adecuada*), será posible lograr un funcionamiento organizacional altamente provechoso para ambas partes, en una relación *ganar-ganar.*

Las organizaciones deberían poner en práctica procedimientos para detectar la correspondencia o no de los tres puntos señalados: valores, adecuación persona-puesto, y proyectos personales y organizacionales. No para realizar acciones que perjudiquen a aquellas personas cuyas características no coincidan con las necesidades de la organización sino, muy por el contrario, para administrar posibles soluciones al respecto.

Si se analiza este punto desde la perspectiva de las personas, de todos los niveles, será muy bueno para ellos evaluar si sus proyectos y valores personales se corresponden con los de la organización a la cual pertenecen, ya que de no ser así deberán saber que aquella no es la mejor organización para establecerse y hacer carrera.

Cuando se verifica una armoniosa relación entre las necesidades y objetivos de las personas y los de la organización, siempre es bueno para ambas partes. Un responsable o directivo de Recursos Humanos deberá proponer métodos para conocer si esta correlación existe.

En los diseños más frecuentes de las encuestas de satisfacción laboral –también denominadas encuestas de clima– no se indaga sobre valores y proyectos personales. Una opción posible sería adicionar este tipo de preguntas a las que usualmente se realizan en las encuestas.

En cualquier circunstancia será importante analizar la correlación/correspondencia de los valores y proyectos personales con respecto a los de la organización. El diseño de una encuesta para medir tanto valores como proyectos personales será siempre a medida de cada organización; las opciones son variadas y diferentes.

Indicadores de gestión para Recursos Humanos

La gestión de las diferentes áreas que componen una organización puede ser medida a través de indicadores. También el área de Recursos Humanos. Estos pueden ser de tipo general o específico.

El término "indicador/es" hace referencia a un valor numérico que se usa como guía; por ejemplo, para evaluar a una persona en particular o a un área en su conjunto. En cuanto al término "indicadores de gestión", identifica a aquellos índices específicos para medir el resultado de la gestión de la organización en su conjunto o de un área en particular (o grupo de funciones).

Para una aplicación eficaz de indicadores, estos deben permitir la comparación con años anteriores, con organizaciones similares, etcétera.

Por su parte, los "indicadores de gestión del área de Recursos Humanos" son aquellos índices específicos para medir el resultado de la gestión del área de Recursos Humanos y de las distintas funciones que la componen. Ejemplos: índices para medir el resultado general de Recursos Humanos o las áreas de Selección, Formación, Desarrollo de personas, Desempeño, etcétera.

En todos los casos se sugiere la aplicación de un número limitado de indicadores, según las características de cada organización. Se deberán elegir aquellos más representativos en relación con la estrategia organizacional.

Para que los indicadores sean de utilidad, deberán implementarse varios años seguidos y/o contar con parámetros del mercado con los cuales se pueda comparar la gestión organizacional.

A continuación algunos ejemplos de indicadores para medir la gestión del área de Recursos Humanos:

Indicador para medir:	Fórmula de cálculo
El área en su conjunto: *Rotación*	$$\frac{\textit{Cantidad de personas que se retiran de la organización en un período}}{\textit{Cantidad total de personas en nómina}} = X$$
Selección: *Costo por empleado*	$$\frac{\textit{Costo del área de Selección}}{\textit{Cantidad de personas contratadas en un período}} = X$$
Desempeño	$$\frac{\textit{Cantidad de personas con desempeño superior}}{\textit{Cantidad total de personas en nómina}} = X$$
Formación: *Inversión en formación por empleado*	$$\frac{\textit{Inversión en formación}}{\textit{Cantidad de empleados capacitados}} = X$$
Desarrollo: *Grado de eficacia de programas internos (en el ejemplo: Diagramas de reemplazo)*	$$\frac{\textit{Cantidad de reemplazos realizados con personas de la propia organización}}{\textit{Cantidad total de reemplazos}} = X$$

Las marcas como indicadores de gestión

En relación con la gestión del área de Recursos Humanos –en su conjunto– se podrán considerar dos factores: la *marca de Recursos Humanos* y la *marca empleadora*. Son conceptos nuevos con dispar grado de difusión, y muy interesantes para tener en cuenta.

La Marca Recursos Humanos[11] es el título de un libro de mi autoría donde se expone todo lo que hay que hacer para alcanzar un alto valor de "marca" a través de ganar prestigio dentro de la organización.

---

11 Alles, Martha. *La Marca Recursos Humanos*. Ediciones Granica. Buenos Aires, 2014.

El concepto denominado "marca de Recursos Humanos" identifica la valoración positiva que dentro de una organización posee el área de Recursos Humanos, y es producto de la eficacia de su gestión.

Trabajar sobre el concepto interno de *marca* tiene múltiples aplicaciones prácticas y con diferentes perspectivas:

- *Mirada interna.* Cuando el área de Recursos Humanos alcanza un valor de marca alto, se facilita la implementación de cualquier programa, método o proyecto que proponga, dado que tanto los directivos como los colaboradores en general tienen confianza en su gestión.

- *Mirada externa.* El valor de marca alto produce buena imagen entre directivos y colaboradores, y todos ellos, de manera consciente o no, la transmiten fuera de la organización. Como consecuencia, otras personas desearán formar parte de ella.
  Esto implica obtener una respuesta altamente satisfactoria cuando se realizan acciones de atracción. Se logra atraer al mejor talento disponible para la posición ofertada.
  Esta mirada externa se relaciona, además, con la valoración que los colaboradores poseen acerca del rol de sus propios jefes

En los últimos años ha surgido un concepto muy difundido, conocido también por la expresión inglesa *employer branding,* en español *marca empleadora* o *marca del empleador.*

Lograr esta "marca" implica construir una imagen positiva en el mercado, conseguir una reputación como buen empleador tanto para los colaboradores actuales como para los futuros.

Implica proponer y llevar a cabo una serie de acciones tendientes a lograr una percepción, por parte del mercado, altamente positiva como ámbito laboral, de manera que las personas deseen trabajar en la organización. Sin embargo, esta imagen positiva no debe basarse solo en consignas publicitarias sino que, por el contrario, debe estar construida sobre la base de acciones concretas en materia de Recursos Humanos.

En resumen, para alcanzar altos valores de marca, tanto de Recursos Humanos como de la marca empleadora y, al mismo tiempo, alcanzar buenos indicadores de gestión del área de RRHH, se ponen en juego los mismos elementos y factores: llevar a cabo las buenas prácticas en la materia, diseñar herramientas de RRHH fiables y sencillas que puedan ser aplicadas tanto por los especialistas de la disciplina como por los directivos y jefes de las otras áreas. Todo lo necesario para alcanzar estos resultados esperados será tratado en esta obra e implicará recorrer los 5 pasos sugeridos desde el título y que se verán a continuación.

DE LA BIBLIOTECA ALLES PARA SEGUIR LEYENDO

Libros específicos en relación con este capítulo

– *Dirección estratégica de Recursos Humanos. Volumen 1. Gestión por competencias.* Nueva edición. Ediciones Granica, Buenos Aires, 2015.

– *Dirección estratégica de Recursos Humanos. Volumen 2. Casos.* Nueva edición. Ediciones Granica, Buenos Aires, 2016.

– Para el armado del modelo de competencias: *Diccionario de competencias. La trilogía. Tomo 1.* Ediciones Granica, Buenos Aires, 2015; *Diccionario de comportamientos. La trilogía. Tomo 2.* Ediciones Granica, Buenos Aires, 2015; *Diccionario de preguntas. La trilogía. Tomo 3.* Ediciones Granica, Buenos Aires, 2015.

– *La Marca Recursos Humanos.* Ediciones Granica, Buenos Aires, 2014.

Libros sobre temas generales de interés

– *Comportamiento organizacional.* Ediciones Granica, Buenos Aires, 2017.

– *Cuestiones sobre gestión de personas. Qué hacer para resolverlas.* Ediciones Granica, Buenos Aires, 2015.

– *Diccionario de términos de Recursos Humanos.* Ediciones Granica, Buenos Aires, 2011.

– *Las 50 herramientas de Recursos Humanos que todo profesional debe conocer.* Ediciones Granica, Buenos Aires, 2017.

– *Social media y Recursos Humanos.* Ediciones Granica, Buenos Aires, 2012.

Libros sobre Liderazgo

– *12 pasos para conciliar vida profesional y personal. Desde la mirada individual.* Ediciones Granica, Buenos Aires, 2013.

– *12 pasos para ser un buen jefe.* Ediciones Granica, Buenos Aires, 2014. Título anterior de esta obra: *Cómo ser un buen jefe en 12 pasos* (2008).

– Cómo delegar efectivamente en 12 pasos. Ediciones Granica, Buenos Aires, 2010.

– *Cómo llevarme bien con mi jefe y con mis compañeros de trabajo.* Serie Bolsillo. Ediciones Granica, Buenos Aires, 2009.

– *Cómo transformarse en un jefe entrenador en 12 pasos.* Ediciones Granica, Buenos Aires, 2010.

– *Conciliar vida profesional y personal. Dos miradas: organizacional e individual.* Ediciones Granica, Buenos Aires, 2016.

– *Rol del jefe.* Ediciones Granica, Buenos Aires, 2008.

PARTE II.

5 Pasos para Transformar
una Oficina de Personal en un Área de rrhh

Descripción de puestos

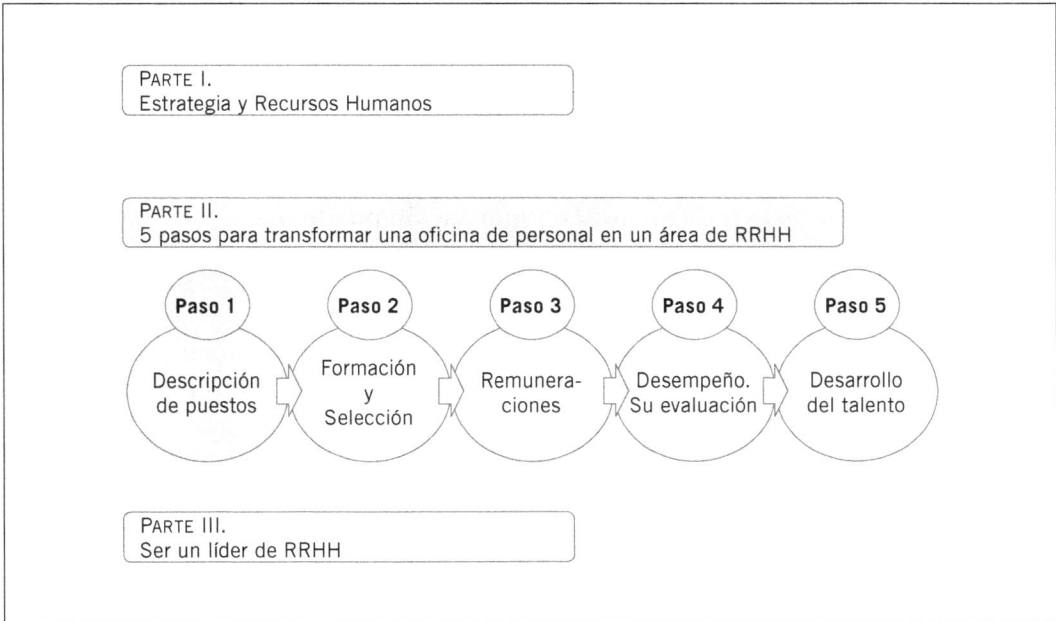

Capítulo 1 = Paso 1

PARTE I.
Estrategia y Recursos Humanos

PARTE II.
5 pasos para transformar una oficina de personal en un área de RRHH

Paso 1
Descripción de puestos

Paso 2
Formación y Selección

Paso 3
Remuneraciones

Paso 4
Desempeño. Su evaluación

Paso 5
Desarrollo del talento

PARTE III.
Ser un líder de RRHH

Temas del capítulo:

- Comenzar por el principio: analizar y describir los diferentes puestos organizacionales
- Descriptivo de puestos
- Análisis de puestos
- Estructura de puestos
- Asignación de competencias a puestos
- Puntuación de puestos y remuneraciones
- El jefe y los descriptivos de puestos
- Adecuación persona-puesto
- A partir del descriptivo de puestos se aplican los pasos 2 a 5

Comenzar por el principio: analizar y describir los diferentes puestos organizacionales

Como vimos en el Capítulo 0, las personas en una organización siguen una ruta, ya sea que esta posea un diseño definido o no.

De algún modo, cada una de las personas un día ingresaron a la organización y, a partir de ese momento, fueron construyendo un camino, una carrera, en una dirección u otra. En algunos casos estas rutas o caminos fueron más directos para llegar a algún lugar, o menos directo, quizá realizando círculos, quizá retrocediendo para luego avanzar. Todo es posible, el camino y el lugar al cual se llega, ya sea este el deseado o no. Utilizo la figura de la ruta para fortalecer la idea de que, al igual que las carreteras, las rutas organizacionales pueden ser más o menos transitables.

Las buenas prácticas indican que la organización puede trazar rutas por las cuales desplazarse y, al mismo tiempo, diseñar métodos y procedimientos para elegir a las personas más adecuadas para cada puesto, y ofrecer oportunidades de formación de acuerdo con las necesidades reales, solo por citar algunos aspectos.

Para alcanzar los propósitos mencionados se debe partir de una base, de una estructura. A esto nos referiremos en este paso. Explicaremos cómo construir la estructura de puestos organizacional para que cada persona ocupe el puesto de acuerdo con sus capacidades y preferencias y, a partir de allí, pueda desarrollar una carrera, también de acuerdo con sus capacidades y preferencias. De esto se tratan las buenas prácticas, un enfoque ganar-ganar, bueno al mismo tiempo para la organización y para las personas que allí se desempeñan.

Los 5 pasos de los cuales nos ocuparemos en esta obra deben diseñarse y aplicarse dentro del marco normativo legal en el cual se desarrollan las actividades. La idea se expresa en la figura de la página siguiente.

El cumplimiento del marco legal no solo deberá considerarse para acatar las leyes vigentes en cada país/región sino que será, desde la perspectiva de esta obra, un aspecto esencial en la relación de cada uno de los colaboradores con la organización.

El paso 1, que nos señala por dónde comenzar para lograr la transformación sugerida en el título de este libro, permite recorrer un camino sencillo que, de un modo u otro, ordena la organización.

El descriptivo de puestos, como se verá más adelante, es un documento interno resultado de una serie de acciones. Dicho documento, también denominado "descriptivo de cargos" o "job description" –su nombre en inglés–, es ampliamente conocido pero no igualmente *reconocido*; por decirlo de otro modo, no siempre se reconoce su importancia.

5 pasos y el marco legal

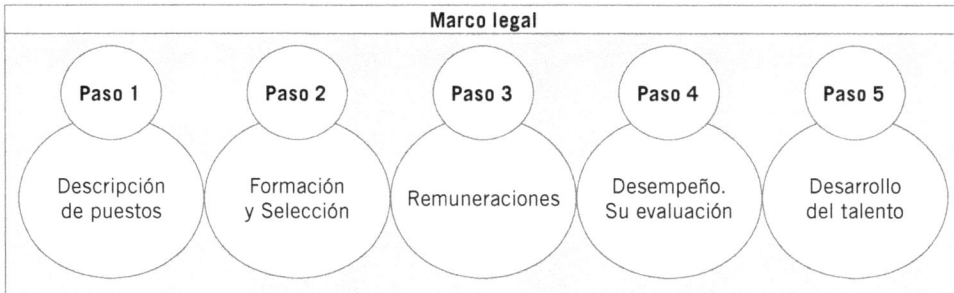

Marco legal

Paso 1	Paso 2	Paso 3	Paso 4	Paso 5
Descripción de puestos	Formación y Selección	Remuneraciones	Desempeño. Su evaluación	Desarrollo del talento

Para hacer selección deberá conocerse primero el puesto que hay que cubrir; para diseñar actividades de formación y para evaluar el desempeño, también.

Llevar este paso a la práctica, si no se lo hizo antes –o, si ya se realizó la tarea en el pasado, revisarla a la luz del presente y el futuro–, permite determinar el contenido de los distintos puestos de trabajo, clasificar las tareas y responsabilidades, equilibrar la carga horaria y el nivel de responsabilidades. Quizá se pueda descubrir que una tarea se hace dos veces o que se llevan a cabo acciones que podrían unificarse y optimizar esfuerzos, entre otras situaciones. Así como se recomienda de tanto en tanto vaciar un placar o armario para ordenarlo y descubrir objetos perdidos, unos valiosos y otros no, y analizar qué nos falta y tantas otras posibilidades, algo similar ocurre cuando se analizan los puestos organizacionales.

Veamos en la figura inferior de la página siguiente cómo las organizaciones definen sus estructuras salariales y política retributiva (paso 3), para luego definir las remuneraciones de sus colaboradores. El puesto que cada uno de estos ocupa será la base para ubicar a las distintas personas dentro de un rango salarial y así precisar salario, beneficios, etcétera.

Paso 1. Descripción de puestos

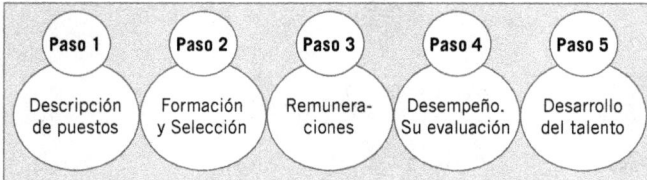

Paso 1	Paso 2	Paso 3	Paso 4	Paso 5
Descripción de puestos	Formación y Selección	Remuneraciones	Desempeño. Su evaluación	Desarrollo del talento

Paso 1

Descripción de puestos

Descripción de puestos. Este paso implica analizar puestos y confeccionar sus descriptivos. Incluye asignación de competencias a puestos y la valoración de puestos. Contar con descriptivos de puestos permitirá determinar la adecuación persona-puesto. Este paso será la base para los pasos siguientes.

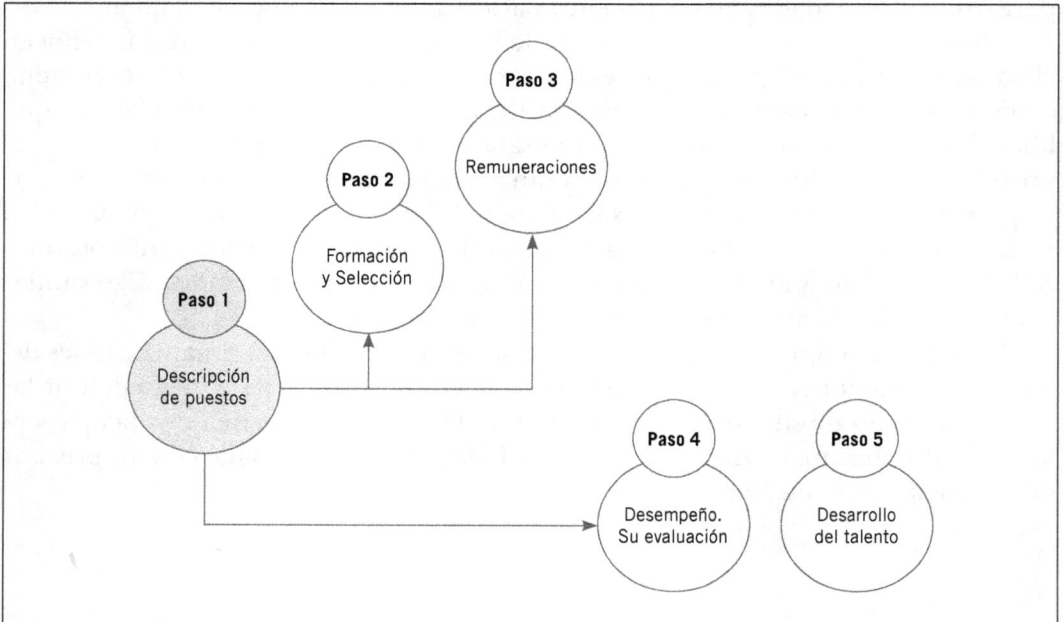

Paso 3

Remuneraciones

Paso 2

Formación y Selección

Paso 1

Descripción de puestos

Paso 4

Desempeño. Su evaluación

Paso 5

Desarrollo del talento

Por último, para completar el análisis de la figura precedente, el *Desarrollo del talento* (paso 5) será una consecuencia del paso anterior, *Desempeño. Su evaluación* (paso 4).

Si bien no se las ha incluido en el gráfico, se podrán presentar otras conexiones entre los distintos pasos. Por ejemplo, del resultado de las evaluaciones de desempeño podrán surgir necesidades de *Formación* (paso 2), que también podrán derivar del diagnóstico que se ha denominado *Adecuación persona-puesto*, que trataremos más adelante en este mismo capítulo.

Algunas definiciones a tener en cuenta:

Puesto. Lugar que una persona ocupa en una organización. Implica cumplir responsabilidades y tareas claramente definidas.

La información necesaria para conocer acerca de un puesto es la siguiente:

- Tareas y responsabilidades del puesto.

- Estándares de rendimiento.

- Elementos necesarios: maquinarias, software, etcétera.

- Conocimientos, experiencia y competencias necesarios para un desempeño exitoso.

Tarea. Trabajo que debe realizarse, usualmente, con algunas características precaterminadas, como plazos, contenidos, etcétera.

Puestos clave. Conjunto de puestos dentro de una organización que esta considera relevantes o importantes por algún factor claramente definido, usualmente en función de sus niveles de responsabilidad y decisión.

Es un concepto diferente al de "personas clave", que hace referencia a colaboracores de la organización que se consideran relevantes para su desempeño en base a algún criterio o parámetro claramente definido.

Puede darse la coincidencia de que una persona clave ocupe un puesto clave, pero no debe darse necesariamente de esta forma. Allí radica la importancia de precisar la diferencia entre los respectivos significados de los términos.

El paso 1, *Descripción de puestos,* es la base de todos los siguientes. En este paso se recaba información sobre los distintos puestos organizacionales y se analiza sus contenidos (análisis de puestos) para luego, como resultado final, contar con los *descriptivos de puestos* de cada una de las posiciones que integran la organización.

Adicionalmente es posible comparar los puestos entre sí para definir una estructura organizacional, que se refleja en la *estructura de puestos.*

Una de las formas de comparar puestos es a través de la *puntuación de puestos*. Por último, y dentro de un modelo de competencias, se asignan las competencias con sus grados a los distintos puestos organizacionales. Los distintos aspectos mencionados se explicarán en las páginas siguientes.

Como se mencionó en el capítulo anterior, la estrategia debe reflejarse en todos los puestos de la organización, de todos los niveles. Adicionalmente, si la estrategia es considerada en la confección de los descriptivos de puestos, cada colaborador guiará su accionar incluyéndola.

Contar con una breve descripción, por escrito, de todos los puestos permite, por un lado, no repetir tareas y, por otro, evitar que algunas queden sin ser asignadas a un colaborador. La descripción de puestos de toda una organización suele integrar lo que se denomina "Manual de puestos".

En resumen, una adecuada descripción de puestos posibilita seleccionar personas en función de los puestos a ocupar, así como evaluarlas, también, en función de estos. La equidad interna y externa en materia de remuneraciones se analiza en función de los puestos de trabajo. Por último, los diferentes planes de desarrollo, de sucesión y los demás programas para el desarrollo de personas que conforman una organización se deben confeccionar en función del puesto que cada persona ocupa en la actualidad o se prevé que ocupará en el futuro; y lo mismo vale para los planes de formación y desarrollo de competencias.

En la actualidad ha cambiado la forma en que se elaboran los descriptivos de puestos, no así su esencia, los aspectos fundamentales que conforman dicho documento. Las personas necesitan saber qué se espera de ellas y cuáles son sus responsabilidades. Esta claridad en la relación es positiva para el colaborador, para su jefe y para la organización en su totalidad.

Descriptivo del puesto

La expresión "descriptivo del puesto" o "descriptivo del cargo" se utiliza para designar al documento interno donde se consignan las principales responsabilidades y tareas de un puesto de trabajo. Adicionalmente se registran los requisitos necesarios para desempeñarlo con éxito: conocimientos, experiencia y competencias.

Descriptivo de puestos y estrategia organizacional

Como se explicó, los descriptivos de puestos deben contemplar en su diseño la estrategia organizacional. Todos los puestos, de un modo u otro, contribuyen a alcanzar

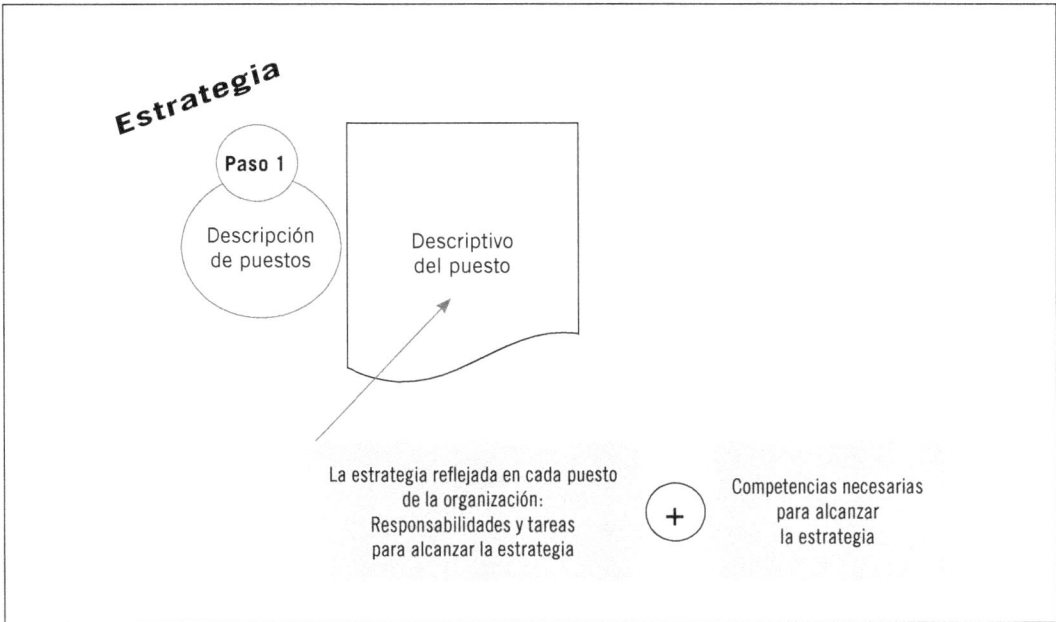

los objetivos organizacionales. A su vez, para desempeñar exitosamente los distintos puestos de trabajo serán necesarias ciertas competencias. La idea se expresa en la figura precedente.

Para una adecuada preparación del documento, se deben realizar algunos pasos previos que facilitarán, además, el análisis individual de cada puesto y del conjunto de puestos de un área y de la organización.

Pasos previos a la confección del documento *descriptivo de puestos*

Para el análisis de puestos se puede realizar un listado de puestos o inventario junto con sus principales tareas y responsabilidades. La idea es no transformar la descripción de puestos en algo burocrático. Sin embargo, un registro quizá esquemático y no muy detallado de cada puesto es necesario. La recolección de información en este momento permitirá luego realizar una valoración del puesto.

Los métodos de recolección de información son variados, desde entrevistas al ocupante actual hasta observación directa. Luego, toda la información deberá ser confirmada. La participación del jefe y del jefe del jefe será fundamental dado que los niveles superiores podrán aportar su mirada estratégica acerca del puesto.

Antes de la confección del descriptivo de un puesto

En síntesis, los momentos o pasos para la descripción del puesto son los los que se detallan en la figura superior de la página siguiente.

El responsable del análisis y descripción de puestos –un especialista en Recursos Humanos– definirá el mejor medio para la recolección de información: entrevistas, cuestionarios, observación directa. También determinará los niveles de confirmación necesarios. Luego, se confecciona el *Descriptivo de Puesto*.

Para el análisis de la información recolectada y antes de la confección de los descriptivos de puesto será importante considerar la relación de cada puesto a describir con otros. La idea se expresa en la figura inferior de la página siguiente.

Para las posteriores aplicaciones o usos de los descriptivos de puestos será muy importante contar con documentos confiables y, además, que reflejen la estrategia organizacional. Dichos descriptivos serán luego utilizados en los pasos 2 a 5 que se verán en los capítulos siguientes.

Preparación del descriptivo

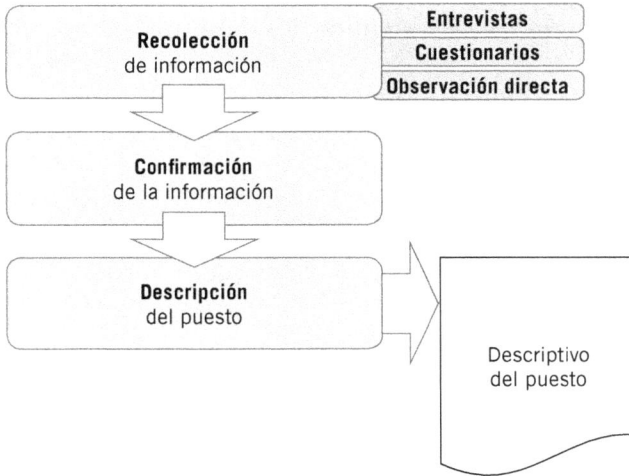

Recolección
de información

Entrevistas

Cuestionarios

Observación directa

Confirmación
de la información

Descripción
del puesto

Descriptivo
del puesto

Información necesaria

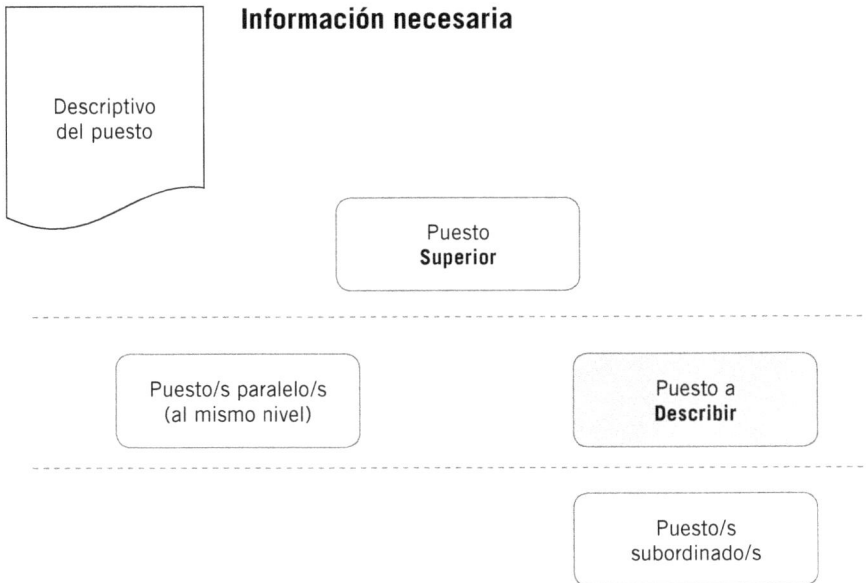

Descriptivo
del puesto

Puesto
Superior

Puesto/s paralelo/s
(al mismo nivel)

Puesto a
Describir

Puesto/s
subordinado/s

Información a consignar en el documento *descriptivo de puesto*

La información del descriptivo del puesto se plasma en un formulario para cada posición. La forma en que deben incluirse los datos más relevantes se expone en la figura al pie.

A continuación ofrecemos un breve detalle de la información que debe incluirse en el descriptivo del puesto y definiciones relacionadas sobre cada ítem.

Datos básicos y Organigrama
Se consigna el nombre del puesto y otros datos para identificar su ubicación dentro de la estructura.

Síntesis del puesto
En una frase se describe la razón de ser del puesto y los resultados esperados.

Requisitos del puesto
Se describen los requisitos necesarios para encarar las responsabilidades: estudios formales, conocimientos (idiomas) y experiencia.

Descriptivo del puesto. Formulario

Descriptivo del puesto

Datos básicos

Organigrama

Síntesis del puesto

Responsabilidades del puesto

Requisitos del puesto

Competencias
- Cardinales
- Específicas

Competencias.
Se consignan las competencias y sus grados, tanto las competencias cardinales como las específicas gerenciales y las específicas por área.

Definiciones a tener en cuenta:

Requisitos del puesto. Conjunto de características o condiciones necesarias para desempeñar un puesto específico con eficacia, que serán tomados en cuenta tanto para seleccionar personas como para evaluar su desempeño.
Los requisitos del puesto se pueden diferenciar en requisitos excluyentes o imprescindibles y en requisitos no excluyentes o deseables.

Capacidades. El término incluye conocimientos, competencias y experiencia.
En cuanto a la definición de *competencias* –como se verá a continuación–, el término hace referencia a las características de personalidad, devenidas en comportamientos, que generan un desempeño exitoso en un puesto de trabajo (definición central de la metodología Martha Alles).

Conocimiento. Conjunto de saberes ordenados sobre un tema en particular, materia o disciplina.
Los conocimientos también son denominados por otros autores como "competencias técnicas", expresión que no aconsejamos dado que puede crear confusión, en especial entre los no expertos en Recursos Humanos.

Experiencia. Práctica prolongada de una actividad (laboral, deportiva, etc.) que permite incorporar nuevos conocimientos e incrementar la eficacia en la aplicación de los conocimientos y las competencias existentes, todo lo cual redunda en la optimización de los resultados de dicha actividad.

Competencia hace referencia a las características de personalidad, devenidas en comportamientos, que generan un desempeño exitoso en un puesto de trabajo.

Competencia cardinal. Competencia aplicable a todos los integrantes de la organización. Las competencias cardinales representan la esencia de la organización y permiten alcanzar su visión.

Competencia específica. Competencia aplicable a colectivos específicos, por ejemplo, un área de la organización o un cierto nivel, como el gerencial.

Análisis de puestos

El análisis de puestos o análisis de cargos es una de las etapas fundamentales en este paso inicial. Podrá realizarse con la información recolectada o bien con un primer borrador de los descriptivos de puestos antes de confeccionar el documento final. Este análisis es un procedimiento que permite determinar las responsabilidades y requisitos (conocimientos, experiencia y competencias) de cada puesto o cargo.

El análisis del puesto implica el análisis de tareas. Este análisis se puede realizar con distintos enfoques:

- Cuantitativo, cantidad de tareas.

- Cualitativo, tipos de tareas.

- Y por último, para identificar los principales requisitos (conocimientos y competencias) necesarios para un desempeño futuro exitoso.

Un adecuado análisis de puestos permitirá la correcta confección del descriptivo de puestos. Este documento será la base para una eficaz elección de la persona indicada para ocupar cada posición. Asimismo, permitirá evaluar el desempeño de los colaboradores.

Realizar el análisis de un puesto implica reunir y analizar información sobre:

- el conjunto de tareas a cumplir por el ocupante del puesto en cuestión;

- los requerimientos específicos para poder llevar a cabo dichas tareas;

- el contexto en que estas tareas deberán ser realizadas;

- todas las características necesarias para desempeñarse de manera exitosa en esa posición, en función de todo lo anterior.

El análisis de puestos debe realizarse desde dos perspectivas: la de cada puesto en particular y la de todos en su conjunto. Ambas miradas son complementarias. La idea se expresa en la figura de la página siguiente.

Toda esta información podrá reunirse en un único documento denominado *Manual de puestos*, en el cual se describen todos los puestos de la organización.

En él se recopilan los *descriptivos de puestos* de todas las posiciones que la integran, usualmente compilados por áreas o familias de puestos.

Al confeccionar un *Manual de puestos* es posible visualizar de manera conjunta todas las posiciones y su interrelación.

Análisis de puestos: dos miradas complementarias

Cada puesto en particular | Todos los puestos de la organización

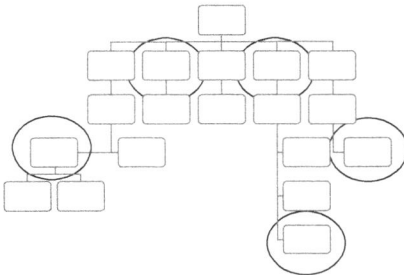

- Interrelación
- Evitar tareas superpuestas
- Cuidar que no queden tareas sin realizar
- Etcétera

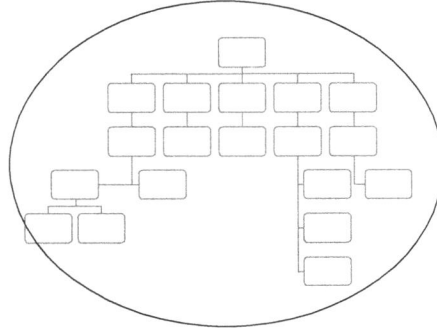

Estructura de puestos

La *estructura de puestos* es un documento diferente del descrito en párrafos previos –Manual de puestos– y sus aplicaciones son diversas, siendo las siguientes dos de las más difundidas:

- Determinación de remuneraciones.

- Asignación de competencias a puestos.

La *estructura de puestos* es un documento interno en el cual se exponen los diferentes niveles organizacionales junto con las principales responsabilidades y requisitos para ocuparlos.

En la Metodología MAI[1] la estructura de puestos se confecciona con un diseño similar al de la figura de la página siguiente.

La cantidad de niveles podrá variar según el tipo de organización.

---

1 MAI: Martha Alles International.

Estructura de puestos

Nivel		
Responsabilidades		Posiciones
Nivel de planificación	Período de impacto	Nivel de reporte
Conocimiento	Solución de problemas	Autoridad
Se diseña una estructura de puestos para toda la organización		

Algunos aspectos que se consideran para cada uno de los niveles: responsabilidades y nombre de las posiciones que integran cada nivel, nivel de reporte junto con rango de planificación y período de impacto (ambos podrán ser de largo, mediano o corto plazo, referirse solo a un área o sector o involucrar a toda la organización, según corresponda). También se considera en estos ítems el nivel de autoridad, el tipo de problemas y recursos que tiene bajo su responsabilidad, entre otros aspectos.

Por último, también se realiza una descripción de los conocimientos y experiencia necesarios.

La estructura de puestos refleja los niveles del organigrama organizacional. La idea se expresa en la figura de la página siguiente.

La determinación de una escala de remuneraciones se verá en el Capítulo 3.

Estructura de puestos en relación con el organigrama

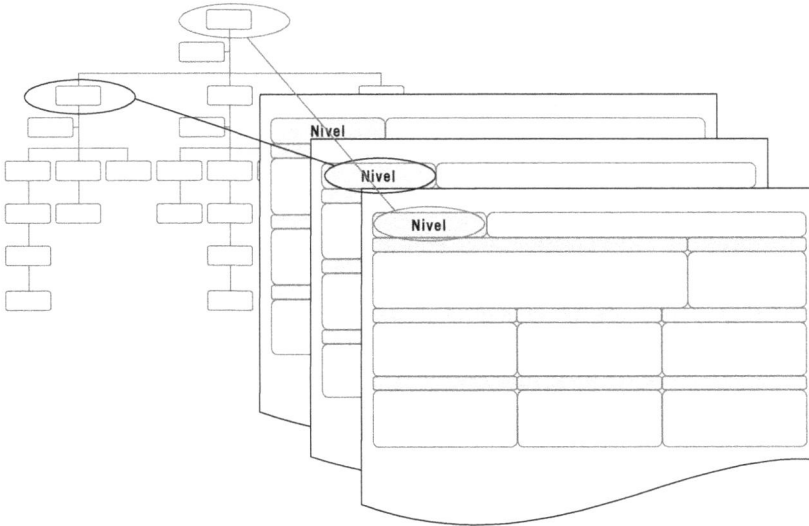

Asignación de competencias a puestos

Cuando una organización ha implantado un modelo de competencias o aplica la Gestión por competencias, uno de los aspectos más importantes de dicha forma de gestionar la organización será la asignación de competencias y sus grados a los distintos puestos de trabajo o cargos.

> **Modelo de competencias.** Conjunto de procesos relacionados con las personas que integran la organización y que tienen como propósito alinearlas en pos de los objetivos organizacionales o empresariales.

Se trata de un procedimiento interno por el cual se asignan competencias junto con sus grados a los distintos puestos de trabajo.

La asignación se refleja en un documento interno donde se indica, para los distintos puestos de trabajo, las competencias requeridas junto con los grados en que estas son necesarias para poder desempeñarse en dicho puesto.

Para que la asignación de competencias sea posible, primero se debe diseñar un *modelo de competencias*. En el diseño de un modelo se preparan diferentes herramientas, una de ellas es el *diccionario de competencias*, el cual se utiliza para llevar a cabo la mencionada asignación de competencias y grados.

En grandes organizaciones la asignación de competencias se realiza por grupos de puestos. Una forma de realizarla es elaborando en primera instancia la *estructura de puestos,* mencionada en párrafos previos.

En la figura al pie puede observarse la asignación de competencias a tres puestos diferentes dentro de una misma área (en el ejemplo, Recursos Humanos).

Dos de estos puestos, Gerente de RRHH y Jefe de Selección, cuentan con personas a cargo, por lo cual les corresponden competencias específicas gerenciales; no así al puesto de Analista de RRHH.

Las competencias cardinales y específicas por área son las mismas para los tres puestos, dado que todos forman parte del área de Recursos Humanos.

Para la preparación de los ejemplos se consignan solo seis competencias, para facilitar la presentación en un gráfico; usualmente son más.

La asignación de competencias a puestos no es un documento de interés solo para el área de Recursos Humanos. Muy por el contrario, cada colaborador y cada jefe de la organización debiera conocer la asignación de competencias a su respectivo puesto de trabajo, así como las competencias requeridas a las personas que forman parte de su equipo (en el caso de los jefes).

La asignación propiamente dicha, usualmente, la realiza un especialista, que para ello utiliza el diccionario de competencias.

Área de Recursos Humanos

Puesto: Gerente de RRHH

Competencias cardinales	A	B	C	D
Compromiso con la rentabilidad	X			
Responsabilidad personal	X			
Competencias específicas gerenciales				
Conducción de personas		X		
Competencias específicas área RRHH				
Calidad y mejora continua		X		
Colaboración		X		
Credibilidad técnica		X		

Nota: Solo se consignan 6 competencias para la presentación del tema en un gráfico.

Área de Recursos Humanos

Puesto: Jefe de Selección

Competencias cardinales	A	B	C	D
Compromiso con la rentabilidad		X		
Responsabilidad personal			X	
Competencias específicas gerenciales				
Conducción de personas				X
Competencias específicas área RRHH				
Calidad y mejora continua			X	
Colaboración		X		
Credibilidad técnica			X	

Nota: Solo se consignan 6 competencias para la presentación del tema en un gráfico.

Asignación de competencias a puestos dentro de un área

Área de Recursos Humanos

Puesto: Analista de RRHH

Competencias cardinales	A	B	C	D
Compromiso con la rentabilidad				X
Responsabilidad personal				X
Competencias específicas gerenciales				
Conducción de personas				
Competencias específicas área RRHH				
Calidad y mejora continua			X	
Colaboración			X	
Credibilidad técnica				X

Nota: Solo se consignan 6 competencias para la presentación del tema en un gráfico.

Por otra parte, cada organización cuenta con otro documento que se denomina *diccionario de comportamientos*. Este debería ser ampliamente difundido en toda la organización y estar a disposición de todos sus integrantes, ya sean jefes o colaboradores. Conocer las competencias y los grados asignados a cada puesto de trabajo junto con los ejemplos de comportamientos relacionados será no solo una herramienta para la determinación de la adecuación persona-puesto que veremos más adelante, sino la base del desarrollo y la formación, que se verá en el Capítulo 2.

Puntuación de puestos y remuneraciones

En el Capítulo 3 se verán los temas relacionados con remuneraciones. Sin embargo, el punto de partida será, en todos los casos, el descriptivo de puestos.

Para garantizar un aspecto que también se verá en el Capítulo 3, la equidad interna y la equidad externa, se recomienda realizar la puntuación de puestos. Dicha puntuación podrá realizarse puesto a puesto o a través de la herramienta *estructura de puestos.*

Se denomina "puntuación de puestos" a una manera de valorar las posiciones de la organización mediante la asignación de un cierto puntaje a determinados factores definidos previamente. De este modo es posible llegar a un valor numérico total por cada puesto, con el propósito de poder compararlos tanto internamente –los distintos puestos entre sí– como externamente –con el mercado–. Esto último solo será posible si las otras compañías utilizan valores similares para la realización de la mencionada puntuación.

Solo para brindar un ejemplo ilustrativo, luego de realizada la puntuación de puestos, los resultados podrían ser:

- Jefe de mantenimiento, valoración del puesto: 248 puntos.

- Jefe contable, valoración del puesto: 242 puntos.

De este modo es posible comparar puestos similares, de distintas áreas, dentro de la misma organización.

Continuando con el ejemplo anterior, dentro de un mismo sector:

- Jefe contable (mencionado más arriba): 242 puntos.

- Analista contable senior, valoración del puesto: 184 puntos.

- Analista contable junior, valoración del puesto: 132 puntos.

La puntuación de puestos aporta los siguientes beneficios:

- Permite comparar distintos puestos de la organización. Ejemplo: analizar la relación entre jefe de Costos y jefe de Mantenimiento.

- Dicha comparación se realiza sobre la base de la suma de puntaje obtenido por cada uno, evitando así, en cierta medida, la subjetividad en el proceso comparativo. Esto contribuye a lograr la equidad interna.

- Permite la comparación entre aquellas organizaciones que implementan un sistema similar, a fin de lograr la equidad externa.

Retomaremos este tema en el *Paso 3, Remuneraciones.*

El jefe y los descriptivos de puestos

Con frecuencia los descriptivos de puestos forman parte del material disponible en el área de Recursos Humanos, con poca difusión en las otras áreas de la propia organización. Quizá, porque existe una creencia bastante generalizada de que son "formularios solo para el uso de los especialistas" de la mencionada área. Por otra parte, lamentablemente también con frecuencia, los mencionados descriptivos de puestos no están debidamente actualizados. Incluso su presentación no es homogénea dentro de una misma empresa. Desde ya, todo lo antedicho constituye prácticas deficientes.

Los jefes de todos los niveles –recordar la definición del término jefe ofrecida en la Presentación– y los colaboradores que integran los diferentes equipos de trabajo podrán utilizar el documento *descriptivo de puestos* para el mejor desempeño de sus funciones.

Como vimos en el Capítulo 0, un jefe tiene ciertos roles a su cargo, desde cumplir con los objetivos y responsabilidades de su puesto hasta distribuir tareas, delegar y responder, para que sus colaboradores –a su vez– cumplan con sus propios objetivos y responsabilidades. El resultado de lo anterior será que área por área y sector por sector cumplirán sus objetivos, y así logrará alcanzarlos la organización en su conjunto.

Desde la mirada del jefe, el descriptivo de puestos será el camino a seguir para conducir a su propio equipo, al permitirle distribuir tareas eficazmente, delegar y entrenar a cada uno de sus integrantes.

Desde la mirada del colaborador –que también podrá ser jefe–, el descriptivo es una guía para su propio accionar.

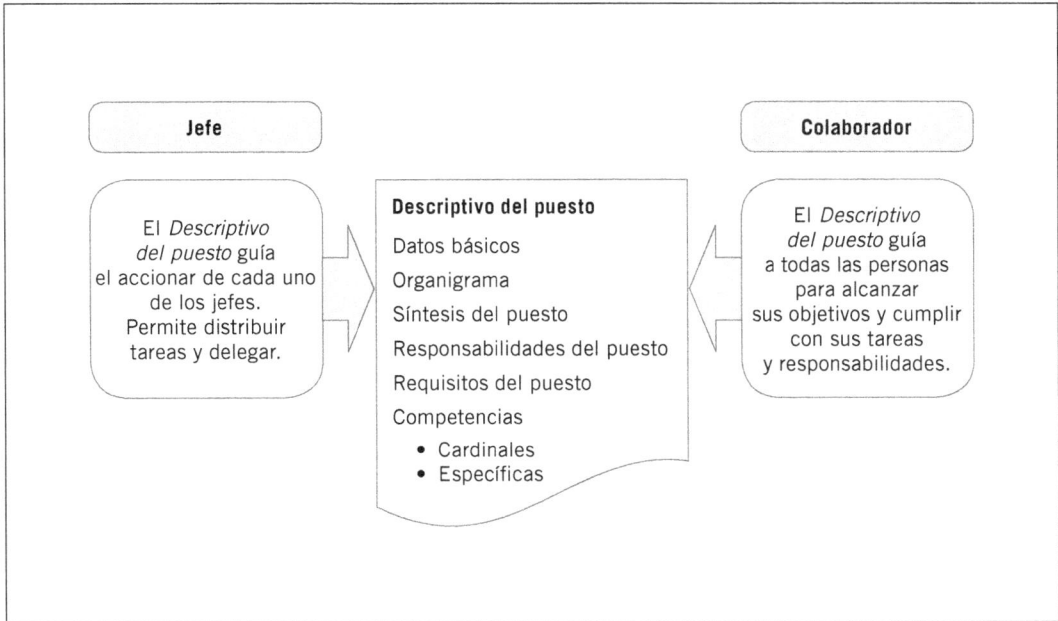

Integrar el descriptivo del puesto a la vida cotidiana, tanto de jefes como de colaboradores, no solo forma parte de las buenas prácticas sino que es, además, una buena idea desde el mero sentido común.

El descriptivo del puesto también provee información sobre las competencias asignadas a cada puesto. En relación con este aspecto, y como se mencionara en párrafos previos, conocer el grado requerido de las competencias y disponer de los ejemplos de comportamientos que ofrece el *diccionario de comportamientos* permitirá a jefes y colaboradores realizar mejor sus tareas y desarrollar sus capacidades.

Adecuación persona-puesto

La *adecuación persona-puesto* es la relación que se establece entre los conocimientos, la experiencia y las competencias que un puesto requiere y los del ocupante de esa posición.

Esta relación entre el puesto y la persona que lo ocupa se produce en cualquier circunstancia y de un modo u otro puede ser evaluada o considerada como tal, por un jefe, un futuro jefe, los compañeros de trabajo o un colaborador.

No es mi propósito confundir con un juego de palabras sobre este tema. Sin embargo, con frecuencia, cuando se utiliza la expresión *adecuación persona-puesto* se está haciendo referencia a un diagnóstico sobre dicha relación.

En este caso, el diagnóstico sobre la adecuación persona-puesto hace referencia al conjunto de evaluaciones necesarias para determinar la relación que se establece entre los conocimientos, la experiencia y las competencias que un puesto requiere, y los del ocupante de esa posición.

Para la determinación (diagnóstico) de la *adecuación persona-puesto* deberán primero establecerse los requisitos del puesto y luego habrá que evaluar a su ocupante, considerando como mínimo tres elementos: conocimientos, experiencia, competencias.

Como se desprende de la figura al pie, para definir la adecuación persona-puesto se deben comparar las capacidades de una persona (conocimientos, experiencia y competencias) con lo requerido por el puesto que ocupa.

Para completar el diagnóstico sobre la adecuación persona-puesto debería también considerarse –y evaluarse– la motivación del ocupante de dicho puesto.

La adecuación es conceptual. Cuando se han medido las competencias y, eventualmente, se han determinado brechas, se podrá llegar a un *diagnóstico* (ver figura superior en la página siguiente).

La adecuación persona-puesto estará en relación con la estrategia organizacional cuando los descriptivos de puestos la contemplen. De este modo, al medirse el grado de adecuación de una persona con su respectivo puesto de trabajo se podrá determinar, además, el aporte que el puesto y la persona realizan para alcanzar la estrategia. La idea se expresa en la figura inferior de la siguiente página.

Adecuación persona-puesto.
Requerido por el puesto *versus* capacidades de la persona

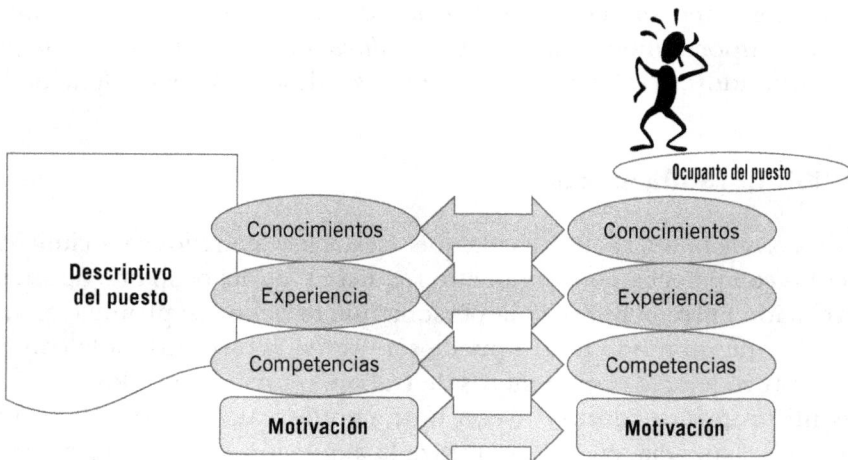

Adecuación persona-puesto. Diagnóstico

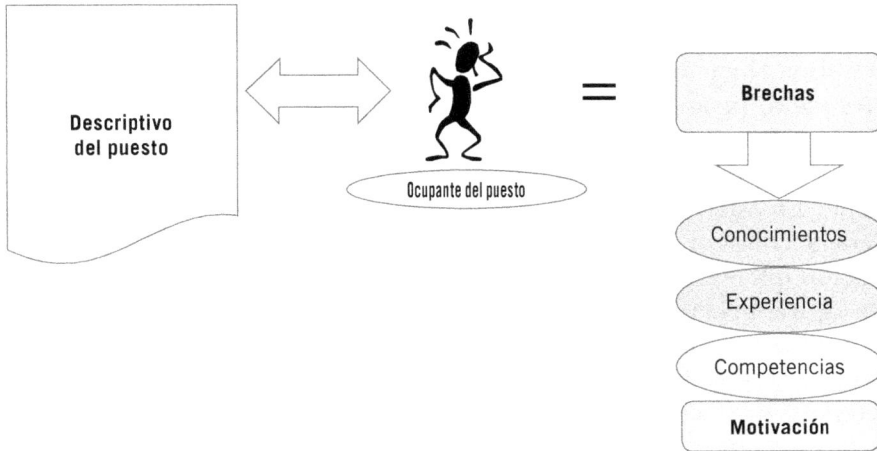

**Descriptivo
del puesto**

Ocupante del puesto

=

Brechas

Conocimientos

Experiencia

Competencias

Motivación

Estrategia

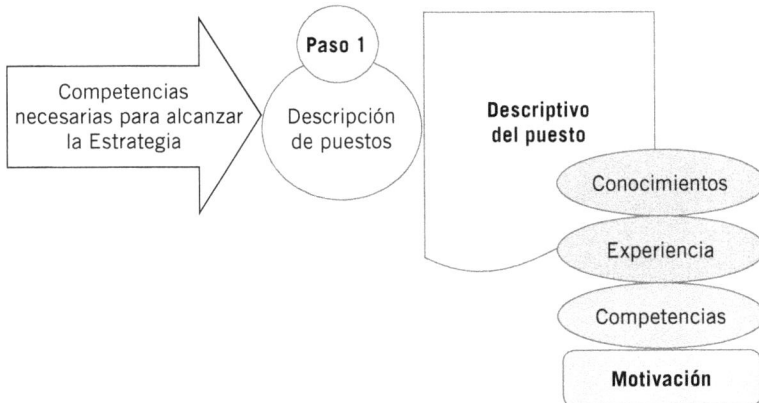

Competencias
necesarias para alcanzar
la Estrategia

Paso 1

Descripción
de puestos

**Descriptivo
del puesto**

Conocimientos

Experiencia

Competencias

Motivación

En resumen, el concepto adecuación persona-puesto hace referencia al grado de concordancia entre lo requerido por un puesto de trabajo y las capacidades de la persona que lo ocupa o se prevé que pueda ocuparlo. O sea, esta concordancia puede determinarse en relación con el puesto actual que dicha persona ocupa o para analizar la posible "adecuación" futura a otro puesto de trabajo.

Esta última afirmación es muy importante, por ejemplo, cuando se deban tomar decisiones sobre promociones y/o designaciones de personas a otros puestos. Se retomará este tema en el *Paso 5. Desarrollo del talento.*

La representación gráfica de la adecuación persona-puesto puede verse en la figura al pie. En este supuesto, la imagen se refiere a una persona cuyas capacidades –experiencia, conocimientos, competencias– se ajustan al puesto, así como también la motivación que evidencia para desempeñar las funciones a su cargo.

En la figura de la página siguiente, si bien la adecuación persona-puesto es buena, se identifican algunas brechas no significativas, en conocimientos y también en competencias cardinales y específicas gerenciales. En ambos casos –conocimientos y competencias– se deberá identificar de qué conocimientos y competencias se trata, identificados por su denominación y definición. En el gráfico se expone información esquemática. En un caso real se deberá identificar, tanto en lo requerido como en la medición, el detalle correspondiente.

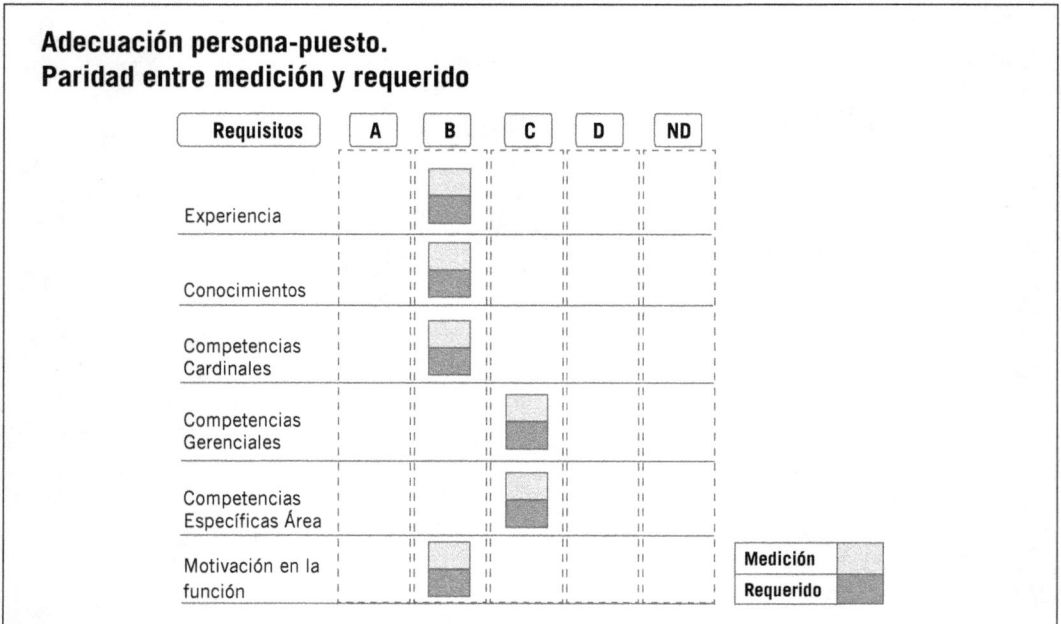

Adecuación persona-puesto.
Paridad entre medición y requerido

Requisitos	A	B	C	D	ND
Experiencia		■			
Conocimientos		■			
Competencias Cardinales		■			
Competencias Gerenciales			■		
Competencias Específicas Área			■		
Motivación en la función		■			

Medición / Requerido

**Adecuación persona-puesto.
Brechas entre medición y requerido**

Requisitos	A	B	C	D	ND
Experiencia					
Conocimientos					
Competencias Cardinales					
Competencias Gerenciales					
Competencias Específicas Área					
Motivación en la función					

Medición	
Requerido	

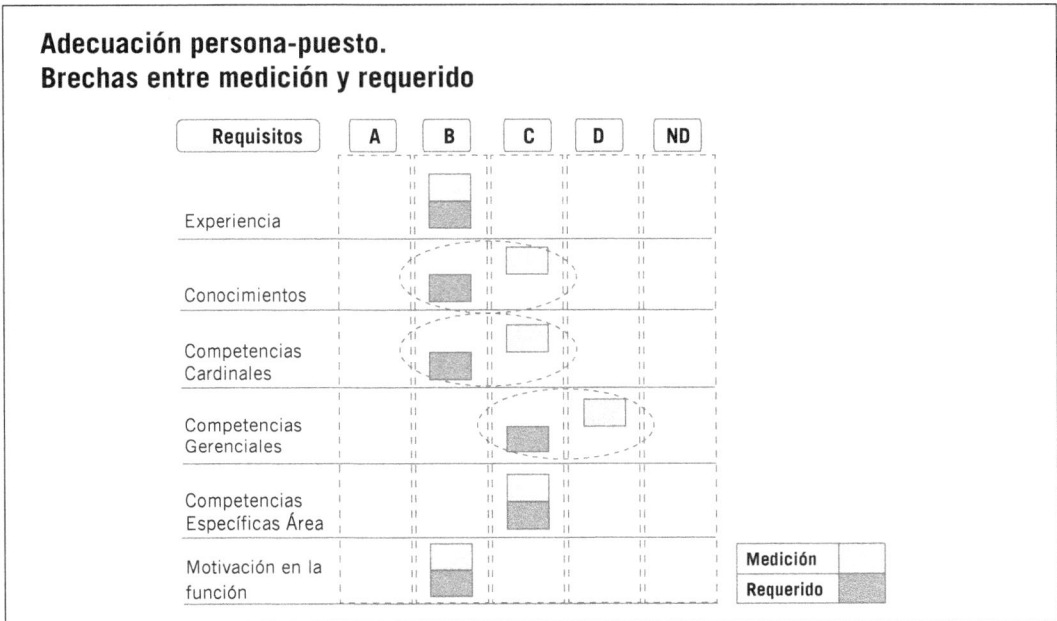

Continuando con el análisis de la figura, los otros ítems se ajustan al puesto –experiencia y competencias específicas por área–, así como la motivación para desempeñar las funciones que el puesto tiene a cargo.

La identificación de brechas implica que el ocupante del puesto deberá encarar acciones para reducirlas. Se retomará este tema en el Capítulo 2.

A partir del descriptivo de puestos se aplican los pasos 2 a 5

Al inicio del capítulo se mencionó que el *Paso 1, Descripción de puestos* es la base, el punto de partida para los pasos siguientes.

Si bien a partir del descriptivo de puestos se puede continuar por cualquiera de los pasos, se ha elegido como paso 2 agrupar los temas vinculados con *formación* y *selección*.

Una vez que se ha realizado el diagnóstico sobre la adecuación persona-puesto, se podrán iniciar acciones de formación. Al mismo tiempo, si surge la necesidad de incorporar un nuevo colaborador, a partir de contar con los mencionados descriptivos estos serán considerados en la elección del futuro colaborador.

Descriptivo de puestos se relaciona con los 5 pasos

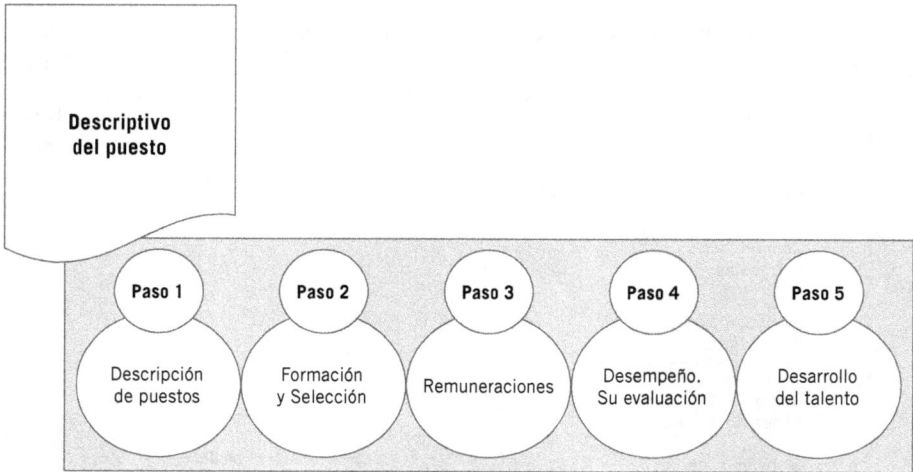

| Descriptivo del puesto | | | | |

Paso 1	Paso 2	Paso 3	Paso 4	Paso 5
Descripción de puestos	Formación y Selección	Remuneraciones	Desempeño. Su evaluación	Desarrollo del talento

Las organizaciones que describen por primera vez sus puestos de trabajo y/o hacen una revisión profunda de sus descriptivos suelen llevar en paralelo un trabajo de valoración de puestos (puntuación) junto con la definición de la política retributiva (paso 3, Capítulo 3).

Desde ya, las organizaciones son diferentes entre sí, así como lo son sus necesidades y urgencias. Si la sucesión de un gerente es un asunto urgente o bien, aún sin realizar un diagnóstico, se cuenta con evidencias de que es necesario encarar acciones de desarrollo o medir el desempeño de colaboradores, siempre será posible, después del paso 1, continuar con otro, ya sea el paso 5 o el paso 4 (que corresponderían a los dos ejemplos mencionados). Todo es posible.

Al lector, sin embargo, lo invito a seguir la lectura secuencial propuesta en la obra, sabiendo que luego podrá seguir otro orden para llevar estos conocimientos a la práctica.

DE LA BIBLIOTECA ALLES PARA SEGUIR LEYENDO

Libros específicos en relación con este capítulo ━━━━━━━━━━━━━━

- *Dirección estratégica de Recursos Humanos. Volumen 1. Gestión por competencias.* Nueva edición. Ediciones Granica, Buenos Aires, 2015.

- *Dirección estratégica de Recursos Humanos. Volumen 2. Casos.* Nueva edición. Ediciones Granica, Buenos Aires, 2016.

- Para el armado del modelo de competencias: *Diccionario de competencias. La trilogía. Tomo 1.* Ediciones Granica, Buenos Aires, 2015; *Diccionario de comportamientos. La trilogía. Tomo 2.* Ediciones Granica, Buenos Aires, 2015; *Diccionario de preguntas. La trilogía. Tomo 3.* Ediciones Granica, Buenos Aires, 2015.

Libros sobre temas generales de interés ━━━━━━━━━━━━━━━━

- *Comportamiento organizacional.* Ediciones Granica, Buenos Aires, 2017.

- *Cuestiones sobre gestión de personas. Qué hacer para resolverlas.* Ediciones Granica, Buenos Aires, 2015.

- *Diccionario de términos de Recursos Humanos.* Ediciones Granica, Buenos Aires, 2011.

- *Las 50 herramientas de Recursos Humanos que todo profesional debe conocer.* Ediciones Granica, Buenos Aires, 2017.

- *La Marca Recursos Humanos.* Ediciones Granica, Buenos Aires, 2014.

- *Social media y Recursos Humanos.* Ediciones Granica, Buenos Aires, 2012.

Libros sobre Liderazgo ━━━━━━━━━━━━━━━━━━━━━━━

- *12 pasos para conciliar vida profesional y personal. Desde la mirada individual.* Ediciones Granica, Buenos Aires, 2013.

- *12 pasos para ser un buen jefe.* Ediciones Granica, Buenos Aires, 2014. Título anterior de esta obra: *Cómo ser un buen jefe en 12 pasos* (2008).

- *Cómo delegar efectivamente en 12 pasos.* Ediciones Granica, Buenos Aires, 2010.

- *Cómo llevarme bien con mi jefe y con mis compañeros de trabajo.* Serie Bolsillo. Ediciones Granica, Buenos Aires, 2009.

- *Cómo transformarse en un jefe entrenador en 12 pasos.* Ediciones Granica, Buenos Aires, 2010.

- *Conciliar vida profesional y personal. Dos miradas: organizacional e individual.* Ediciones Granica, Buenos Aires, 2016.

- *Rol del jefe.* Ediciones Granica, Buenos Aires, 2008.

Formación y Selección

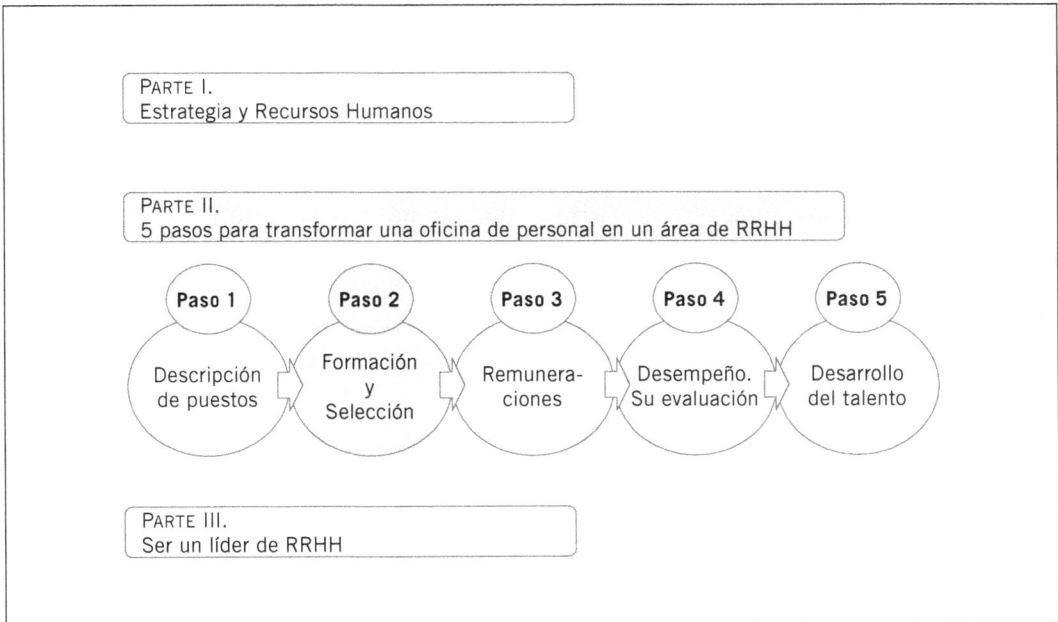

PARTE II.
5 pasos para transformar una oficina de personal en un área de RRHH

Paso 1	Paso 2	Paso 3	Paso 4	Paso 5
Descripción de puestos	Formación y Selección	Remuneraciones	Desempeño. Su evaluación	Desarrollo del talento

PARTE III.
Ser un líder de RRHH

Temas del capítulo:

- Formación y Selección
- Formación en el ámbito de las organizaciones
- Los distintos métodos para el desarrollo de personas
- Formación. Capacitación. Desarrollo
- Cómo evaluar la formación
- Atracción. Selección. Incorporación
- Desde que surge la necesidad de cubrir una vacante hasta la incorporación del nuevo colaborador
- Incorporación de nuevos colaboradores

Formación y Selección

Una vez que se ha puesto en práctica lo sugerido en el paso 1 y se cuenta con una estructura en materia de procedimientos de Recursos Humanos, los siguientes aspectos a implementar estarán en relación con Formación y Selección.

A partir de la *descripción de puestos* será posible identificar necesidades de formación, seleccionar personas y también, al mismo tiempo, definir remuneraciones, en especial políticas retributivas. Por su parte, el descriptivo de puestos será la base para la evaluación del desempeño de las personas.

Más allá de estas interrelaciones y otras no mencionadas específicamente, en este capítulo deseo resaltar la interrelación de todos los aspectos mencionados con los temas a tratar aquí, es decir, Formación y Selección.

Como decíamos, podrán surgir necesidades de formación luego de la adecuación persona-puesto (paso 1). También, luego de evaluar el desempeño (paso 4) y cuando se implementan planes de desarrollo como, por ejemplo, planes de sucesión, diagramas de reemplazo o planes de carrera (paso 5).

La función de Selección se nutre del paso 1, al utilizar el descriptivo del puesto para elaborar el perfil buscado. También, quizá de manera más indirecta, para realizar el proceso de selección se consulta información sobre remuneraciones (paso 3).

Paso 2. Formación y Selección

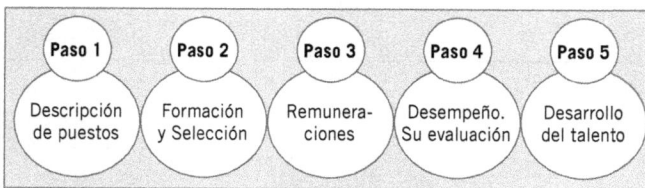

Paso 1	Paso 2	Paso 3	Paso 4	Paso 5
Descripción de puestos	Formación y Selección	Remuneraciones	Desempeño. Su evaluación	Desarrollo del talento

Paso 2

Formación y Selección

Formación y Selección. En este paso se tratan dos aspectos fundamentales. Por un lado lo referido a formación, utilizando distintos métodos, y cuyos resultados deberán medirse. Por otro, lo atinente a selección, que abarca desde la definición del perfil, el reclutamiento —que podrá llevarse a cabo siguiendo caminos diversos— y la medición de las capacidades de los futuros colaboradores. Incluye la inducción de nuevos colaboradores.

Adicionalmente, los procesos de selección podrán proveer una visión actualizada del mercado de remuneraciones y, en algunas ocasiones, se podrá determinar que no se cuenta con personal interno desarrollado (paso 5) para ocupar ciertos puestos y se deberá buscar nuevos colaboradores. También selección se relaciona con algunos temas que se verán en el mencionado paso 5, como las promociones internas.

Las acciones de formación y selección se llevan a cabo en empresas de todo tipo y tamaño. El dueño de una empresa que decide incorporar un colaborador o determina que un integrante de su organización adquiera algún nuevo conocimiento está llevando a cabo funciones que se tratarán aquí. Lo hará de manera más o menos ordenada, siguiendo quizá intuitivamente las buenas prácticas, sin saberlo, o, también en algún caso, no utilizando la mejor opción posible.

La falta de una estructura de Recursos Humanos no significa que las cosas se estén haciendo mal, pero quizá no se está siguiendo el camino más eficiente y eficaz.

Como decíamos en el Capítulo 0, las personas siempre transitan rutas dentro de la organización e, igualmente, esto podrá ser planeado o no.

En este capítulo se verán las buenas prácticas en formación y selección pensando, como dijimos en la presentación de la obra, que quizá la selección y la planificación de la formación pueden ser llevadas a cabo por un especialista en RRHH o por alguien que no lo es, quizá el dueño, quizá un gerente.

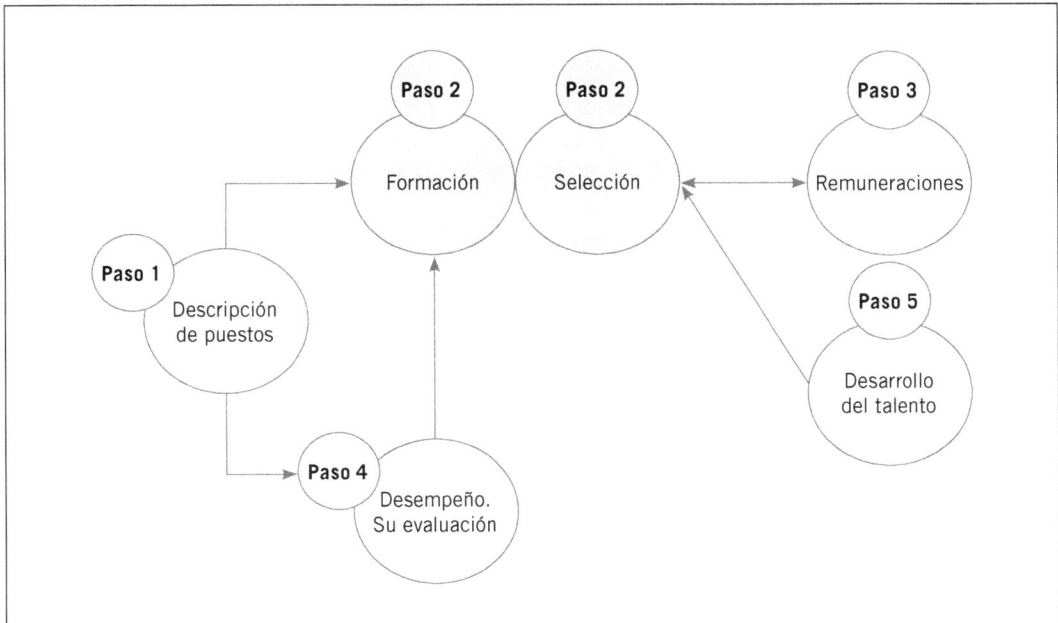

Los jefes y sus roles en Formación y Selección

En relación con lo que trataremos en este capítulo –Formación y Selección–, los jefes siempre tienen algún grado de participación, aún en organizaciones que cuentan con áreas de Recursos Humanos, con funciones definidas y de amplio espectro.

Como se vio en el capítulo anterior, utilizar en el día a día los descriptivos de puestos provee una serie de beneficios. Un jefe puede detectar desde carencias en un colaborador al que podrá ayudar a crecer hasta, en el caso opuesto, identificar a un colaborador que exceda los requisitos del puesto y al cual se le podrán asignar nuevas responsabilidades.

En materia de formación, leer ejemplos de conductas adecuadas en el *diccionario de comportamientos* permitirá a la persona interesada en crecer y superarse ver, de manera sencilla, cómo podría mejorar día a día su desempeño.

Los jefes podrán ser un modelo a seguir por sus colaboradores y, además, ser entrenadores de cada uno de los miembros de su equipo a través, también, de acciones sencillas que forman parte del día a día de cualquier equipo de trabajo. Una persona que posee un conocimiento o una competencia en nivel más alto podrá ayudar a otra a mejorar allí donde haga falta.

Los buenos jefes lo hacen aún sin ser conscientes de ello. Forma parte de sus comportamientos habituales.

Los especialistas del área y también los jefes, con frecuencia, se manifiestan contrariados por no poseer los presupuestos suficientes para encarar acciones de formación. En todos los casos, con planes de formación o no, con más o menos dinero disponible, siempre se puede hacer algo en materia de formación. Explicar algo a un colaborador, delegar dando las instrucciones adecuadas, son roles de los jefes relacionados con formación.

En cuanto a Selección, en especial cuando se eligen personas del propio equipo para otras tareas diferentes a las que se vienen realizando, siempre hay que cotejar las capacidades de la persona con las requeridas por el puesto futuro. Esta simple observación será la llave del éxito en la mayoría de los casos, junto con darles la adecuada relevancia tanto a las competencias como a la motivación.

Contar con colaboradores de confianza y leales es un gran punto de partida, pero si estos no poseen los conocimientos, competencias, experiencia y motivación que el puesto requiere no podrán cumplir con sus objetivos, tareas y responsabilidades.

Formación en el ámbito de las organizaciones

Las inversiones en capacitación y desarrollo podrán pasar de ser "un gasto" a constituir una inversión cuando los planes de formación se diseñen en relación con la estrategia de la organización. Para ello, deberían realizarse actividades (de formación) con el propósito de mejorar la actuación de las personas en relación con el puesto de trabajo que ocupan en el presente o, eventualmente, ocuparán en el futuro.

La función de Formación, entre otros objetivos, debería colaborar para que los empleados hagan mejor sus tareas. Si, como vimos en el Capítulo 1, los descriptivos de puestos se diseñan de modo que cada colaborador realice sus tareas de acuerdo con la estrategia organizacional, la formación para achicar eventuales brechas será un desafío relevante. Todas las organizaciones necesitan que sus colaboradores mejoren permanentemente la forma en que trabajan.

En muchos casos, las personas deberán estar capacitadas para realizar tareas relacionadas con otros puestos de trabajo además del propio. En ciertas organizaciones, se aplican criterios de polifuncionalidad no solo a niveles operativos, sino también en los ejecutivos.

Como se verá en el Capítulo 5, de la aplicación de los distintos programas organizacionales para el desarrollo de personas también surgirán necesidades de formación.

Por lo tanto, buscar la mejora permanente –formación de las personas– cobra un valor estratégico. En este sentido, el aporte que puede realizar quien tenga a su cargo la función Formación, al igual que los jefes y directivos, consiste en mejorar el presente y tratar de ayudar a construir un futuro en el que los recursos humanos estén formados y preparados para superarse continuamente.

Para confeccionar *planes de formación*, un primer aspecto a tener en cuenta es que los conocimientos y las competencias requieren un tratamiento diferente a la hora de diseñar las actividades formativas.

La formación de tipo tradicional habilita para la transmisión de conocimientos. El desarrollo de competencias requiere modificación de comportamientos, y para ello se necesita realizar acciones diferentes que deben ser "a medida de la organización", ya que los modelos de competencias son distintos entre una organización y otra.

En síntesis, desde la perspectiva de la formación de personas en el ámbito de la organización, se debe diferenciar entre conocimientos y competencias para elegir en cada caso el método más idóneo de desarrollo.

Además, y como decíamos al inicio del capítulo, la formación o capacitación estructurada no es el único método para el aprendizaje. La mayoría de las veces una mezcla de actividades brinda un nivel de efectividad mayor. Será posible combinar una actividad con formato específico, como un taller, que transcurre en el ámbito del aula, con actividades posteriores al mismo, al inducir a la persona al autodesarrollo.

Por lo tanto, la función de Formación debe ser analizada con un enfoque sistémico. Por un lado, corresponde desarrollar el plan de formación y, conjuntamente, establecer una mirada sobre los programas internos de desarrollo (paso 5). No será efectivo contar con solo uno de estos elementos. La organización, para alcanzar sus planes estratégicos, necesitará personas formadas y el camino para alcanzar este objetivo será la implementación combinada de varios programas, según corresponda en cada caso en particular.

Formación para reducir brechas con el puesto actual o futuro

El paso 2 abarca dos aspectos de relevancia. Se tratará primero la temática de formación, porque es quizá la primera cuestión a resolver, un camino para cerrar eventuales brechas que hayan surgido de un aspecto visto en el Capítulo 1, *adecuación persona-puesto*, para en la segunda parte exponer las buenas prácticas para la selección de nuevos colaboradores.

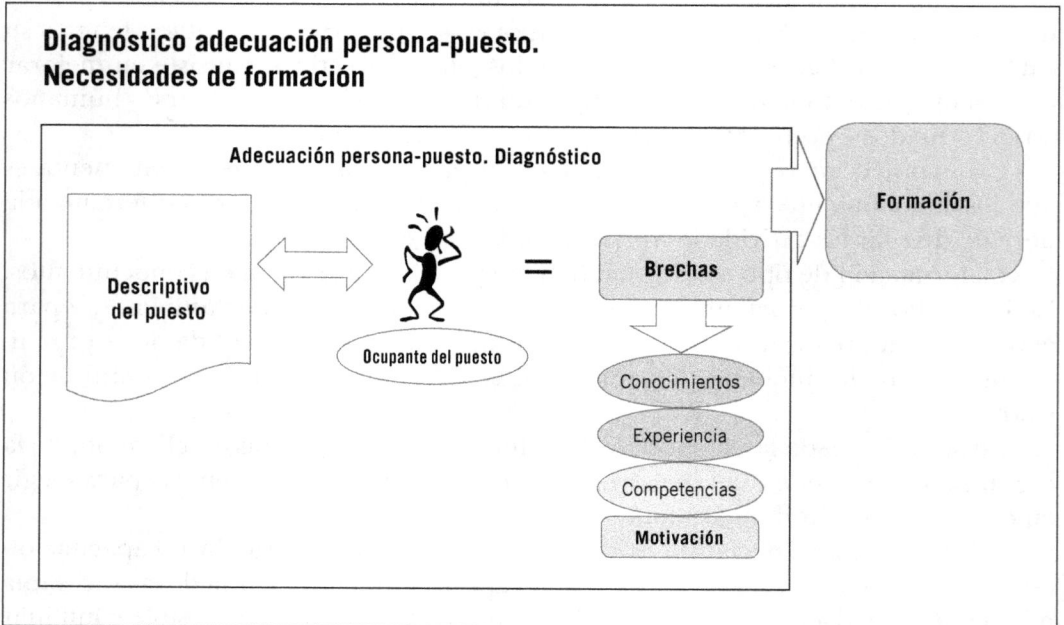

Diagnóstico adecuación persona-puesto.
Necesidades de formación

Adecuación persona-puesto. Diagnóstico

Descriptivo del puesto

Ocupante del puesto

= Brechas

Conocimientos

Experiencia

Competencias

Motivación

Formación

Ahora bien, en el Capítulo 1 se enfocó la *adecuación persona-puesto*, básicamente, pensando en el ocupante actual de un puesto de trabajo. El análisis que se hará a continuación y la detección de necesidades de formación en general contemplarán dos tipos de situaciones posibles: eventuales brechas en relación con el puesto actual y/o eventuales brechas en relación con un puesto futuro.

La identificación de brechas implica que el ocupante del puesto deberá encarar acciones para reducirlas.

Retomamos el esquema expuesto (Capítulo 1) en el cual un colaborador, no obstante poseer una buena adecuación al puesto, presenta algunas brechas no significativas –de un grado– en conocimientos, por un lado, y también en competencias cardinales y específicas gerenciales. Ver el gráfico al pie, ya expuesto en el Capítulo 1.

En el gráfico no se identifica ni el tipo de conocimientos ni el nombre de las competencias. En un caso real esta información estará disponible; supongamos, a modo de ejemplo, que el conocimiento a mejorar es sobre las normas y regulaciones del Banco Central u organismo de regulación de actividades financieras del país en cuestión, y que las competencias que presentan brechas son *Compromiso con la calidad* y *Liderar con el ejemplo*; la primera definida como cardinal, y la segunda, específica gerencial.

Adecuación persona-puesto
Brechas entre medición y requerido

Requisitos	A	B	C	D	ND
Experiencia		▣			
Conocimientos		▣	□		
Competencias Cardinales		▣	□		
Competencias Gerenciales			▣	□	
Competencias Específicas Área			▣		
Motivación en la función	▣				

Medición	□
Requerido	▣

Frente a estas tres brechas habrá que llevar a cabo acciones de formación.

Esta forma de analizar la cuestión –comparar las capacidades actuales de una persona con un puesto, ya sea actual o futuro– será la misma a utilizar frente a cualquier decisión: promociones internas, diagramas de reemplazo, etc. (Ver paso 5.)

El término "formación" define la acción de educar y/o instruir a una persona con el propósito de perfeccionar sus facultades intelectuales a través de la explicación de contenidos, ejercicios, ejemplos, etc. Incluye conceptos tales como codesarrollo y capacitación.

Continuando con la formación dentro del ámbito organizacional, interesa definir otro término, "formación en cascada", el cual hace referencia a la acción y efecto de educar y/o instruir a un grupo de personas de una misma organización y de diferentes niveles dentro de ella. El propósito será, según corresponda, el aprendizaje de conocimientos y/o el desarrollo de competencias. Incluye conceptos tales como codesarrollo y capacitación. La idea se expresa en la figura al pie.

La implementación de *formación en cascada* es otra de las buenas prácticas que sugerimos, en especial con relación a los 5 pasos de este libro. Ejemplo: si se implementa un modelo de competencias junto con un enfoque estratégico (Capítulo 0) y/o se pone en marcha una nueva evaluación de desempeño (paso 4), solo por mencionar dos casos relacionados, la formación a los distintos niveles directivos, ge-

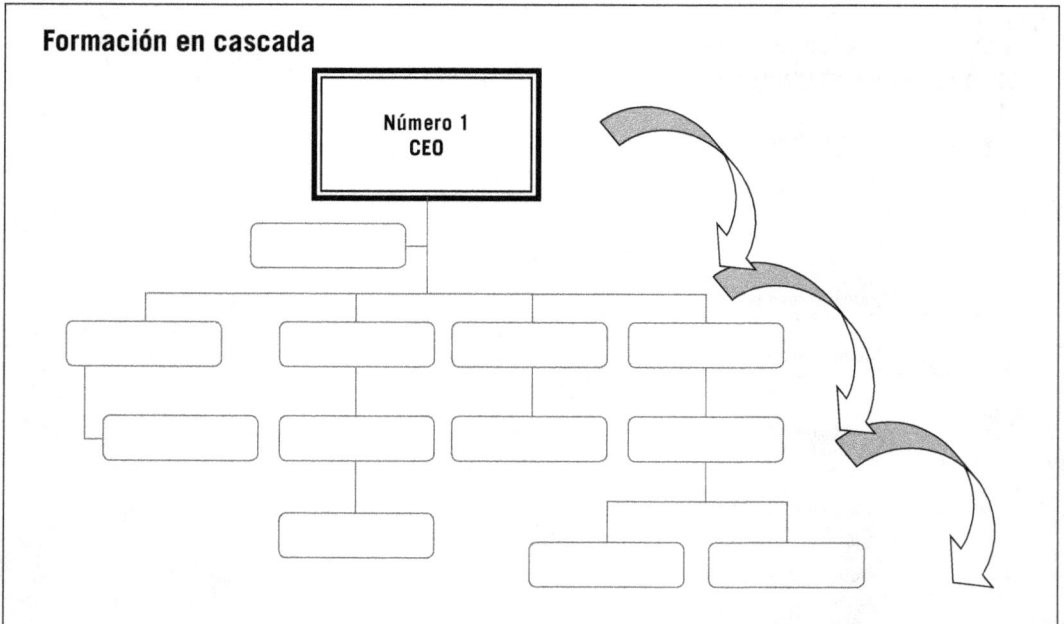

Formación en cascada

Número 1
CEO

renciales y otros niveles de conducción deberá realizarse *en cascada*, de arriba hacia abajo, incluyendo todos los niveles a partir del *número 1* de la organización.

Otras definiciones de interés.

Formador. Persona que ayuda a otros en su crecimiento, tanto en relación con conocimientos como con competencias.

Formador de formadores. Instructor que imparte una actividad a otros instructores para que puedan –a su vez– impartir una determinada actividad de acuerdo con materiales e instructivos específicos.
La expresión "formador de formadores" también puede hacer referencia a aquella formación en la cual se le ofrece al participante consejos específicos y buenas prácticas para desempeñar un rol de instructor.

Formador de formadores. Método. Método por el cual se capacita a otros instructores para que puedan –a su vez– impartir luego esa misma actividad de acuerdo con materiales e instructivos específicos.
En muchos casos el diseño lo realiza un experto y la impartición la lleva a cabo un instructor. Es decir, este podrá impartir una actividad diseñada por otro bajo la modalidad *formador de formadores*.

El papel de la capacitación dentro de las organizaciones

La formación puede llegar a constituirse en un factor relevante dentro de los planes estratégicos organizacionales, en la medida en que sea diseñada a tal efecto.

No siempre la inversión en capacitación está bien direccionada, y a veces los abundantes o escasos recursos de los que se dispone se utilizan de manera inadecuada. Ciertos conceptos básicos, como que la capacitación debe estar relacionada con el puesto que cada persona ocupa en el presente o se prevé que ocupará más adelante, son factores a considerar en cada caso.

Muchas empresas ponen en práctica programas de formación para todo el personal de temas que, en principio, pueden ser atractivos pero no constituyen una prioridad. Desde cursos de inglés o del programa Excel hasta *trabajo en equipo*. No estoy en contra de ninguna temática, pero quizá esa organización necesita otras con mayor urgencia o grado de importancia.

La formación debe planificarse relacionándola con la estrategia organizacional, tanto en aquellos aspectos de muy corto plazo, que deben alcanzarse lo antes posible, como en otros a corto y mediano plazo, mirando al futuro (visión). Los planes de formación permitirán que las personas logren de mejor manera sus objetivos y/o cumplan ciertos pasos indicados por los programas de desarrollo. Así la formación incidirá en los pasos 4 y 5.

Cada vez que en las empresas se plantea el tema de la formación, lo que está en juego es la forma de difundir conocimientos, promover su aplicación práctica en pos de la obtención de resultados concretos y generar los cambios necesarios para enfrentar los retos futuros.

Para alcanzar resultados eficaces, dado que la formación en el ámbito organizacional siempre está dirigida a adultos, el énfasis deberá ponerse en que sea de tipo práctico, relacionada con la actividad específica de cada colaborador, y los receptores de dicha actividad formativa deben poder ver de manera concreta cómo mejorarán en sus respectivos puestos de trabajo. La experiencia profesional indica que los participantes se desmotivan fuertemente cuando sienten que las actividades no les aportan ni conocimientos ni competencias que puedan poner en uso en su práctica diaria.

Por tanto, la capacitación se desarrolla usualmente en un contexto con intereses de algún modo divergentes: por un lado, el asistente está preocupado por la obtención de resultados inmediatos y, por otro, el instructor se encuentra orientado a actualizar conocimientos y/o desarrollar competencias, para mejorar esos resultados e impulsar cambios.

El aprendizaje exige compromiso de quien desea (o deba) alcanzarlo. Será parte del rol de los jefes, del área de Recursos Humanos, del instructor, generar un cierto entusiasmo, pero se requiere siempre el aporte del participante. No hay transmisión efectiva si no hay curiosidad, búsqueda, interrogantes, involucramiento. Educar y aprender, capacitar y capacitarse, transformar y transformarse. Quienes se involucran en este devenir de la actividad educativa crecen, mejoran su capacidad, crean un futuro distinto.

Transmitir conocimientos, desarrollar habilidades, facilitar ciertas actitudes, es habilitar a las personas para promover cambios, en sí mismas y en su entorno.

Las organizaciones capacitan para poder optimizar sus resultados, mejorar su posición en el mercado y/o su imagen en la sociedad, solo por mencionar algunos objetivos. Las personas buscan capacitarse para hacer bien o mejor sus tareas, para crecer personal y profesionalmente, a fin de mejorar su posición relativa en la estructura, para, en síntesis, tener un mejor nivel de vida.

Para que las acciones de capacitación produzcan efectos transformadores deben cumplir con ciertos requisitos, respetar ciertos principios. Por eso es que, desde la perspectiva organizacional y personal, los resultados de la capacitación deben ser evaluados. Cada uno podrá preguntarse: *Las actividades de las que participamos ¿generaron lo que esperábamos? Si fue así, ¿hemos podido aplicarlo?, ¿nos ayudó a mejorar?*

Plan de formación

El término *plan de formación* hace referencia a las actividades formativas que conforman un plan orgánico con fines y propósitos específicos.

Para su confección se deberán definir las temáticas, el alcance, y luego distribuir las actividades en un período de tiempo, usualmente, doce meses. La planificación se complementará después con los recursos necesarios.

Las necesidades que surjan de las brechas detectadas en la adecuación persona-puesto serán contempladas en la confección del plan de formación. Del mismo modo, se tendrán en cuenta especialmente las necesidades que surjan de los distintos programas organizacionales (paso 5) al comparar la medición de las capacidades actuales de los colaboradores con las requeridas por puestos a ocupar en el futuro, que ya se sepa que estos colaboradores asumirán, como en el caso de promociones internas y diagramas de reemplazo, o quizás más eventualmente o más a largo plazo, como en el caso de planes de sucesión y otros programas para crear talento interno, como los planes de carrera.

El plan de formación reflejará la estrategia organizacional cuando esta haya formado parte de los descriptivos de puestos (capítulos 0 y 1); de este modo, estos documentos reflejarán aquello que cada persona debe realizar para que en conjunto sea factible alcanzar la estrategia organizacional.

Los planes de formación también pueden ser *en cascada*, como se expusiera en párrafos previos. Dicha expresión implica que el programa se implementa de arriba hacia abajo. En muchos asuntos organizacionales, en especial en la disciplina que nos ocupa, esto es de suma relevancia.

En numerosas experiencias, sobre todo en programas para jefes, cuando el número 1 se sienta con sus colaboradores e interviene activamente en las diferentes actividades que conforman el referido programa, se obtienen muchos beneficios. Además del aprendizaje del tema en cuestión, esta participación del número 1 incrementa el compromiso individual y grupal, constituyéndose en un fuerte motivador para los jefes.

Si en una organización, por algún motivo, los descriptivos de puestos no reflejan la estrategia, no están actualizados y/o, eventualmente, no se cuenta con ellos, podrían definirse a partir de la estrategia ciertos estándares o parámetros que se desea alcanzar en cuanto a conocimientos y competencias. Una vez definidos estos parámetros será posible medir brechas y confeccionar un plan de acción.

Como ya se ha manifestado, los presupuestos para formación son siempre escasos, aún en las organizaciones que invierten en estas acciones de desarrollo. Por lo tanto, esta inversión debe ser dirigida "a algo", y ese algo específico debe ser los objetivos estratégicos a los cuales se quiere llegar, la visión que se desea alcanzar.

El director de Recursos Humanos y el número 1 de la organización, en conjunto, deberán someter los planes de formación a un profundo análisis dado que –con frecuencia– no reflejan las necesidades estratégicas.

Los ítems que componen un plan de formación son:

1. Objetivos. Temáticas, diferenciando conocimientos y competencias.

2. Diseño de las actividades.

3. Selección de instructores (en especial si se utilizan instructores internos de las diferentes áreas de la organización).

4. Plan detallado: fechas, horarios, lugar, recursos necesarios, participantes, etcétera.

Algunos comentarios adicionales sobre buenas prácticas en Formación

En el momento de precisar las necesidades de formación y luego en su diseño se deberá precisar con nitidez el objeto de la formación y, muchas veces, el significado de ciertos términos. A modo de ejemplo, no será la misma situación si un colaborador necesita desarrollar la competencia *Planeamiento y control*, es decir, cambiar comportamientos con relación a este tema, que si necesita aprender una técnica sobre cómo planear o bien a manejar un software específico para planeamiento. Las actividades formativas en un caso u otro serán diferentes.

En la temática de Recursos Humanos existen muchas herramientas, todas ellas muy eficaces, en la medida en que se las use correctamente.

Las personas, para desempeñar cualquier tipo de posición, gerencial o no, necesitan cubrir una serie de requisitos. Para ello ponen en juego sus capacidades, que pueden ser clasificadas en:

- *Conocimientos*, tanto derivados de estudios formales como adquiridos por experiencia o de manera autodidacta.

- *Competencias y valores*. Los aspectos personales de cada uno pueden reunirse en un solo concepto, como competencias, o desdoblarse en dos, competencias y valores. En general, se tratan de manera conjunta dado que sus métodos de medición son similares, así como los caminos para su desarrollo.

- *Experiencia*. Esta de algún modo provee tanto conocimientos como competencias, pero ambos atributos deben ser tratados por separado.

Como el lector puede apreciar, pueden existir zonas grises y relaciones entre los distintos conceptos. En nuestra opinión, la clave es diferenciar los métodos de medición o evaluación para la determinación de las eventuales brechas y, luego, para su desarrollo o aprendizaje o formación.

Desarrollo de personas

El término *desarrollo* se utiliza especialmente para competencias; sin embargo, también es aplicable a conocimientos; es decir, desarrollo de competencias y desarrollo de conocimientos.

Antes de iniciar procesos de desarrollo siempre es aconsejable contar con mediciones específicas del nivel que presenta el participante en el aspecto que se quiere incrementar (desarrollar). Para que se verifique el desarrollo, tanto de una competencia como de conocimientos, se deben dar las siguientes situaciones:

1. Reconocimiento de la necesidad de desarrollo (por ejemplo, después de una evaluación de desempeño o luego de una evaluación específica de competencias).

2. Informarse con relación a la competencia o el conocimiento a desarrollar.

3. Poner en juego la competencia/el conocimiento, es decir, desplegar la competencia o usar el conocimiento.

4. Observar y reflexionar al respecto.

Estos cuatro pasos conforman un círculo virtuoso de crecimiento.

Un concepto para recordar

En la concepción actual, cuando una organización diseña programas de desarrollo de personas y de formación lo hace para colaboradores adultos, quizá jóvenes, pero igualmente mayores de edad, que toman las riendas de sus carreras y sus vidas, en aspectos diversos. Frente a esta concepción y como contrapartida, la organización contiene y guía a sus colaboradores y, además, provee los métodos de desarrollo de personas (explicados en este capítulo y en el Capítulo 5) y las actividades de formación se diseñan sobre la base de este criterio.

No obstante, ni los jefes, ni los directivos, ni el área de Recursos Humanos podrán tomar a los colaboradores "de la mano" como lo hace una mamá o un papá con niños muy pequeños e indicarles tal o cual camino, tal o cual actividad de aprendizaje.

Una actividad de formación implica un camino de doble vía. La organización ofrece un método para el desarrollo de las capacidades de sus colaboradores aplicable tanto a competencias como a conocimientos, pero no termina allí: los colaboradores deberán hacer su parte.

Esto, desde ya, es bueno para todos y el primer beneficiado será, sin lugar a dudas, el colaborador.

Considerar como adulto al colaborador, cualquiera sea su nivel dentro de la organización, es tratarlo con respeto, y constituye, por otra parte, la única forma de lograr su desarrollo.

El diseño de actividades formativas, así como la puesta en marcha de cualquiera de los programas del Paso 5, se basan en la responsabilidad de los participantes. De allí la importancia de enfatizar este concepto: las organizaciones están conformadas por personas adultas y estas son responsables por sus actos. El papel de la organización, de sus métodos de trabajo y, por ende, de los jefes y de los especialistas de Recursos Humanos es el de guía y soporte.

Los distintos métodos para el desarrollo de personas

En las buenas prácticas se identifican distintos métodos para el desarrollo de personas, tanto para incrementar conocimientos como para desarrollar competencias a través de varias vías, desde la realización de acciones formativas específicas hasta la experiencia práctica. Estos son:

1. Métodos para el desarrollo de personas dentro del trabajo.

2. Métodos para el desarrollo de personas fuera del trabajo.

3. Métodos basados en el autodesarrollo. Dentro y fuera del trabajo.

Los métodos mencionados en último término son los más eficaces, pero se podrá comenzar por cualquiera de los otros, como una forma de inducir a las personas al autodesarrollo. Cada organización y circunstancia podrá indicar que un camino es mejor que el otro.

En esta obra, los distintos métodos se verán tanto en este capítulo (paso 2) como en el paso 5.

El aprendizaje puede llevarse a cabo por vías diversas y, a su vez, combinarse estas entre sí. Una persona aprende mientras realiza sus funciones de acuerdo con su puesto de trabajo y, además, puede recibir formación específica, según las necesidades detectadas.

5 pasos y los métodos para el desarrollo

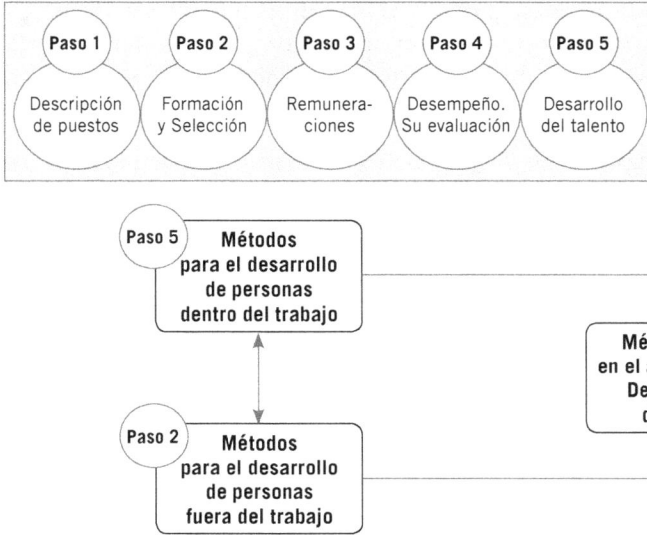

Formación. Capacitación. Desarrollo

Los *métodos para el desarrollo de personas fuera del trabajo* hacen referencia a las actividades orientadas tanto a la transmisión de conocimientos como al desarrollo de competencias, y que son planeadas por la organización. La aclaración "fuera del trabajo" se incluye para enfatizar que mientras una persona asiste a una actividad no está en su puesto de trabajo, cumpliendo sus actividades habituales. Dicha actividad formativa podrá realizarse en una sala de capacitación, un centro de formación u otra opción, dentro de las instalaciones de la misma empresa o, eventualmente, en otro lugar. Del mismo modo, podrán llevarse a cabo en el horario laboral o en otro diferente. El ejemplo más frecuente de este tipo de actividades lo constituyen los cursos de capacitación o formación.

La formación se utiliza como un método integral de desarrollo de personas desde tiempos lejanos. Si se desea aplicar un concepto amplio, la formación en todas sus facetas coadyuva al desarrollo tanto de conocimientos como de competencias; es decir, si una persona recibe capacitación en un tema en particular, por ejemplo, podrá al mismo tiempo desarrollar competencias.

La oferta disponible sobre formación es muy variada, entre las más difundidas podemos citar:

- *Cursos formales de capacitación.* Entre estos se pueden mencionar desde cursos de capacitación empresarial, tanto internos como brindados por instituciones externas a la misma, hasta carreras de grado, licenciaturas y posgrado, especializaciones, maestrías. Estas a su vez pueden ser las que dicta una alta casa de estudio o bien, diseñadas a medida de una organización en particular.

- *Seminarios.* Al igual que sucede con los cursos, pueden ser internos o externos y se diferencian de estos, usualmente, por el tipo de temas que abordan.

- *Talleres.* Actividades de formación estructuradas durante las cuales se intercalan exposiciones teóricas con ejercitación práctica, siendo esta última la predominante.

- *Programas con universidades.* Los programas en universidades tienen un diseño orientado a la adquisición de conocimientos y, adicionalmente, son muy útiles para la formación integral del individuo.

También podemos citar otras actividades formativas que, con frecuencia, se presentan integradas a algunas de las anteriores, por ejemplo, un taller (mencionado más arriba):

- *Método de casos.* Bajo esta modalidad se asignan casos para resolver fuera del entorno laboral. Lo más frecuente es que los mismos no tengan una única solución, por lo cual son muy adecuados para su análisis grupal, en una instancia que deberá ser conducida por un moderador experto.

- *Juegos gerenciales.* Los participantes deben resolver situaciones diversas para su formación, por ejemplo, analizar situaciones y luego decidir el mejor curso de acción basados en la información disponible. Muchos juegos de simulación no tienen una única solución y solo se proponen poner en acción las relaciones interpersonales.
  Existen muchas variantes de actividades de simulación por ordenador e interactivos donde las personas pueden jugar solas o en grupos. Para que estas propuestas sean fructíferas las actividades deben ser conducidas por un instructor experimentado, en el caso de ser presenciales, o tener un diseño muy cuidado, en el caso de las que se administran a través de un ordenador.

- *Role-playing.* Es un tipo de formación que se realiza a través de la simulación de diferentes situaciones de tipo laboral. Requiere una persona entrenada en esta práctica para asumir el rol específico deseado. Se utiliza especialmente para el desarrollo de competencias.

Algunas actividades se combinan con el autodesarrollo, como las siguientes:

- *Lecturas guiadas.* Se relaciona con el autodesarrollo. Las lecturas sugeridas por mentores, jefes u otras personas que puedan influir favorablemente pueden ser de mucha utilidad para el desarrollo tanto de conocimientos como de competencias.

- *E-learning. Capacitación on line o instrucción guiada a través del ordenador.* Se trata de actividades formativas que utilizan el soporte tecnológico (el ordenador), y tienen una ventaja sobre los métodos tradicionales, al permitir la formación de personas sin requerir su desplazamiento físico y donde estas pueden elegir el horario en que se capacitarán, ya que pueden hacerlo en cualquier momento.

- *Licencias sabáticas.* En general, vinculadas a ámbitos académicos; son, sin embargo, profusamente mencionadas en la literatura sajona de Recursos Humanos.
  Esta práctica propone un período durante el cual el empleado dispone de tiempo libre sin dejar de percibir su salario habitual, generalmente durante un año, de allí la denominación muy conocida de "año sabático". Sin embargo, puede ser un período de entre seis meses y un año. El involucrado puede destinar su tiempo, por ejemplo, a programas sociales, entrenamiento en lugares remotos, vivir en otros países sin contacto con sus tareas habituales, realizar programas de voluntariado u otras actividades formativas. Una de las desventajas de las licencias sabáticas es su alto costo. Se puede contar entre sus principales beneficios prevenir las enfermedades relacionadas con el estrés y ser un fuerte aliado en la retención de personas.

Por último, podemos mencionar:

- *Actividades outdoor.* Estas actividades han tenido su origen en programas para altos ejecutivos, por medio de los cuales estos pasaban varios días o fines de semana alejados de sus lugares de trabajo para realizar determinadas actividades. Las mismas se focalizaban en el trabajo en equipo y en situaciones de esfuerzo individual o grupal, tales como actividades en un desierto o en la montaña. Muchas llegaban a ser verdaderas pruebas de supervivencia.

En cuanto a "codesarrollo", es el método de aprendizaje fuera del trabajo que se utiliza en nuestra metodología y que cuenta con muchos años de implementación práctica. Ha sido un método que, en sus inicios, surgió bajo la modalidad de taller, y luego se le adicionaron pasos adicionales evolucionando hasta el formato actual.

El codesarrollo, tanto de conocimientos como de competencias, se imparte con formato de taller, y puede incluir actividades tales como la resolución de casos, juegos gerenciales y *role playing*.

Por último, entre las actividades mencionadas, podríamos decir que las denominadas *outdoor* y las licencias sabáticas son, de alguna manera, no convencionales.

Capacitación

El término capacitación usualmente se utiliza para denominar a las actividades estructuradas, generalmente bajo la forma de un curso, con fechas y horarios conocidos y objetivos predeterminados.

La capacitación es la actividad más utilizada para la formación de personas, en especial adultas. Su formato más frecuente es lo que cotidianamente se conoce como "curso", una actividad donde un profesor o instructor transmite una serie de conocimientos a los participantes.

En resumen, las principales características de la capacitación son:

- Un profesor está a cargo de la actividad y hay un grupo de participantes que son formados o instruidos por él.

- Usualmente, es una actividad estructurada que dirige el mencionado profesor.

- Se basa en objetivos concretos y conocidos de antemano por los participantes a través de un programa determinado previamente al inicio de la actividad.

- Cuenta con fechas y horas preestablecidos.

Podría utilizarse el término "capacitación" con un alcance más amplio. Sin embargo, hemos utilizado esta definición porque representa la idea más frecuente que todas las personas tienen con respecto al punto.

Con frecuencia se utiliza la palabra capacitación para denominar un sinnúmero de actividades que por el mero hecho de realizarlas, al mismo tiempo, generan un aprendizaje. Por ejemplo, se podría sostener que "una persona se capacita" cuando realiza una tarea, y eso es cierto.

La definición dada más arriba implica una actividad de formación impartida por un profesor o instructor, según corresponda, a través de una actividad estructurada con formato de clase, con fechas y horarios establecidos y objetivos concretos. Por ejemplo, "manejo de costos estándar para los integrantes del área de Costos" de una empresa en particular. En un caso como este, la empresa en cuestión contratará a un profesor o instructor, se fijará un lugar de realización, así como las fechas y horarios y el alcance de la actividad.

La capacitación tiene puntos en común y diferencias con el método de codesarrollo, ya mencionado. Se verán más adelante.

Por último, con relación a la capacitación, se sugiere analizar la figura siguiente[1], en la cual se pueden observar los distintos grados de eficacia de las diferentes formas de aprendizaje. De la figura se desprende que "escuchar una conferencia" da como resultado un aprendizaje relativamente bajo, pero que crece a medida que la persona incrementa su nivel de participación. El aprendizaje alcanza su nivel máximo cuando la persona pone en acción aquello que ha aprendido.

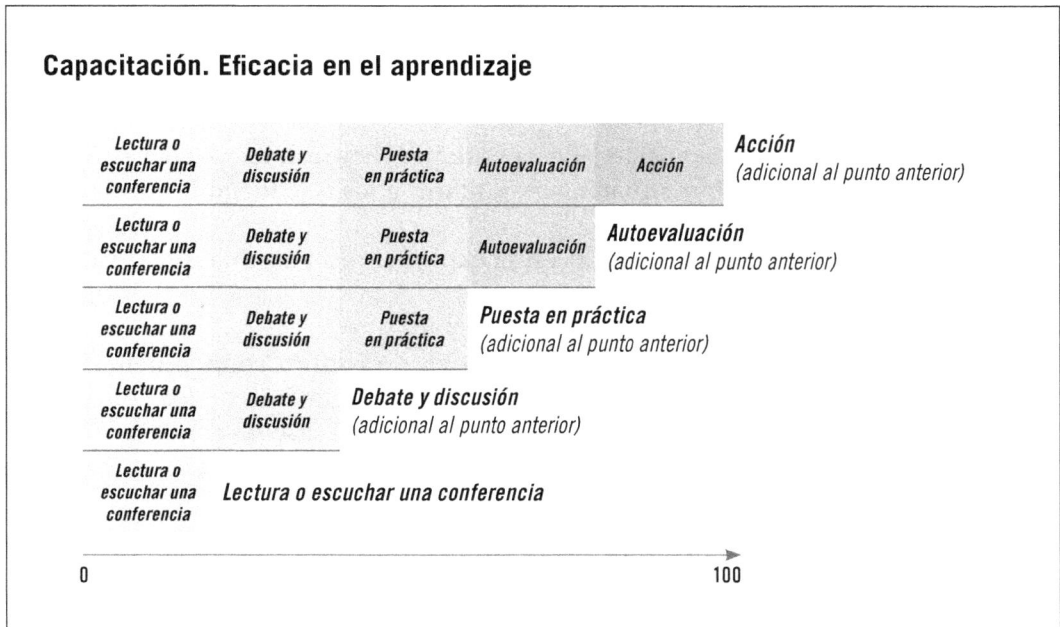

Capacitación. Eficacia en el aprendizaje

Lectura o escuchar una conferencia	Debate y discusión	Puesta en práctica	Autoevaluación	Acción	**Acción** (adicional al punto anterior)
Lectura o escuchar una conferencia	Debate y discusión	Puesta en práctica	Autoevaluación		**Autoevaluación** (adicional al punto anterior)
Lectura o escuchar una conferencia	Debate y discusión	Puesta en práctica			**Puesta en práctica** (adicional al punto anterior)
Lectura o escuchar una conferencia	Debate y discusión				**Debate y discusión** (adicional al punto anterior)
Lectura o escuchar una conferencia					**Lectura o escuchar una conferencia**

0   100

---

1 Alles, Martha. *Codesarrollo. Una nueva forma de aprendizaje.* Ediciones Granica, 2009. La figura expuesta está tomada del Capítulo 4.

En resumen, como se desprende de la figura, el grado de eficacia en el aprendizaje va creciendo cuando la persona que lo lleva a cabo va sumando actividades relativas al tema sobre el que se propone aprender.

Si la capacitación se reduce a leer un texto o escuchar a un orador, aun siendo este muy bueno, el grado de aprendizaje será menor que si, luego de dicha lectura o conferencia, se adiciona un debate o discusión. Si a todo lo antedicho se le agrega la puesta en práctica de lo que fue tratado, el grado de aprendizaje aumenta aún más, y logra su nivel máximo cuando el conocimiento se pone en acción tras una autoevaluación.

La capacitación estructurada con un profesor/ instructor, participantes y fecha y horario predeterminados, como se definiera en párrafos previos, podrá realizarse de modo no presencial, a través de la tecnología, como videoconferencias, hoy accesible de manera amplia y con bajo costo.

Otra opción, también a distancia y con la utilización de ordenadores, es la denominada *capacitación on line* (una combinación de términos en español e inglés) que también se conoce por su expresión inglesa: *e-learning*. En este caso, también se trata de actividades estructuradas para la transmisión de conocimientos, utilizando la tecnología informática, con plazos y objetivos predeterminados.

Diseño de actividades formativas. Opciones posibles a tener en cuenta

Las actividades formativas son más eficaces cuando llevan a los participantes a la acción y les permiten resolver situaciones similares a las que luego llevarán a cabo en sus respectivos puestos de trabajo.

En un taller se deberían combinar en la cantidad justa alguna de las variantes siguientes:

- *Exposiciones teóricas.* La exposición teórica será sobre conocimientos o, en el caso de competencias, será una explicación detallada de los conceptos y comportamientos involucrados en la misma. En el caso de conocimientos, la exposición teórica se podría asimilar a la definición dada para *conferencias* o *clases magistrales.*

- *Ejercitación práctica.* En relación a conocimientos se podrá trabajar sobre ejercicios prácticos y, en el caso de competencias, reflexionar sobre los comportamientos relacionados.

- *Reflexión sobre situaciones observables.* Esta opción tiene una relación más directa con un codesarrollo de competencias, aunque también puede darse en relación con conocimientos.

Como decíamos, también pueden formar parte de un taller las siguientes actividades ya mencionadas:

- *Estudio de casos.* Puede aplicarse de la misma manera para conocimientos y competencias.

- *Juegos gerenciales.* Al igual que en el punto anterior, puede aplicarse de la misma manera para conocimientos y competencias.

- *Role playing.* Al igual que en los dos puntos anteriores, puede aplicarse de la misma manera para conocimientos y competencias.

Si bien, usualmente, los participantes no desean recibir teoría sino soluciones a sus problemas, en ocasiones un marco teórico será imprescindible. En el extremo opuesto, no siempre utilizar *role playing* será posible. El diseño de una actividad formativa requiere un experto que sepa combinar adecuadamente las opciones disponibles.

En resumen, las diferentes actividades mencionadas pueden aplicarse en su conjunto o solo algunas de ellas, según el foco que desea darse a la formación. El diseño de las actividades será un factor determinante para alcanzar el grado de eficacia deseado.

Codesarrollo

Codesarrollo es un método para el desarrollo de personas[2], aplicable tanto a competencias como a conocimientos, que implica acciones concretas que de manera conjunta realiza el sujeto que asiste a una actividad de formación, guiado por un instructor, para el desarrollo de sus competencias y/o conocimientos. El codesarrollo implica un ciclo: taller de codesarrollo, seguimiento, taller de codesarrollo. La idea se expresa en la figura de la página siguiente.

---

2 Codesarrollo es parte de la Metodología MAI - Martha Alles International.

Codesarrollo. Secuencia

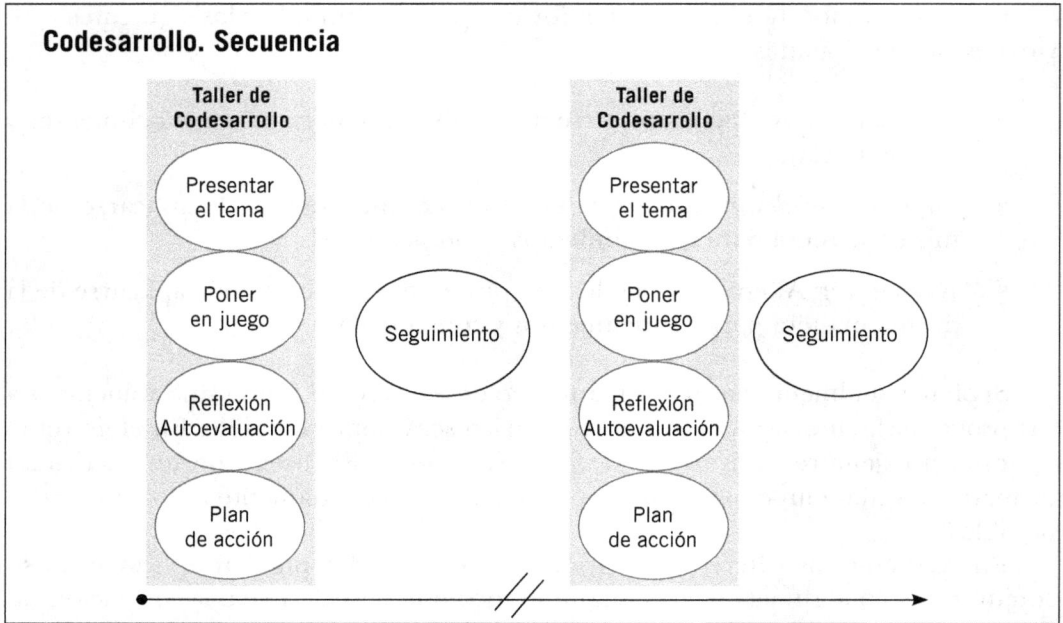

En el gráfico precedente se muestra –sobre un eje de tiempo– la realización de un taller de codesarrollo, que implica una serie de pasos: presentar el tema, poner en juego el conocimiento o la competencia según corresponda, realizar una autoevaluación y reflexionar al respecto, para finalizar con un plan de acción.

El aprendizaje continúa a través del seguimiento, para luego llevar a cabo un segundo taller de codesarrollo y un nuevo seguimiento.

Autodesarrollo

Como decíamos al inicio del capítulo, acciones sencillas en el día a día permitirán a las personas crecer. En la implantación del modelo de competencias se hace énfasis en uno de sus pilares, la difusión. Si los colaboradores de todos los niveles conocen lo que se espera de ellos, intentarán lograr dicho comportamiento. Luego, si no lo alcanzan, los métodos de desarrollo serán de ayuda para lograrlo. De acuerdo con el grado requerido se podrá ir subiendo en la escala con una primera acción: leer lo allí descrito como comportamiento esperado. Las personas podrán ir incrementando así su nivel de desarrollo de una competencia. La idea se expresa en la figura siguiente.

Comportamientos como guía para el desarrollo

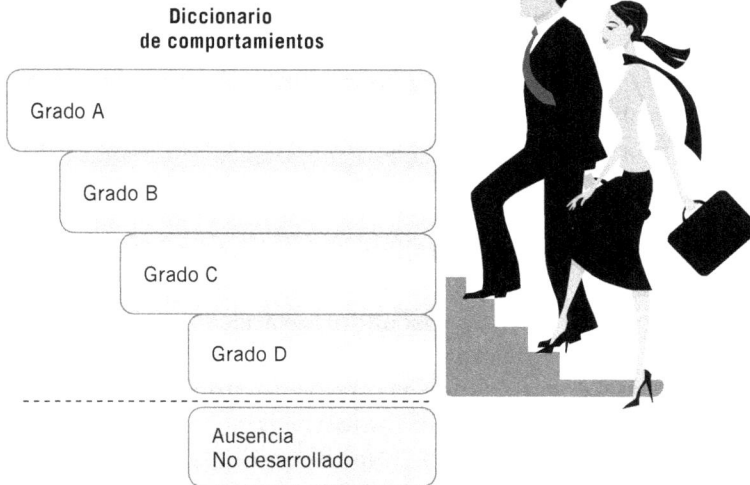

Diccionario
de comportamientos

Grado A

Grado B

Grado C

Grado D

Ausencia
No desarrollado

El autodesarrollo es el método más eficaz para el desarrollo de competencias, y, según el tema del cual se trate, también su grado de eficacia puede ser muy alto en materia de conocimientos. A su vez el autodesarrollo puede ser dentro y fuera del trabajo.

El autodesarrollo es el método más recientemente incorporado a las buenas prácticas de aprendizaje organizacional, siendo utilizado en el ámbito organizacional desde finales del siglo XX.

En la actualidad es utilizado para el desarrollo de capacidades, tanto conocimientos como competencias, entendiendo que se trata de las acciones que realiza una persona, por su propia iniciativa, para mejorar.

El autodesarrollo puede ser:

1. Autodesarrollo dentro del trabajo. Acciones que realiza una persona, por su propia iniciativa, para mejorar dentro del ámbito laboral y en relación con su puesto de trabajo. Para este tipo de autodesarrollo la organización puede ofrecer a sus colaboradores las *guías de desarrollo dentro del trabajo.*

2. Autodesarrollo fuera del trabajo. Acciones que realiza una persona, por su propia iniciativa, para mejorar fuera del ámbito laboral y sin relación alguna ni con su puesto de trabajo ni con actividades laborales. Para este tipo

de autodesarrollo la organización puede ofrecer a sus colaboradores las *guías de desarrollo fuera del trabajo.*

Las organizaciones ofrecen a sus colaboradores *autodesarrollo dirigido.* Es decir, las guías que se ponen a disposición, usualmente en la intranet de la organización, se corresponden con los planes estratégicos organizacionales y dentro de ese marco (la estrategia) el colaborador elige las variantes más adecuadas, acordes con sus expectativas, preferencias y posibilidades.

Método 12 pasos para el autodesarrollo

El *Método 12 pasos*[3] está pensado y diseñado para el autodesarrollo de diferentes tipos de capacidades. Por su naturaleza, se trata de un método de aprendizaje que permite desarrollar tanto competencias como conocimientos.

Este método posibilita desarrollar tanto un conocimiento como una competencia, y puede aplicarse tanto dentro como fuera del trabajo, o, según el caso, de ambas maneras. Para el desarrollo de un conocimiento y/o de una competencia, siempre es mejor dividir la acción a realizar en partes, en unidades de menor dimensión. Usualmente, dichas partes tienen una secuencia lógica.

Cómo evaluar la formación

La formación debe ser evaluada a través de algunos de los caminos siguientes:

- Considerar la reacción de los participantes durante la capacitación: participación, preguntas y otras manifestaciones.

- Medir el aprendizaje, sobre la base de preguntas o ejercicios. Los jefes de los participantes podrán evaluar el resultado en la aplicación diaria de los contenidos.

- Evaluar el comportamiento durante la actividad.

- Medir los costos y los resultados: implica comparar los costos asociados al entrenamiento con los beneficios producto de la capacitación.

---

3 Este método forma parte de la Metodología MAI - Martha Alles International.

Existen dos momentos de evaluación: durante el proceso de capacitación, y después. El "después" puede dividirse a su vez en tres momentos: a corto plazo (por ejemplo, a los 15 días), a mediano plazo (a los tres meses) y a largo plazo (al año).

Hay una tendencia a "guardar la carpeta del curso" inmediatamente después de concluido y no implementar lo aprendido. Por eso, después de una capacitación es muy importante la evaluación en los tres momentos mencionados en el párrafo anterior.

Una forma completa de medir la capacitación comenzaría por realizar una medición antes de impartir cualquier actividad, comparando las capacidades de la persona con lo requerido por el puesto que ocupa (adecuación persona-puesto) u otro con el cual se lo desee comparar para evaluar el grado de adecuación, por ejemplo, frente a una eventual promoción, un plan de sucesiones, etc. Para ello se deberá determinar la/s brecha/s existente/s entre lo deseado o requerido y las capacidades de la persona evaluada (conocimientos y/o competencias, según corresponda).

En el Capítulo 0 también se hizo referencia a los indicadores sobre la gestión del área de Recursos Humanos tanto en su conjunto como de algunas de sus funciones. Por ejemplo: Inversión en formación respecto de la cantidad de empleados. Estos índices solo brindarán información útil comparando una serie de años o, en algunos casos muy específicos, realizando consultas comparativas con otras empresas del mercado (*benchmarking*[4]).

La medición del grado de eficacia de las acciones para el desarrollo de competencias podrá realizarse midiendo el grado de desarrollo de los colaboradores de un año respecto de otro.

Atracción. Selección. Incorporación

La selección comienza con la necesidad de cubrir una posición y la definición del respectivo perfil de búsqueda, para continuar con la atracción y luego la selección, y finalizar con la incorporación de personas a la organización. Incluye la *inducción al puesto y a la organización*.

---

4 *Benchmarking*. Expresión en idioma inglés que se utiliza para denominar el proceso que permite comparar una determinada práctica organizacional con otras similares en el mercado que sean consideradas como "buenas prácticas". El propósito con el cual se realiza es implementar mejoras en los métodos de trabajo organizacionales.

Por extensión, se puede realizar un *benchmarking* interno, para comparar el funcionamiento de un área o sector con otro/s. Esta variante −*benchmarking* interno− es de aplicación frecuente en compañías transnacionales para comparar divisiones de negocios de diferentes países o regiones.

La atracción de las personas adecuadas, una buena selección, de tipo profesional y aplicando las pruebas más convenientes en cada caso, así como un adecuado proceso de incorporación, son acciones que definirán un buen inicio de la relación laboral de un buen empleado. La elección sobre cuáles son las pruebas más convenientes dependerá de cada caso en particular. El responsable de conducir el proceso de selección deberá determinarlo según lo que se considere más conveniente.

Algunas definiciones relacionadas:

Atracción. Es una etapa del proceso de selección de personas durante la cual se realizan una serie de acciones para atraer a los postulantes más adecuados en relación con el puesto que se desea cubrir.

Atracción 2.0. Conjunto de acciones que se realizan, utilizando tecnologías sociales, con el propósito de atraer a los postulantes más adecuados, en relación con el puesto que se desea cubrir.

Atraer. Acciones planeadas y sistemáticas que se realizan con el propósito de lograr que algunas personas, con ciertas características deseadas, se interesen en las diferentes ofertas laborales de la organización.

Desde que surge la necesidad de cubrir una vacante hasta la incorporación del nuevo colaborador[5]

Para llevar a cabo la selección de personas es necesario seguir una serie de pasos, los cuales implican un difícil equilibrio para, por un lado, no llevar a cabo un proceso extremadamente largo que agote a las partes involucradas y, por el otro, no omitir un paso relevante que pueda implicar que se tome una decisión incorrecta.

Los pasos comienzan con la detección de la necesidad de cubrir una vacante y la decisión de llevar a cabo el proceso necesario para hacerlo, y finalizan con la instancia de admisión del candidato y su posterior inducción, una vez que ya forma parte de la organización.

Paso 1. Necesidad de cubrir una vacante. Será el futuro jefe quien defina la necesidad de cubrir un puesto de trabajo determinado. La decisión de cubrir esa posición o no podrá estar dentro de su nivel de autoridad o requerir la intervención de un nivel superior.

---

5. Alles, Martha. *Selección por competencias.* Ediciones Granica, Buenos Aires, 2016.

20 pasos para seleccionar personas

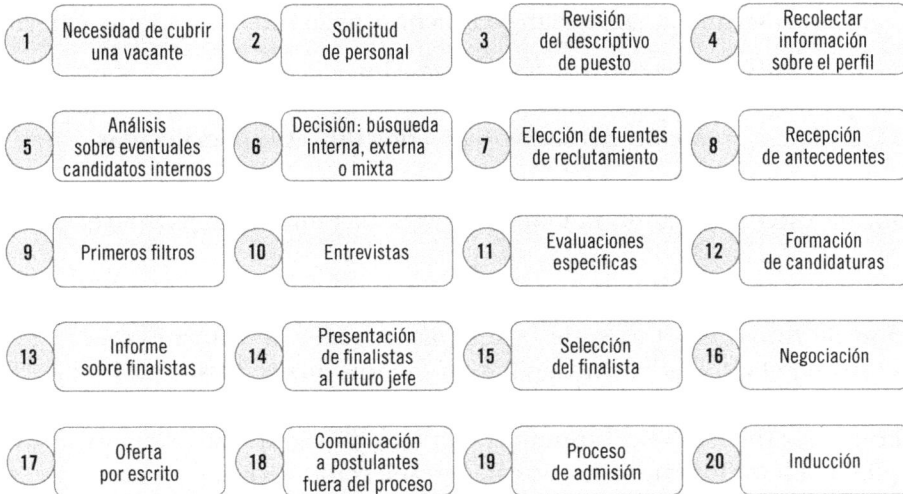

1 Necesidad de cubrir una vacante	**2** Solicitud de personal	**3** Revisión del descriptivo de puesto	**4** Recolectar información sobre el perfil
5 Análisis sobre eventuales candidatos internos	**6** Decisión: búsqueda interna, externa o mixta	**7** Elección de fuentes de reclutamiento	**8** Recepción de antecedentes
9 Primeros filtros	**10** Entrevistas	**11** Evaluaciones específicas	**12** Formación de candidaturas
13 Informe sobre finalistas	**14** Presentación de finalistas al futuro jefe	**15** Selección del finalista	**16** Negociación
17 Oferta por escrito	**18** Comunicación a postulantes fuera del proceso	**19** Proceso de admisión	**20** Inducción

Paso 2. Solicitud de personal. Las organizaciones usualmente cuentan con un procedimiento establecido para esta instancia. En cualquier caso, será el futuro jefe (o el jefe del jefe, según corresponda) quien comunicará al responsable adecuado la solicitud para cubrir la vacante.

Paso 3. Revisión del descriptivo de puesto. Si la organización cuenta con *descriptivos del puesto,* se deberá partir de este documento, revisarlo con el futuro jefe y tomar notas complementarias en el paso siguiente.

Paso 4. Recolectar información sobre el perfil. Si se cuenta con el descriptivo del puesto de la vacante a cubrir se tomarán notas adicionales junto con el análisis del cargo a cubrir en función de toda la información disponible. En el caso de no contar con el documento denominado *descriptivo del puesto,* será necesario recolectar toda la información que permita elaborar el *perfil de la búsqueda.*

Paso 5. Análisis de eventuales candidatos internos. En ocasiones, dentro del mismo sector se podrá encontrar a personas que responden al perfil del puesto y que podrían ocupar la vacante. Para el análisis de estas situaciones se sugiere el diseño de una herramienta y/o procedimiento específico para la realización de *promociones internas.* El término "promociones" no implica necesariamente acceder a una posición de mayor nivel, sino que también se incluyen bajo este concepto las transferencias *laterales* o al mismo nivel.

Paso 6. Decisión: búsqueda interna, externa o mixta. Para el reclutamiento interno se puede implementar el método de *job posting* o autopostulación, realizar búsquedas externas utilizando fuentes de reclutamiento diversas o, si bien no es lo más frecuente, realizar un proceso mixto, combinando una búsqueda interna con una externa.

Paso 7. Elección de fuentes de reclutamiento. Desde los caminos más tradicionales (como la publicación de anuncios y la consulta de bases de datos), hasta reclutamiento 2.0 y la contratación del servicio de consultoras especializadas.

Paso 8. Recepción de antecedentes. Según las fuentes de reclutamiento elegidas, se recibirán antecedentes de personas interesadas en participar en el proceso de selección.

Paso 9. Primeros filtros. Implica lectura de antecedentes, currículums (CV) y/o aplicación de filtros en el caso de búsquedas a través de Internet o la intranet. El objetivo de esta etapa es identificar a los candidatos que se ajusten más al perfil de la búsqueda, optimizando tiempo y costos en las etapas siguientes. En este paso deben considerarse las distintas herramientas factibles de ser aplicadas según el perfil de la búsqueda. Ejemplo: cuestionarios de preselección, preguntas específicas sobre conocimientos y características del puesto que la persona ocupa en la actualidad, administrables a distancia u online, entre otros recursos.

Paso 10. Entrevistas. La cantidad de entrevistas y su tipo dependerán del tipo de posición a cubrir. Los objetivos de las entrevistas son diversos, desde conocer al candidato hasta la presentación al postulante del puesto que se desea cubrir, análisis y evaluación de la historia laboral para determinar si los conocimientos y competencias del postulante se relacionan (y en qué grado) con el perfil buscado, y análisis de las motivaciones de la persona entrevistada en relación con la búsqueda.

Paso 11. Evaluaciones específicas. Además de las entrevistas mencionadas en el paso 10, con frecuencia se realizan otras evaluaciones. Entre las más frecuentes se encuentran las evaluaciones técnicas específicas. No se realizan en todos los casos; muchas veces el futuro jefe formula algunas preguntas en el transcurso de su entrevista para despejar aspectos vinculados a conocimientos específicos. En ocasiones, podrá ser necesaria una evaluación adicional o más profunda, por parte de un especialista. También son usuales las evaluaciones psicológicas, que tienen como propósito evaluar actitudes, personalidad y potencial de desarrollo, entre otros aspectos. Y si bien no es de uso frecuente, podría administrarse una entrevista BEI (*Behavioral Event Interview* o entrevista por incidentes críticos). Por último, una herramienta muy utilizada en selección es el *Assessment Center Method* (ACM). En particular los ACM podrán ubicarse en este paso (número 11) o, en ocasiones, aplicarse antes de las entrevistas mencionadas en el paso 10.

Paso 12. Formación de candidaturas. Mediante el análisis de la información recolectada en todos los pasos previos y de acuerdo con los resultados de las distintas evaluaciones realizadas se deberán identificar los mejores postulantes en relación con el perfil requerido, considerando los aspectos económicos del puesto a cubrir y las pretensiones de los postulantes.

Paso 13. Informe sobre finalistas. La información debe ser completa, ordenada, sencilla y fácil de comprender por el futuro jefe, generando expectativas razonables con relación a los finalistas elegidos.

Paso 14. Presentación de finalistas al futuro jefe. Incluye apoyo en la coordinación de entrevistas y en cualquier otro aspecto relacionado en el cual el futuro jefe podría llegar a necesitar ayuda.

Paso 15. Selección del finalista. El rol del selector o responsable de Recursos Humanos incluye, también, asesorar al futuro jefe en el momento en que este deba tomar la decisión final y definir la contratación de uno de los postulantes. Implica, además, estar siempre atentos al grado de satisfacción en relación con la búsqueda en sí y sobre el desarrollo en general del proceso de selección.

Paso 16: Negociación. Será ideal que la negociación de las condiciones de contratación las realice el futuro jefe. Si no es la persona con mayor capacidad/autoridad para ello, la negociación y oferta puede estar a cargo del jefe del jefe y/o el responsable de Recursos Humanos.

Paso 17: Oferta por escrito. Esta modalidad no es de uso frecuente en muchos países, pero consideramos que es una buena práctica. Las organizaciones que las realizan lo hacen a todos los niveles.

Paso 18: Comunicación a los postulantes que quedaron fuera del proceso. Se sugiere realizar este paso una vez que la persona seleccionada ha ingresado a la organización.

Paso 19. Proceso de admisión. Cada organización determina los aspectos a considerar según los distintos niveles organizacionales cumpliendo, en todos los casos, los aspectos legales relacionados.

Paso 20. Inducción. La inducción se divide conceptualmente en dos partes: la organización y el puesto. Usualmente, la primera de ellas está a cargo del área de Recursos Humanos y la segunda es responsabilidad del jefe directo del nuevo integrante.

Los veinte pasos mencionados requieren diferentes tiempos y recursos; unos se abren en *subpasos*, otros no. Sin embargo, todos son importantes y forman parte de las buenas prácticas en selección de personas.

Planificación de una búsqueda/selección

Para atraer, seleccionar e incorporar una o varias personas para cubrir uno o varios puestos en el ámbito de una organización, los cuales deberán ser identificados y analizados antes de comenzar el proceso, se deberá realizar una planeación detallada, determinando en cada caso tiempos y costos involucrados. Principales ítems a considerar:

a) Definición del perfil.

b) Fuentes de reclutamiento.

c) Recepción y evaluación de antecedentes.

d) Entrevistas.

e) Evaluaciones específicas.

f) Armado de la carpeta de finalistas.

g) Selección del finalista.

h) Negociación y oferta.

i) Incorporación.

j) Inducción.

Antes de iniciar el proceso de selección propiamente dicho, se deberá definir el perfil de la búsqueda. Cuando es posible el perfil se elabora a partir del descriptivo de puestos y su respectiva asignación de competencias y grados.

Una vez definido el perfil, se realiza el *reclutamiento,* término que se utiliza para designar el conjunto de procedimientos destinados a atraer e identificar a candidatos potencialmente calificados y capaces para ocupar el puesto vacante, a fin de seleccionar a alguno/s de ellos para que reciba/n el ofrecimiento de empleo. Para el reclutamiento se deberán elegir las fuentes más adecuadas, tanto internas como externas.

En cuanto al reclutamiento, para llevar a cabo el planeamiento habrá que tener en cuenta las diferentes opciones que, de considerarse adecuadas, podrán ser utilizadas de manera conjunta y combinada. Por ejemplo, reclutamiento al estilo tradicional, publicando un anuncio en un periódico u otros medios. O reclutamiento 1.0, es decir, a través de procedimientos para atraer e identificar candidatos utilizando las posibilidades de la Web 1.0 (ejemplos: sitios o páginas web organizacionales, web laborales y los sitios de consultoras de Recursos Humanos). Por último, y en adición a los anteriores, también podrá utilizarse –y cada día se emplea más– el reclutamiento a través de la Web 2.0 (*social media*). En este último caso se denomina *reclutamiento 2.0*.

En ocasiones, el reclutamiento se hace a través de *headhunting*, método basado en la realización de una investigación acerca de los mejores profesionales del mercado que ocupan puestos similares al que se desea cubrir, a los que luego se contacta para ofrecerles participar en el proceso de selección. También existe el *headhunting 2.0*, el cual se realiza a través de los *social media* (Web 2.0).

Por último, a todo lo anterior podría sumarse el denominado "programa de referidos". Este es un programa mediante el cual los colaboradores –de la propia organización– presentan candidatos que ellos consideran interesantes, por sus capacidades, ya sea en relación con una búsqueda concreta o no.

Como parte del planeamiento se fijan fechas para la recepción y evaluación de antecedentes. La etapa de evaluación a su vez se divide en dos: primera selección y selección propiamente dicha.

En todos los casos será preciso definir la cantidad y el tipo de entrevistas a realizar, así como si se efectuarán evaluaciones específicas (y cuáles).

Para completar la planificación, se estimarán fechas y, eventualmente, algunas precisiones adicionales sobre la presentación de finalistas (armado de la carpeta de finalistas), y una vez elegido el candidato final, la negociación y oferta.

Al finalizar el proceso de selección, los pasos pendientes serán los trámites de incorporación y la inducción.

Para planificar los pasos a cargo del área de Recursos Humanos: 4 etapas

Para comprender mejor las tareas a cargo del selector y la utilización de herramientas en cada caso, los *20 pasos para seleccionar personas* se pueden dividir en cuatro grandes categorías:

1. Atracción.
2. Preselección.
3. Selección.
4. Decisión.

El criterio a seguir es sencillo y se relaciona con el tipo de tarea a realizar. Como se muestra en el gráfico siguiente, luego de la atracción, en la primera selección o preselección se deben realizar acciones que permitan evaluar la mayor cantidad posible de ítems del perfil buscado. Uno de los sugeridos para esta etapa son los *conocimientos*.

La selección de personas a partir del perfil de la búsqueda

Perfil de la búsqueda

Requisitos excluyentes

Requisitos no excluyentes

Competencias dominantes

Decisión

Selección — Evaluar competencias e indagar sobre motivación

Primera selección — Cuestionarios / Evaluar conocimientos

Atracción

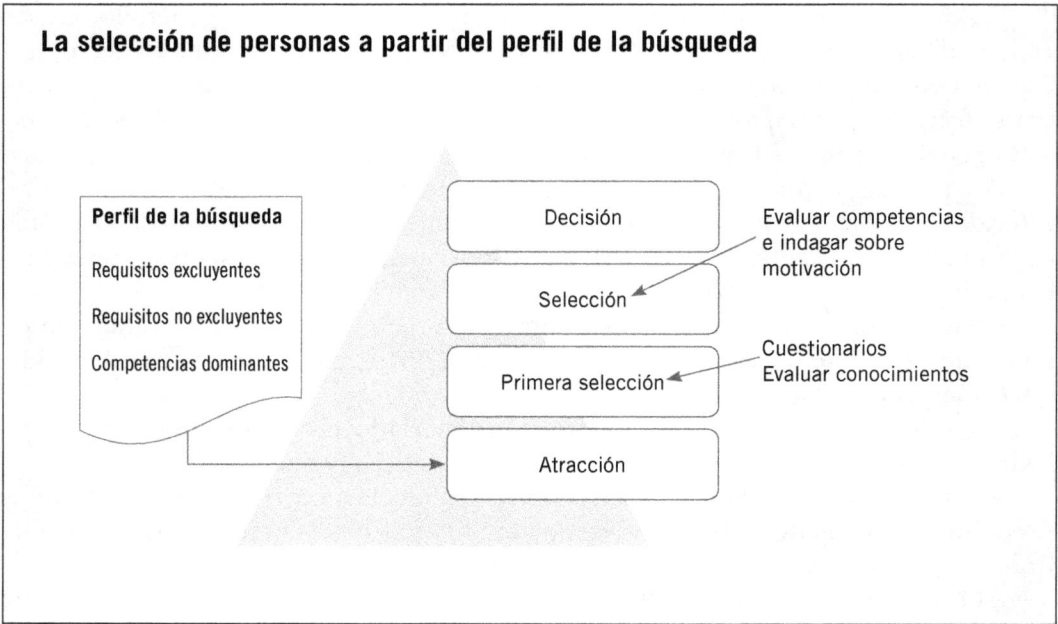

Luego, en una instancia posterior (denominada selección), tendrá lugar la *evaluación de competencias.* A medida que se supere cada etapa, la cantidad de postulantes será menor. Es decir, habrá una mayor cantidad de postulaciones en la primera parte y, luego de las evaluaciones efectuadas en la *primera selección,* el número de postulantes en carrera se reducirá, hasta alcanzar un número muy acotado en las instancias finales del proceso. La pirámide de fondo que se utiliza en la figura precedente representa la cantidad de personas involucradas en las distintas etapas: mayor número en la base de la pirámide (primeras etapas), y una menor cantidad a medida que se va avanzando en el proceso de selección.

Las cuatro etapas enumeradas más arriba se relacionan con los *20 pasos para seleccionar personas* mencionados en párrafos previos.

Definición del perfil

A continuación, algunos conceptos y comentarios que es útil tener en cuenta antes de seguir avanzando, tanto en la definición del perfil como en el planeamiento de un proceso de selección.

Empleado. Empleador. Emplear

Empleado. Persona que trabaja para otra persona u organización.
Si bien las condiciones son similares en los distintos países o regiones, en todos los casos debe considerarse el marco legal vigente en cada lugar. Si bien lo más frecuente es la relación de dependencia, existen otras figuras según la normativa vigente en cada país o región. El término "empleado" no implica nivel jerárquico; un empleado puede ser una persona que realiza tareas de baja responsabilidad o, en el extremo opuesto, un gerente general o CEO. El término indica un tipo de relación laboral.

Empleador. Persona u organización que tiene a otras a su cargo bajo el régimen de relación de dependencia. Esto implica asumir una serie de responsabilidades y obligaciones respecto de dichas personas.
Sobre el empleador, podría darse alguna situación especial, por ejemplo que la convocatoria la realice una empresa y la relación contractual se formalice con otra. En ese caso, haremos un comentario similar al realizado para el ítem anterior. El responsable de la selección deberá conocer esta información.

Por último, mencionaré el término "emplear", que significa dar empleo a otra persona encargándole una actividad o asignándole un puesto.

Futuro jefe. Cliente interno. Colaborador

En selección y en otros temas de esta obra, se menciona al futuro jefe. También se habla del cliente interno. Veamos los significados tanto de cliente como de cliente externo e interno.

Cliente. Persona que utiliza los servicios de un profesional o empresa.

Cliente externo. Organizaciones o personas que adquieren los productos o servicios del sujeto de referencia. Por extensión se utiliza para designar a aquellos que reciben un determinado servicio brindado por una ONG, una entidad de bien público de cualquier tipo, un organismo del Estado, etc.

Cliente interno. Áreas o personas de la misma organización que interactúan con la propia; puede ser en rol de cliente interno estrictamente dicho, recibiendo un producto o servicio, o bien ser un proveedor.

Más arriba se hizo mención al término "empleado", que en muchos ámbitos ha sido reemplazado por otras denominaciones. Una de ellas, que en lo personal me gusta utilizar, es *colaborador,* concepto que podríamos definir como *persona que coopera con otra.* También se utiliza para denominar a las personas que trabajan bajo la conducción de otra/s.

Para finalizar este apartado dedicado a términos para tener en cuenta, deseo destacar los dos que se exponen a continuación, ya mencionados.

Jefe. Persona que tiene a otras a su cargo dentro de una estructura jerárquica. Los jefes pueden tener niveles muy diversos, desde el número 1 de la organización hasta otro con pocos colaboradores a su cargo.
La palabra "jefe" implica un concepto referido a todos aquellos que tienen personas a su cargo, sin importar su nivel jerárquico. El número 1 de la organización es jefe al igual que otros que reportan a él y también tienen personas a su cargo. Del mismo modo, es jefe aquel que posee una pequeña empresa en la que trabajan personas, familiares o no, y también es jefe el director de una película o de una orquesta, ballet o equipo deportivo.

Jefe del jefe. Expresión que se utiliza para denominar a los superiores (jefes) de personas que, a su vez, tienen a su cargo colaboradores, es decir, que también son jefes.

Perfil y selección de personas

El término "perfil" aquí utilizado hace referencia al conjunto de características particulares que permiten realizar una descripción de alguien o algo. En nuestra disciplina, se trata del perfil de un puesto, una persona, etcétera.

La *definición del perfil* implica la acción por la cual se definen todas las características que una persona debe tener para ser seleccionada como nuevo colaborador en un puesto de trabajo específico. Usualmente se definen requisitos excluyentes y no excluyentes y competencias requeridas para la posición.

El término se utiliza, con frecuencia, en selección de personas, para describir la situación en la cual un futuro jefe define el perfil de la búsqueda diciendo que desea seleccionar una persona *igual (u opuesta) a XX*. Cuando esto ocurre, debe solicitarse que se realice una descripción conceptual sobre las capacidades de la persona en cuestión y cómo estas se relacionan con el puesto de trabajo. Las buenas prácticas indican que un perfil debe ser definido de manera despersonalizada, describiendo las capacidades necesarias para desempeñar un puesto de trabajo.

El *perfil de la búsqueda* es el conjunto de capacidades requeridas para un puesto de trabajo, y es necesario para realizar la selección de su futuro ocupante. Puede incluir, además de capacidades, factores adicionales.

Cómo recolectar información sobre el perfil

Como se comentara al inicio del capítulo, el *descriptivo del puesto* será el documento base para la recolección de información destinada a elaborar el perfil de la búsqueda.

Las primeras preguntas que el selector formulará al futuro jefe/cliente interno serán para confirmar los datos allí consignados. Eventualmente, se analizarán diferencias y/o aspectos especiales que deban considerarse.

En el caso de no contar con descriptivos de puestos, se deberá realizar una recolección completa de información.

El selector/especialista de Recursos Humanos, responsable del proceso de selección, deberá estar familiarizado con el puesto y sus características. Adicionalmente, será conveniente conocer el mercado y la factibilidad/dificultad de encontrar el perfil buscado.

Aspectos claves para definir el perfil, antes de comenzar un proceso de selección:

1. *Tareas y responsabilidades.* Una síntesis de lo más relevante.

2. *Educación y experiencia previa.* En este punto será de gran importancia diferenciar aquello que es imprescindible de lo que no lo es. Con frecuencia, en las primeras etapas de elaboración del perfil se definen una serie de requisitos que luego no se consideran imprescindibles. Por lo cual este es el momento de distinguir lo esencial de lo que no lo es.

3. *Competencias / personalidad.* Cuando se ha definido un *modelo de competencias*, recolectar esta información es sencillo, solo deberá consultarse la *asignación de competencias a puestos*. En caso de no contar con un modelo, en todos los casos este aspecto deberá ser considerado.

4. *La ubicación del puesto en el organigrama y otros aspectos relacionados.* Por ejemplo: horario, en especial si no se trata de los más usuales; ambiente o lugar de trabajo y ubicación geográfica, en especial si existiese alguna característica que a priori se pudiera identificar como poco atractiva o favorable; determinar si la posición requiere viajar, y la frecuencia y extensión de dichos viajes.

5. *Remuneración.* En ciertas organizaciones existen pautas claramente definidas sobre rangos salariales, usualmente establecidos entre un valor "x" y un valor "y". En estos casos, se deberá definir en qué segmento dentro del rango se desea ubicar la posición a cubrir. En general, dichos rangos se encuentran abiertos en cuatro niveles, por lo cual se podría ubicar la remuneración en el primer cuartil, el segundo, etc. En el caso de elegir un nivel de remuneración en el cuartil más próximo al nivel superior, se tendrá, por un lado, mayor facilidad para encontrar posibles candidatos y, por otro, el nuevo colaborador estará ingresando muy cerca del límite superior, pudiendo presentarse algún problema en el corto plazo en cuanto a las posibilidades

de progreso en la escala. Si, por el contrario, se lo ubica en el primer cuartil, muy cerca del límite inferior, será posible que queden fuera del proceso de selección candidatos interesantes. Son decisiones que, usualmente, están a cargo del futuro jefe junto con el responsable de Recursos Humanos.

Si la organización no posee estructuras salariales definidas (ver Capítulo 3), se podrá relacionar la nueva posición con otros puestos para fijar un rango salarial para la nueva posición.

6. *Oportunidades de progresar / planes de carrera.* Siempre será una buena idea conocer sobre las posibilidades de crecimiento del futuro colaborador dentro de la organización. Según las organizaciones y el tipo de puestos, podrán existir planes concretos al respecto; se verá este tema en el Capítulo 5. En otros casos, puede no contarse con información precisa sobre el particular. Ayudará mucho en la evaluación de los distintos postulantes tener información sobre este aspecto.

En resumen, el perfil debe contemplar:

- Principales tareas bajo la responsabilidad de la persona que ocupe el puesto a cubrir. Grado de importancia y frecuencia de las mismas.

- Posiciones que supervisará y principales responsabilidades de cada una.

- Grado de autonomía de las personas que le reportarán.

- Grado de autoridad que se le concederá a la persona que ocupará el puesto a cubrir.

- Capacidades necesarias para desempeñar el puesto (incluye conocimientos, experiencia y competencias o características de personalidad).

- Ambiente de trabajo, máquinas y softwares que deba manejar y su grado de complejidad.

El rol del futuro jefe/cliente interno en la definición del perfil

En todo proceso de selección el futuro jefe del nuevo colaborador tiene un rol fundamental, desde el primer momento, al tomar la decisión de incorporar un nuevo colaborador, al definir el perfil y, durante todo el proceso, al estar atento a las dudas del selector y, sobre el final, al tomar la decisión acerca de a quién contratar. En ocasiones, el futuro jefe toma las decisiones mencionadas bajo la supervisión directa de un superior. Dependerá de cada caso y situación.

El área de Recursos Humanos deberá actuar, en todo momento, como consultor/asesor respecto de las otras áreas de la organización y estas serán, de ese modo, sus clientes internos. Este concepto no solo se aplica a Recursos Humanos, es un enfoque válido para otras áreas que brindan servicios dentro de la empresa, por ejemplo, Sistemas e Informática, Mantenimiento o cualquier otra destinada a brindar servicios internos.

Es muy importante señalar la importancia de descubrir/determinar las reales necesidades del futuro jefe en relación con el puesto a cubrir, en especial cuando no se cuenta con descriptivos de puestos. En ocasiones, el futuro jefe/cliente interno no expresa con las palabras adecuadas sus necesidades, y por eso será parte del rol del responsable del proceso de selección inquirir al respecto de modo tal de comprender adecuadamente dichas necesidades.

Adicionalmente, no hay que *sobrevalorar* ni *subvaluar* lo que se requiere. El futuro jefe/cliente interno, de buena fe, puede tener una idea equivocada de lo que necesita, o simplemente no encontrar la mejor manera de expresarlo.

En resumen, en todos los casos será fundamental, desde el área de Recursos Humanos, realizar las preguntas adecuadas para confirmar las características del perfil de la búsqueda.

Perfil de la búsqueda

La elaboración del perfil de la búsqueda es, en general, una responsabilidad de la persona que llevará a cabo el proceso de selección, con sus etapas de *reclutamiento* y *selección*. Si esa tarea está a cargo del área de Recursos Humanos, debe participar, en todos los casos, el cliente interno, futuro jefe del nuevo colaborador.

Si el *descriptivo del puesto* está actualizado, se partirá de ese documento interno. Luego, y en función de los requisitos planteados por el mencionado futuro jefe, se definirán aspectos adicionales a tener en cuenta.

La idea se expresa en la figura de la página siguiente, donde puede apreciarse que en la elaboración del perfil se consideran los requisitos excluyentes y no excluyentes, así como la determinación de las competencias dominantes.

El perfil de la búsqueda

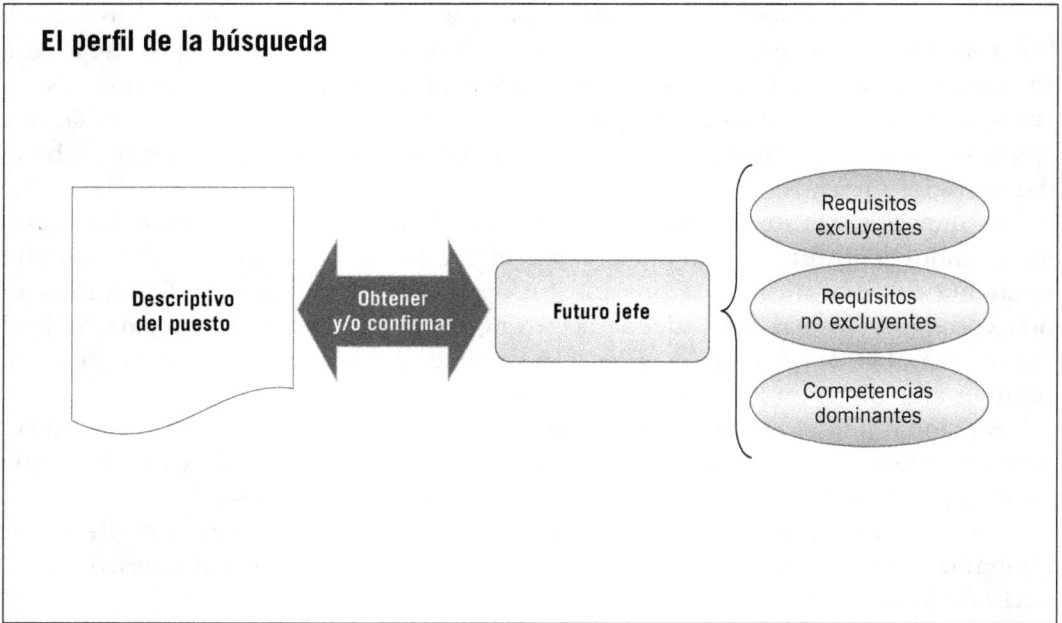

Descriptivo del puesto → Obtener y/o confirmar → Futuro jefe → Requisitos excluyentes / Requisitos no excluyentes / Competencias dominantes

Requisitos excluyentes. Requisitos no excluyentes

Uno de los principales objetivos de la entrevista con el futuro jefe/cliente interno –para establecer el perfil de la búsqueda– será definir de manera indubitable cuáles requisitos son excluyentes o imprescindibles y cuáles no.

En ocasiones, los futuros jefes/clientes internos no son claros al respecto, y en otras oportunidades no son sinceros. La adecuada definición del perfil de la búsqueda será el factor clave para el éxito del proceso de selección y, luego, para el buen desempeño del nuevo colaborador. Este aspecto, que muchas veces se considera un mero tecnicismo, tendrá consecuencia en indicadores de rotación, de retención del talento y otras preocupaciones de los líderes en la actualidad.

Adicionalmente, el responsable del proceso de selección deberá estar atento a situaciones que se presentan con alguna frecuencia: aspectos que podrían considerarse como discriminatorios disfrazados como requisitos de un puesto de trabajo.

Ya sea que se está analizando el perfil de la búsqueda con un descriptivo del puesto o sin él, en cualquiera de los casos son importantes los siguientes conceptos:

Requisitos del puesto. Conjunto de características o condiciones necesarias para desempeñar un puesto específico con eficacia, que serán tomados en cuenta tanto para seleccionar personas como para evaluar su desempeño.

Los requisitos del puesto se pueden diferenciar en:

- Requisitos excluyentes o imprescindibles.
- Requisitos no excluyentes o deseables.

Requisitos excluyentes. Conjunto de características imprescindibles para desempeñar un determinado puesto con eficacia, que serán tomados en cuenta –especialmente– en los procesos de selección de nuevos colaboradores. Implica que si una persona no los posee, no será considerada para cubrir esa posición.

Requisitos no excluyentes. Conjunto de características deseables, pero no imprescindibles, para desempeñar un determinado puesto con eficacia. Implica que si la persona no los posee, podrá de todos modos ser considerada y, eventualmente, elegida para cubrir la posición en cuestión.

Junto con los requisitos excluyentes y no excluyentes, deberá analizarse el siguiente concepto:

Competencia dominante. Este concepto, que se utiliza en selección de personas, hace referencia a aquellas competencias que por alguna razón son consideradas más relevantes para ese proceso de selección en particular y se utilizan para planear la entrevista. Se recomienda determinar en cada caso y con el futuro jefe (cliente interno desde la perspectiva del área de Recursos Humanos) cuáles son las competencias dominantes.

La claridad acerca de todo lo aquí mencionado marcará la diferencia entre un proceso de selección efectivo y otro que no lo será. Además, repercutirá en otros aspectos, como los costos involucrados en el proceso de selección. Una buena definición inicial redundará en un trabajo mejor realizado e implicará menores costos.

Perfil de la búsqueda *versus* perfil del postulante. Compatibilidad

Para la realización del proceso de selección se necesita definir el perfil de la búsqueda, aspecto tratado en este capítulo. Luego, se realizará el reclutamiento, la recepción de candidaturas y las distintas instancias de evaluación de postulantes.

A partir de esta información se podrá definir para cada postulante un perfil, aquí denominado "perfil del postulante". Esta expresión se utiliza para designar al conjunto de capacidades de una persona, incluyendo sus estudios formales, conocimientos, competencias y experiencia, así como su motivación tanto en relación con su carrera como para el cambio laboral.

Perfil de la búsqueda:
Conjunto de capacidades
requeridas para un puesto
de trabajo
(estudios formales,
conocimientos, experiencia,
competencias, motivación).

Perfil del postulante:
Conjunto de capacidades
de una persona
(estudios formales,
conocimientos, experiencia,
competencias, motivación).

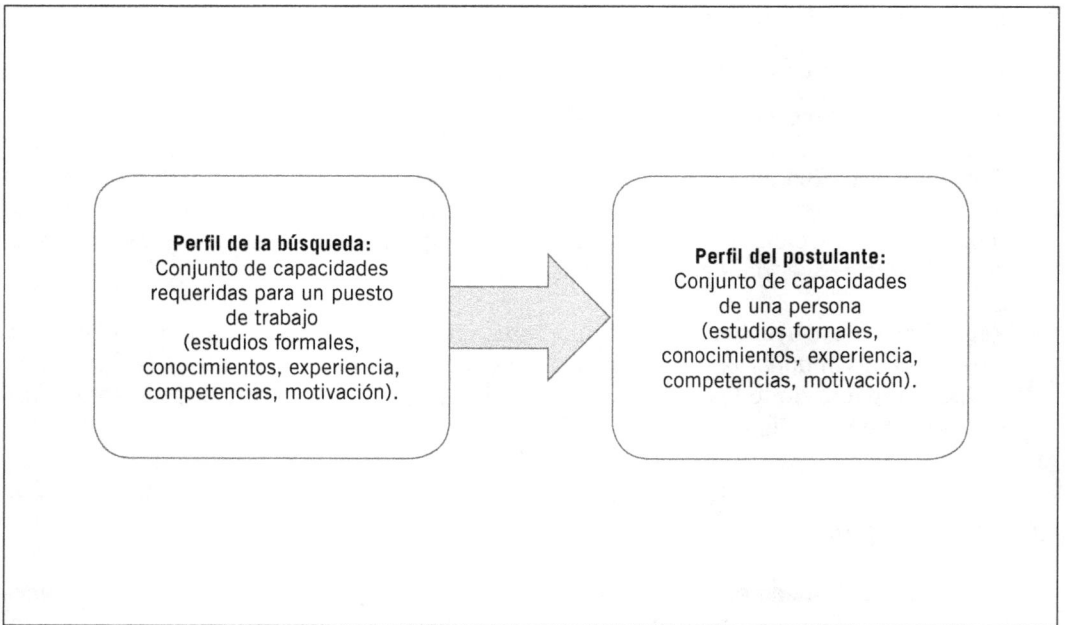

El selector responsable del proceso comparará los perfiles de los distintos postulantes con los distintos ítems que componen el perfil de la búsqueda. La idea se expresa en la figura precedente.

Siempre que resulte posible, los selectores con experiencia, en el momento de definir el perfil, tratarán de obtener del futuro jefe/cliente interno cuál es el grado mínimo de compatibilidad aceptable. No se modifica la clasificación de requisitos en excluyentes y no excluyentes. Es una información que se obtiene para ser utilizada en esta instancia del proceso, y solo si fuese necesario.

La compatibilidad entre perfiles es la concordancia entre lo requerido en el *perfil de la búsqueda* y las capacidades de los distintos postulantes (*perfil del postulante*).

Como decíamos al inicio de esta sección, una buena práctica será definir, antes de iniciar el proceso de selección, cuál será la concordancia necesaria entre ambos perfiles junto con el mínimo aceptable de desfase.

Reclutamiento. Diferentes fuentes de acceso al mercado

Para comenzar, y si bien es un concepto bastante conocido, creo importante recordar que *reclutamiento* no es lo mismo que *selección*.

En el reclutamiento se atrae a posibles candidatos según el perfil de la búsqueda y luego, en una segunda etapa, se elige a aquellos que se considera más adecuados tras aplicárseles diversas mediciones de capacidades. A continuación, dos definiciones relevantes.

Reclutamiento. Es un conjunto de procedimientos para atraer e identificar a candidatos potencialmente calificados y capaces para ocupar el puesto ofrecido, a fin de seleccionar a alguno/s de ellos para que reciba/n el ofrecimiento de empleo.

Selección. Conjunto de procedimientos para evaluar y medir las capacidades de los candidatos a fin de, luego, elegir, sobre la base de criterios preestablecidos (perfil de la búsqueda), a aquellos que presentan mayor posibilidad de adaptarse al puesto disponible, de acuerdo con las necesidades de la organización.

El reclutamiento puede ser interno –es decir, atraer personas dentro de la misma organización– o bien externo –atraer personas de fuera de la organización–. A continuación las definiciones correspondientes a ambos conceptos.

Reclutamiento externo. Es la forma más frecuente de realizar un reclutamiento, e implica la difusión en el mercado de los perfiles buscados, usualmente a través de anuncios, en periódicos o Internet, junto con otras fuentes de posibles candidatos. Dentro del reclutamiento externo se debe considerar, también, los programas de referidos.[6]

Reclutamiento interno. Cuando el reclutamiento se realiza dentro de la propia organización se denomina *reclutamiento interno.* En ese caso se utilizan anuncios, por ejemplo, a través de la intranet, con el propósito de generar la autopostulación.

También se pueden diferenciar los distintos tipos de reclutamiento según la utilización de las tecnologías y por la forma de convocar a las personas a participar:

Reclutamiento 1.0. Conjunto de procedimientos para atraer e identificar a candidatos potencialmente calificados y capaces utilizando las posibilidades de la Web 1.0.[7]

---

6 *Programa de referidos.* Programa mediante el cual los colaboradores de la propia organización presentan candidatos que ellos consideran interesantes, por sus capacidades, ya sea en relación con una búsqueda concreta o no. También se los conoce por su denominación en inglés, *referral program.*
7 Web 1.0. La expresión hace referencia a la primera generación de Internet, basada en sitios, páginas web y portales. Esta denominación surge a partir de la creación de la Web 2.0. La característica principal de la primera generación web es que, en ella, la edición de contenidos está solo en manos de los creadores de los sitios, páginas, portales, en tanto que los restantes usuarios son solo lectores de dichos contenidos.

Usualmente se utilizan los sitios o páginas web organizacionales en los cuales se ofrecen diferentes posiciones vacantes, además de las web laborales y los sitios de consultoras de Recursos Humanos.

Reclutamiento 2.0. Conjunto de procedimientos para atraer e identificar a candidatos potencialmente calificados y capaces utilizando las posibilidades de la Web 2.0[8] a través de diferentes acciones.

En todos los casos, las acciones propuestas tienden a identificar a posibles candidatos para ocupar el puesto ofrecido, a fin de seleccionar a alguno/s de ellos para que reciba/n el ofrecimiento de empleo.

Según se explicara al inicio del capítulo, la atracción es una actividad constante, y el reclutamiento, puntual, cuando una necesidad surge. Según el tipo de reclutamiento y las circunstancias, se elegirán las fuentes más adecuadas. La idea se expresa en el gráfico siguiente.

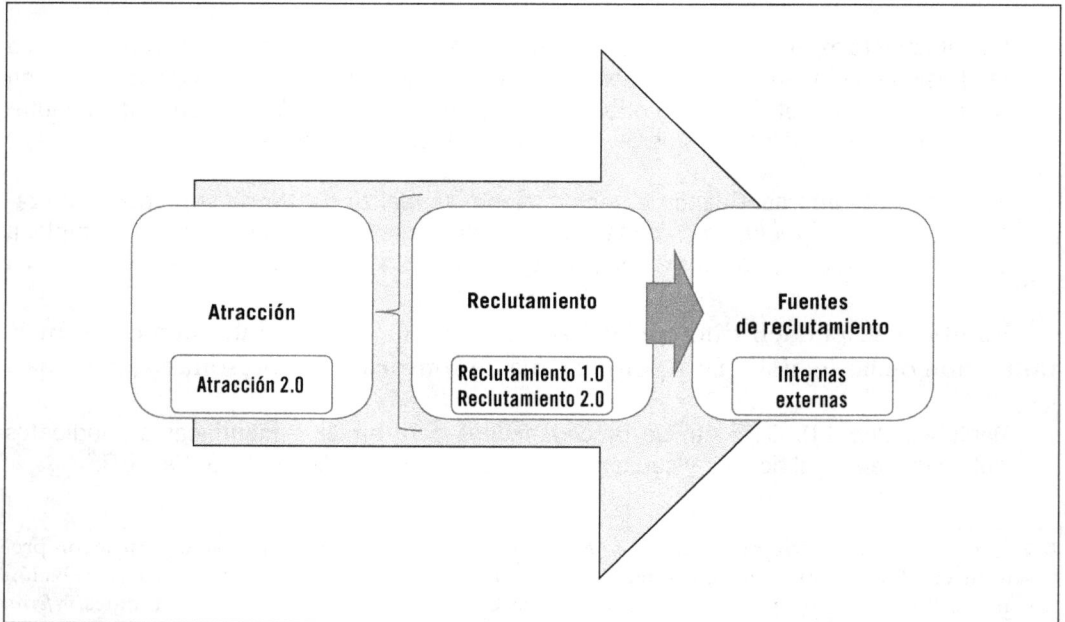

---

8 La expresión Web 2.0 hace referencia a una segunda generación de Internet, basada en comunidades de usuarios y una gama especial de servicios web, como redes sociales, blogs, microblogs, wikis, entre otros, que fomentan la colaboración y el intercambio ágil de información entre los usuarios.

Las fuentes de reclutamiento

La expresión "fuentes de reclutamiento" hace referencia a las opciones disponibles para obtener postulaciones en relación con el perfil de una búsqueda. Las fuentes de reclutamiento pueden ser internas o externas.

- Fuentes de reclutamiento internas: autopostulación (*job posting*), promociones internas.

- Fuentes de reclutamiento externas: anuncios, consultoras de personal, entre otras.

La elección de las fuentes es un arte del cual depende, en buena medida, el éxito del proceso de selección en su conjunto.

Otra forma de referirse a las fuentes de reclutamiento es la expresión "canales de acceso al mercado laboral".

Algunas definiciones:

Fuentes de reclutamiento externas. Conjunto de opciones disponibles en el mercado para obtener postulaciones.
Por ejemplo: bases de datos (en el área de RRHH, con antecedentes recibidos con anterioridad o participantes en selecciones anteriores), anuncios en periódicos e Internet, consultoras de Recursos Humanos, entre otras posibilidades.

Fuentes de reclutamiento internas. Conjunto de opciones disponibles dentro del ámbito de la propia organización para obtener postulaciones.
Por ejemplo: anuncios en la intranet para obtener autopostulaciones, base de datos de colaboradores (que puedan ser transferidos a otros puestos), entre otras posibilidades.

Las fuentes de reclutamiento son diversas; pueden ser internas o externas y, además, su elección puede diferir según el tipo de búsqueda a realizar y los usos y costumbres de cada lugar y organización. En la figura de la página siguiente se enumeran algunas de las posibles fuentes de reclutamiento, tanto internas como externas.

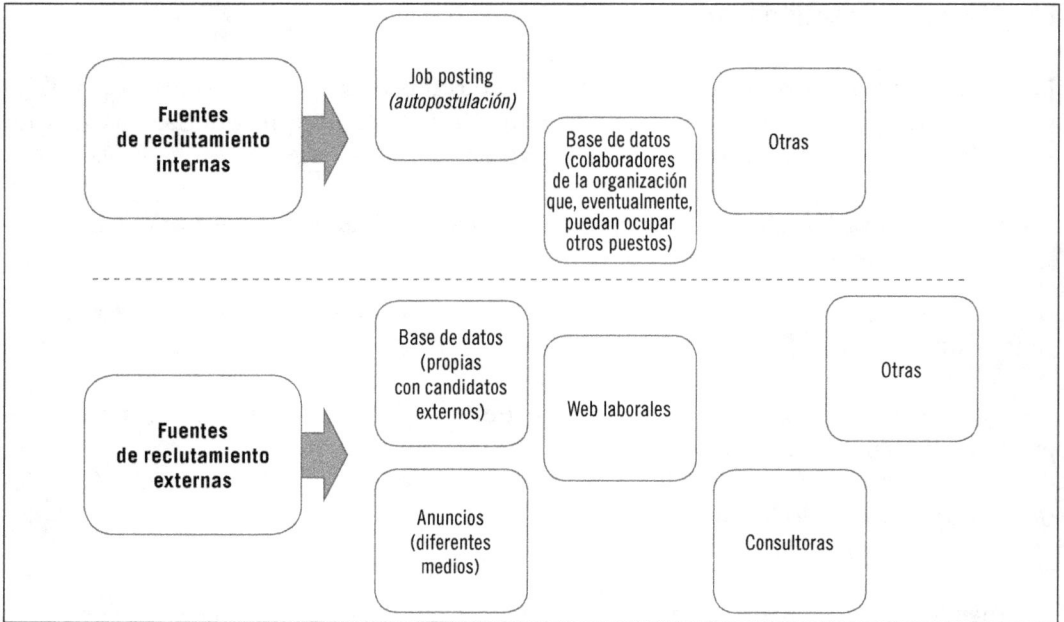

Primera revisión de antecedentes

Los antecedentes de una persona se analizan a partir de un curriculum vitae (CV) u hoja de vida en cualquiera de sus presentaciones actuales, desde un CV en papel (muy poco frecuente en la actualidad), el CV en formato digital como adjunto de un correo electrónico (o también como adjunto a información en una red social), el CV que surge de un perfil en Internet o de los datos incluidos en una web laboral específica, hasta los *videocurriculum*. En cualquiera de estas variantes, eventualmente también en otras, la información refleja la historia y conocimientos de la persona que confecciona el CV y lo presenta o publica, según corresponda.

Recepción y calificaciones iniciales

La recepción de candidaturas será por vías diversas, desde correos electrónicos hasta perfiles en la web y/o mensajes en las redes sociales, quizá todas ellas en una misma búsqueda. Es decir, se podrán recibir antecedentes en distintos formatos. Una recomendación inicial será agrupar todos los antecedentes en una carpeta digital, usualmente en el ordenador del selector. De este modo se simplifica la tarea a realizar y, además, responde a buenas prácticas para el cuidado del medio ambiente.

También habrá que recibir, organizar y clasificar las postulaciones espontáneas, que no responden a una búsqueda en especial.

Como ya se expresara, en el contexto actual las postulaciones se reciben a través de diferentes instrumentos, desde CVs adjuntos a un correo electrónico hasta links de perfiles publicados en la web.

En todos los casos, la revisión de antecedentes se realiza comparándolos con el *perfil de la búsqueda* –concepto ya explicado en párrafos previos, el cual hace referencia al conjunto de capacidades requeridas para un puesto de trabajo–. La comparación de dicha información es necesaria para realizar la selección del futuro ocupante del puesto. Puede incluir, además, factores adicionales.

En resumen, cualquiera sea la fuente a través de la cual se han obtenido los antecedentes (curriculum vitae, perfil en la web o consulta en una base de datos, ya sea propia o las denominadas web laborales), la información se coteja con lo requerido por el perfil de la búsqueda. La idea se expone en la figura al pie.

No será factible conocer a una persona solo por sus antecedentes, estudios, experiencia, etc. No obstante, esta información será el punto de partida para un análisis más completo, a posteriori. A partir de los requisitos excluyentes se podrá, rápidamente, clasificar las postulaciones en tres grandes grupos de candidatos: los

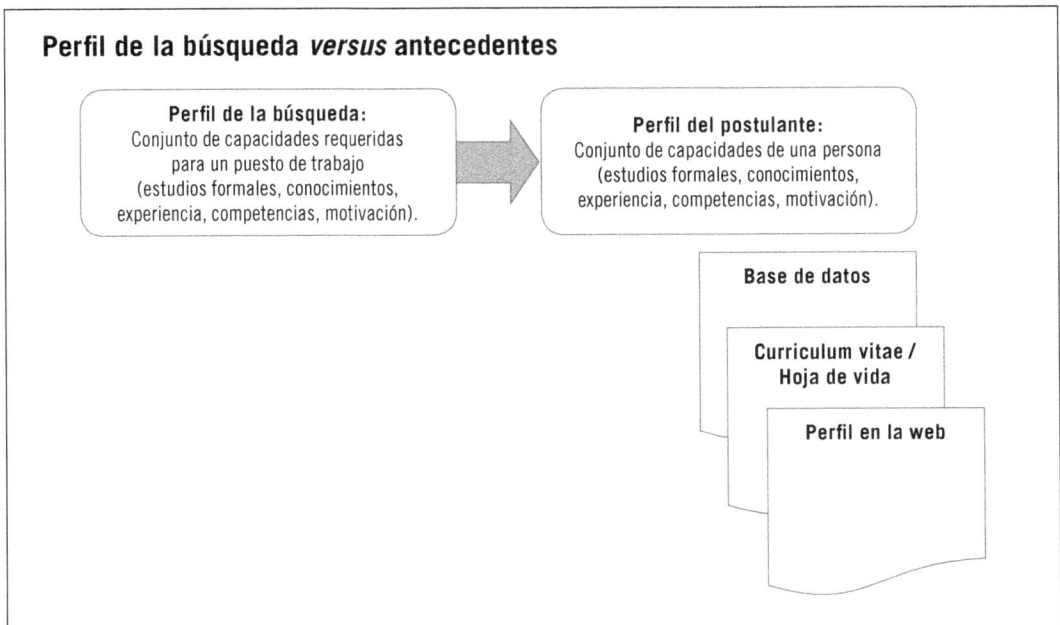

Perfil de la búsqueda *versus* antecedentes

Perfil de la búsqueda:
Conjunto de capacidades requeridas para un puesto de trabajo (estudios formales, conocimientos, experiencia, competencias, motivación).

Perfil del postulante:
Conjunto de capacidades de una persona (estudios formales, conocimientos, experiencia, competencias, motivación).

Base de datos

Curriculum vitae / Hoja de vida

Perfil en la web

Los requisitos excluyentes permiten clasificar postulaciones

Perfil de la búsqueda:
Conjunto de capacidades requeridas
para un puesto de trabajo
(estudios formales, conocimientos,
experiencia, competencias, motivación).

Perfil del postulante:
Conjunto de capacidades de una persona
(estudios formales, conocimientos,
experiencia, competencias, motivación).

Requisitos
excluyentes

Requisitos
no excluyentes

Competencias
dominantes

Sí	Dudosos	No
Perfil del postulante	Perfil del postulante	Perfil del postulante

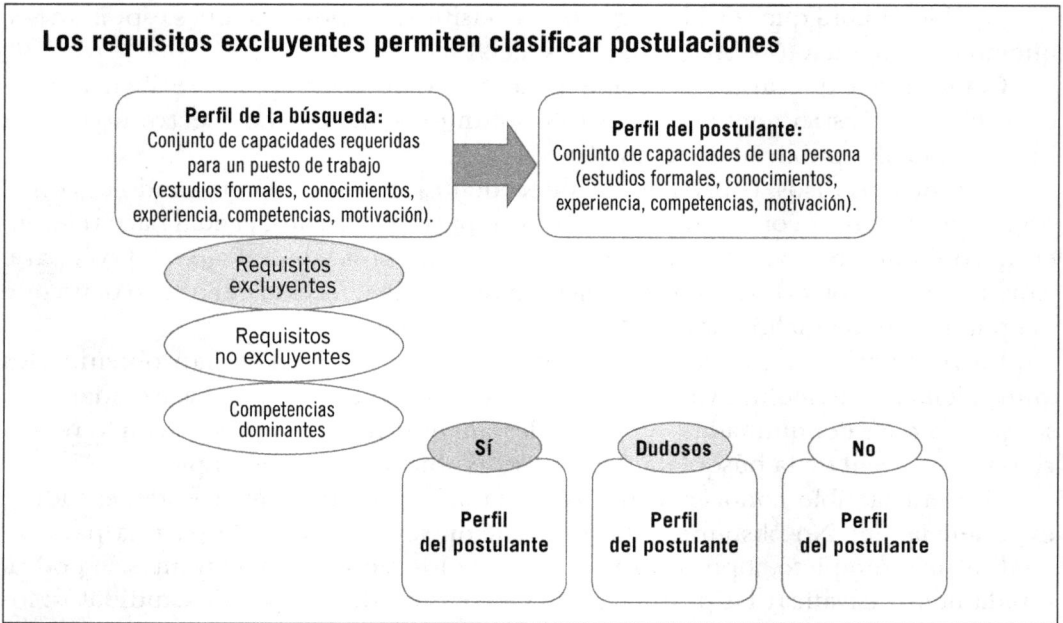

que "Sí" cumplen" dichos requisitos, los que "No" lo hacen, y los que están entre uno y otro grupo, que hemos denominado "Dudosos".

Otro análisis interesante en la revisión de antecedentes implica considerar la coherencia de la historia laboral. Algunos aspectos a tener en cuenta:

1. Tipo de empresa y rubro en el que se desempeña. En algunos casos esto podrá ser de relevancia e, incluso, definir la participación o no del postulante en el proceso de selección.

2. Continuidad cronológica y lógica en la dirección laboral, considerando en este análisis las circunstancias históricas y socioeconómicas del país/la región.

3. Rotación y/o movilidad laboral, considerando los aspectos anteriores como parte de dicho análisis.

Los aspectos anteriores no deberían ser determinantes, pero sí deben ser considerados para indagar al respecto más adelante, en una entrevista.

La entrevista

La entrevista es un diálogo que se sostiene con un propósito definido, donde entrevistador y entrevistado cumplen cada uno con un rol específico, estableciéndose entre ambos un canal de comunicación en un marco acotado por el tiempo y el tema a tratar. La palabra, los ademanes, las expresiones y las inflexiones concurren al intercambio de conceptos que constituye la entrevista.

En la entrevista existen dos roles perfectamente diferenciados: *Entrevistador* y *Entrevistado*.

La entrevista en Gestión por competencias

Cuando una organización ha diseñado un modelo de competencias[9], la entrevista explora las mismas, utilizando para ello dos documentos internos: el *diccionario de preguntas* y el *diccionario de comportamientos*. En el paso 1 se ha mencionado la asig-

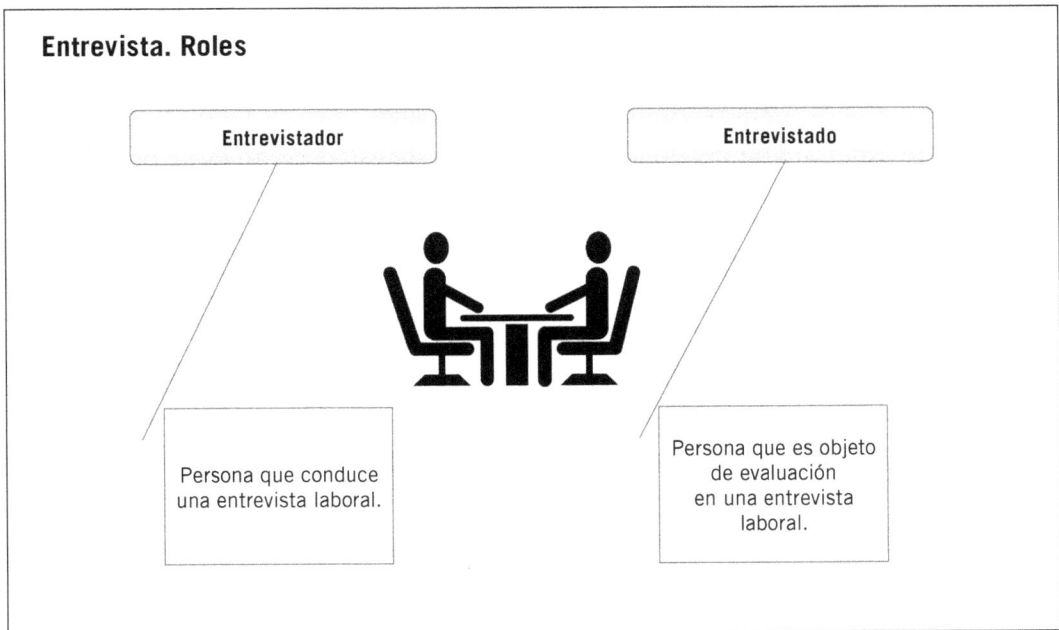

Entrevista. Roles

| Entrevistador | Entrevistado |

Persona que conduce una entrevista laboral.

Persona que es objeto de evaluación en una entrevista laboral.

---

9 En el Capítulo 1 se expusieron definiciones de algunos términos relacionados: capacidades, competencia, competencia cardinal, competencia específica, conocimiento, etcétera.

Esquema de la entrevista

El entrevistador formula preguntas...

El entrevistado relata hechos pasados (comportamientos) en relación con las preguntas que le formula el entrevistador.

Entrevistado

Entrevistador

nación de competencias a puestos, y serán estas, las correspondientes al puesto a ocupar, las que se evaluarán en el proceso de selección.

La entrevista por competencias es una entrevista estructurada que permite evaluar a un candidato que participa en un proceso de selección considerando, especialmente, sus competencias, a través de preguntas específicas.

En una entrevista un entrevistador realiza preguntas e indaga sobre ciertas cuestiones, por ejemplo:

- *Hola, ¿cómo llegó hasta aquí?*

- *Cuénteme sobre su historia laboral...*

Luego:

- Preguntas para explorar competencias.

- Otras preguntas.

- Explorar motivación.

- Cierre.

El entrevistador pregunta al entrevistado sobre su historia laboral, experiencia, conocimientos y otros aspectos del postulante, y además formula preguntas específicas para explorar acerca de las competencias que se desea evaluar. El entrevistador deberá, a lo largo de la entrevista, obtener hechos pasados relativos al postulante para evaluar los diferentes aspectos de interés, en especial la experiencia laboral y, también, conocimientos (cómo y dónde los aplicó).

¿Cómo explorar las competencias? Primero se le formulan al entrevistado las preguntas relacionadas con cada competencia a evaluar, utilizando para ello el *diccionario de preguntas*. A partir del relato obtenido –en respuesta a las preguntas– será posible observar comportamientos. Estos luego se comparan con los ejemplos definidos en el *diccionario de comportamientos,* y se establece la relación entre unos y otros para identificar el grado correspondiente observado para esa competencia en ese postulante determinado.

Las entrevistas pueden ser de diferente tipo, sin embargo, la más utilizada es la denominada *entrevista por competencias*. En todo tipo de entrevista se sugiere la utilización de diccionarios como herramientas de apoyo. Los diccionarios pueden ser elaborados a medida de la organización. Pero, en el caso de no contar con ellos, el entrevistador podrá utilizar una versión estándar de estos documentos[10]. La idea se expresa en el gráfico de la página siguiente.

En un *diccionario de preguntas* usualmente se registran cuatro ejemplos de preguntas por cada competencia. Las preguntas no se formulan con relación al grado, sino a la competencia en su conjunto.

Como ya hemos dicho, a partir del relato obtenido como respuesta será posible observar (en el relato) comportamientos. Estos luego se comparan con los ejemplos definidos en el *diccionario de comportamientos* y se establece la relación entre unos y otros para identificar el grado correspondiente. Una entrevista por competencias, de algún modo, se parece a una entrevista al estilo tradicional, en la que se adicionan –a las diversas preguntas que el entrevistador desee formular– algunas preguntas específicas para medir competencias.

Usualmente, en una entrevista por competencias no se evalúan todas las competencias del puesto sino las que se consideran de mayor relevancia para esa búsqueda en particular. Allí surge el siguiente concepto a tener en cuenta:

---

10 En este capítulo se hace referencia a los diccionarios diseñados a medida de la organización. No obstante, el lector podrá consultar y tomar como guía y referencia los libros de Martha Alles publicados por Ediciones Granica, con títulos similares a los de estos documentos internos. Estas obras son: *Diccionario de competencias. La trilogía. Tomo I; Diccionario de comportamientos. La trilogía. Tomo II*, y *Diccionario de preguntas. La trilogía. Tomo III*.

Entrevista por competencias

Entrevistador	Entrevistado
Formula preguntas específicas para evaluar competencias	Al responder las preguntas, relata comportamientos

| Documento a utilizar: diccionario de preguntas | Los comportamientos observados se correlacionan con el *Diccionario de comportamientos* |

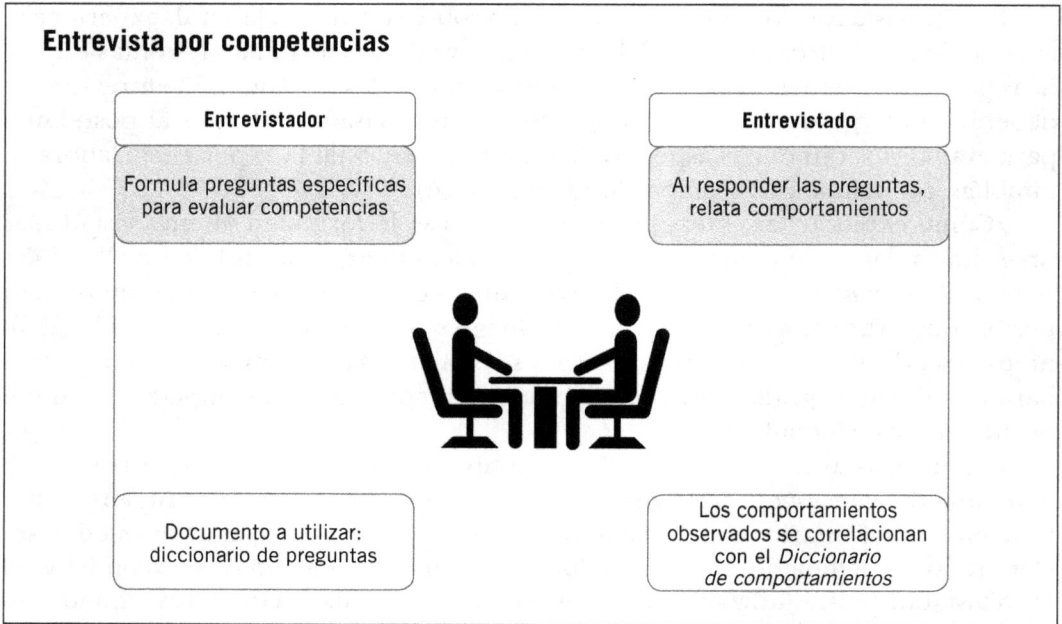

Competencia dominante. Este concepto, que se aplica en selección de personas, hace referencia a aquellas competencias que por alguna razón son consideradas más relevantes para ese proceso de selección en particular y que, por lo tanto, se utilizan para planear la entrevista.

Se recomienda determinar en cada caso y con el futuro jefe (cliente interno desde la perspectiva del área de Recursos Humanos) cuáles son las competencias dominantes.

En resumen

Antes de la entrevista, en función del perfil de la búsqueda y, dentro de este, las competencias que se haya decidido medir, el entrevistador podrá seleccionar preguntas relacionadas en el *diccionario de preguntas*.

Durante la entrevista, formulará las preguntas y observará comportamientos en el relato del entrevistado. También, será posible preparar preguntas para medir valores.

Por último, cotejará los comportamientos observados en el relato del entrevistado con el *diccionario de comportamientos* y así podrá determinar el grado identificado en el postulante para cada competencia analizada.

La mencionada *entrevista por competencias*[11] podrá ser realizada tanto por los especialistas en Recursos Humanos como por los futuros jefes de los participantes en un proceso de búsqueda.

Evaluaciones específicas

En un proceso de selección podrían aplicarse otros tipos de evaluaciones, además de la entrevista ya mencionada.

La denominación "evaluaciones específicas" hace alusión a que estas se realizan con un propósito muy concreto, determinado con precisión. Las distintas instancias descritas hasta aquí permiten, en la mayoría de los casos, contar con la información necesaria para tomar una decisión respecto de uno o varios candidatos. No obstante, muchas veces, se desea profundizar sobre algún aspecto en particular.

Entre las más usuales podemos mencionar las evaluaciones técnicas específicas o de conocimientos. Sin embargo, no se realizan en todos los casos, ya que en la mayoría de los procesos de selección los conocimientos se evalúan en la primera selección.

Además, muchas veces, el futuro jefe formula algunas preguntas en el transcurso de su entrevista para despejar aspectos de conocimientos. No obstante, en ocasiones, podrá ser necesaria una evaluación adicional o más profunda, por parte de un especialista.

Las *evaluaciones psicológicas*, por su parte, tienen como propósito evaluar actitudes, personalidad y potencial de desarrollo, entre otros aspectos.

Por último, una herramienta muy utilizada en selección son las actividades de *Assessment Center Method* (ACM).

Definiciones a tener en cuenta:

Evaluador. Persona que, sobre la base de criterios definidos previamente, emite un juicio sobre otra. Ejemplos:

1. El jefe es el evaluador de sus colaboradores en la evaluación del desempeño.

2. Los evaluadores en una evaluación de 360° son el jefe, los pares y colaboradores y, además, se considera la autoevaluación que la propia persona realiza respecto de su desempeño.

---

11 La implementación de las entrevistas como herramientas permitirá que sean utilizadas tanto por el selector como por el futuro jefe del potencial colaborador. Ver la obra *Las 50 herramientas de Recursos Humanos que todo profesional debe conocer*, específicamente las herramientas número 21 y 22.

Evaluaciones específicas. Mediciones que se realizan frente a una situación en particular. Pueden referirse a conocimientos, a competencias, o a ambos conceptos.

- Para medir competencias y valores se pueden mencionar: *entrevista por competencias, BEI o entrevista por incidentes críticos, Assessment Center Method, y fichas de evaluación,* entre las más difundidas.

- Para medir conocimientos se pueden mencionar: *entrevista con preguntas específicas sobre conocimientos, examen de conocimientos, y fichas de evaluación,* entre las más difundidas.

Cómo comparar a los diferentes postulantes en un proceso de selección

El resultado de la comparación entre el perfil de la búsqueda y el perfil del postulante será el factor para decidir una incorporación.

Luego de las distintas instancias de evaluación de postulantes, será posible –a partir de esta información– definir para cada postulante un perfil, denominado "perfil del postulante".

Esta expresión se utiliza para designar al conjunto de capacidades de la persona, incluyendo sus estudios formales, conocimientos, competencias y experiencia, así como su motivación tanto en relación con su carrera como para el cambio laboral.

El selector responsable del proceso comparará a los distintos postulantes respecto de los diversos ítems que componen el perfil de la búsqueda.

Analizar si una persona es adecuada para un puesto implica siempre considerar los requisitos para ocuparlo. Esta afirmación se relaciona con cualquier nivel o puesto dentro de una organización.

Los requisitos siempre serán una mezcla de conocimientos, experiencia, competencias y motivación. Cambiarán los términos de esa mezcla o fórmula, pero los elementos constitutivos siempre deben estar en consideración, en la proporción requerida para cada caso.

Dentro del ámbito de las organizaciones, ya sea una búsqueda interna o externa, una promoción o cualquier otra situación, la comparación del futuro ocupante de un puesto con la posición a cubrir deberá incluir, como mínimo, los siguientes elementos para un correcto análisis: conocimientos (incluye estudios formales), experiencia, competencias y motivación. La idea se expresa en la figura de la página siguiente.

En cuanto a la motivación, se deberán incluir en el análisis diversas cuestiones. Desde las económicas hasta otras que podrán variar según el caso y según corresponda: un jefe muy exigente, muchas horas de trabajo, una mudanza a otra ciudad,

Cómo analizar postulantes a un puesto de trabajo

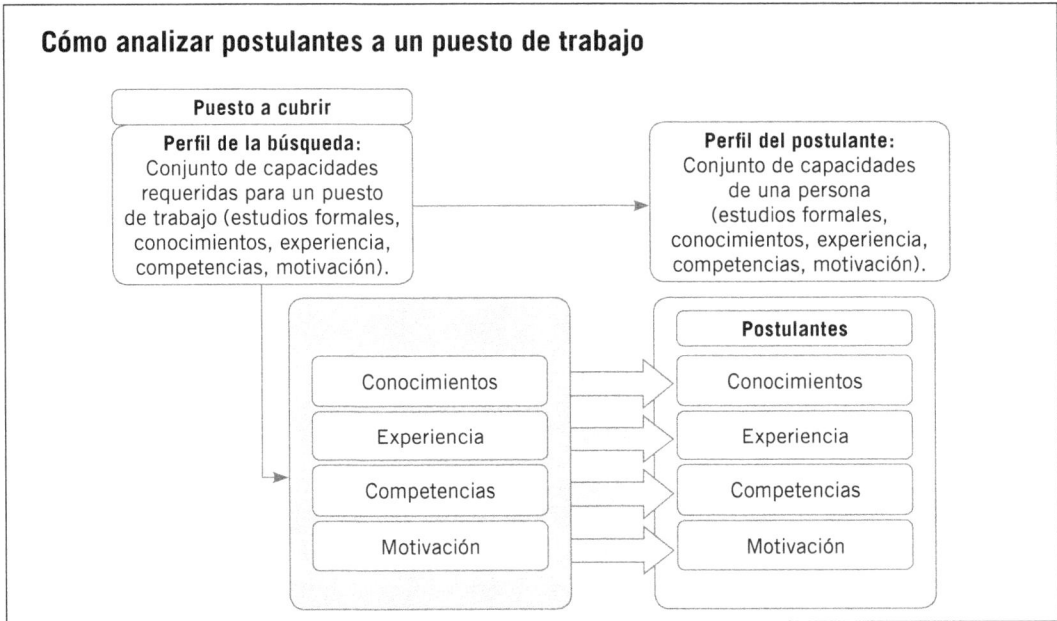

Puesto a cubrir

Perfil de la búsqueda:
Conjunto de capacidades requeridas para un puesto de trabajo (estudios formales, conocimientos, experiencia, competencias, motivación).

Perfil del postulante:
Conjunto de capacidades de una persona (estudios formales, conocimientos, experiencia, competencias, motivación).

Conocimientos

Experiencia

Competencias

Motivación

Postulantes

Conocimientos

Experiencia

Competencias

Motivación

un cambio de horario inconveniente, un ambiente de trabajo con ciertas características, factores que pueden ser positivos, negativos o más complejos, y que son percibidos de manera distinta por personas diferentes.

También, deberán tomarse en cuenta las motivaciones para el cambio de trabajo y de carrera personal de los postulantes (carrera, proyectos personales, visión de futuro, etc.) y cotejarlas con las reales posibilidades del puesto y de la organización.

Confirmación de información previa al ingreso (referencias laborales)

Cada organización debe fijar una política sobre el pedido de referencias, cómo llevarlas a cabo y qué preguntar o indagar en cada caso, siempre respetando las leyes vigentes en cada país o región. El responsable del proceso de selección debe actuar muy cuidadosamente en esta instancia, para salvaguardar la confidencialidad del proceso en general y del pedido de referencias, en particular.

La expresión referencias laborales se utiliza para denominar a los comentarios sobre una persona emitidos por otra, idealmente ex jefe/s, con el/los cual/es trabajó en el pasado.

Cuando sea posible, siempre será una buena idea hablar con los jefes anteriores del candidato elegido como finalista. En todos los casos, antes de pedir referencias de cualquier tipo, una buena práctica es informar al involucrado respecto de dicha solicitud.

Incorporación de nuevos colaboradores

Una vez decidida la incorporación de una persona, varios pasos serán necesarios, desde la negociación de la oferta hasta el proceso de admisión y la inducción a la organización y al puesto de trabajo. Detallaremos a continuación los aspectos más importantes.

Negociación en un proceso de selección

Negociación es la acción de tratar con otra persona –o varias– una serie de aspectos con el propósito de llegar a un acuerdo, satisfactorio para ambas partes.

La negociación, con relación a un proceso de selección, se realiza mediante conversaciones entre un representante de la organización, usualmente una persona del área de Recursos Humanos, y el postulante seleccionado para ocupar la nueva posición, con el propósito de lograr una incorporación satisfactoria para ambas partes, dentro de las políticas organizacionales.

Componentes de la negociación:

- Las partes que deben negociar: el futuro colaborador y el empleador.

- El objeto de la negociación: lo más frecuente, las condiciones de contratación.

- El lugar de la negociación: usualmente, las oficinas del empleador.

- Los elementos de la negociación: información disponible para cada una de las partes.

En la negociación es esencial la comunicación, que incluye desde el intercambio verbal hasta la información concreta a utilizar. El resultado se materializará en un documento: la oferta por escrito.

La negociación deberá ser llevada a cabo por la persona más adecuada en cada caso: el futuro jefe o el responsable del proceso de selección; también un consultor podrá negociar y presentar ofertas. En cada caso se debe identificar la opción más adecuada.

En ocasiones, los postulantes participan en procesos de selección como un camino para, eventualmente, obtener mejoras en su remuneración en su empleo actual, es decir, no poseen un genuino propósito de cambio laboral. El responsable del proceso de selección deberá ser cuidadoso y estar atento cuando se producen idas y vueltas con las ofertas económicas. Hay casos en que el futuro empleador propone una remuneración más alta porque el candidato recibe contraofertas económicas en su trabajo actual. Cuando esto sucede, quizá sea preferible no incorporar a esa persona, porque con frecuencia este tipo comportamiento se repite, y de ser así, será en la nueva organización.

¿Qué hacer cuando los candidatos piden *hiring bonus* (bono de contratación) o primas de pase? Es un tema delicado y se deberá analizar cada caso en particular.

Algunas posibilidades. Un candidato con un *bonus* devengado; en un caso así no querrá perderlo, por lo cual sería razonable contemplar dicha situación. En ese supuesto, el *hiring bonus* será solamente una compensación de un *bonus* ya ganado por él en otra organización.

¿Qué hacer con las primas de pase, entendiendo por este concepto valores que excedan el pago de un *bonus* ya ganado y que incluyan otros intangibles, como compensación, por ejemplo, por el riesgo que se asume en el cambio de una organización a otra, de una grande a una pequeña, de una multinacional a otra que no lo es, etc.? En primera instancia, no parecen una política aconsejable.

Un CEO debería analizar y sopesar con mucho cuidado todas las implicancias de una situación como esta. En el caso de aceptar pagar una compensación adicional por este motivo, habrá que dejar en claro que se trata de un caso excepcional y que no forma parte de la política de la organización.

Oferta por escrito

El término "oferta" hace referencia a las condiciones laborales y económicas que se ofrecen a un nuevo colaborador.

La oferta por escrito es el documento que expide una organización en el momento de hacer una oferta laboral a una persona, donde se consigna información referida al puesto a ocupar por el nuevo colaborador y los aspectos económicos relacionados. Usualmente es firmada por una persona responsable de la organización y por el futuro empleado.

La oferta por escrito refleja la propuesta acordada entre la organización y el futuro colaborador. Los factores relacionados con la futura relación laboral consignados en ese documento son: puesto a ocupar, principales responsabilidades y tareas, remuneración, fecha de ingreso, solo por citar algunos elementos que componen la propuesta.

En cuanto a la formalización de ofertas, en todos los casos será conveniente que estas sean revisadas por el departamento legal o el abogado de la compañía, según corresponda. En ocasiones y según las circunstancias, se podrá contar con un esquema estandarizado, diseñado de acuerdo con las leyes vigentes.

Si bien la oferta por escrito es considerada entre las buenas prácticas organizacionales, su grado de utilización es dispar. En muchos países de Latinoamérica, entre ellos Argentina, la tendencia a adoptarla es creciente.

El ingreso a la organización

En relación con el ingreso de un nuevo colaborador a la organización, la empresa deberá definir uno o varios procedimientos estandarizados, según corresponda, con una indicación detallada de los pasos a seguir. Adicionalmente, las políticas organizacionales deberían considerar diferentes aspectos relacionados tanto con el uso de los bienes de la organización como con el cuidado del capital intelectual y muchos otros factores que intervienen en la relación empleador-empleado. Entre otras medidas, y según las circunstancias, se podrían firmar acuerdos de confidencialidad.

Cuando estas buenas prácticas se han implementado, por un lado, se simplifica el ingreso de los nuevos colaboradores y, por otro, se disminuyen los riesgos de problemas futuros.

En las etapas finales de un proceso de selección de un nuevo integrante de la organización es usual cubrir ciertos aspectos formales de la relación que, usualmente, estarán a cargo del área de Administración de Personal. Entre los pasos más frecuentes se pueden mencionar: formulario o ficha de ingreso, y pruebas o exámenes adicionales, como revisiones médicas, estudios ambientales y otra documentación que se considere necesaria.

Las buenas prácticas indican que los pasos a seguir deberán ser los mismos para todos los ingresantes; de hacerse alguna segmentación, deberá responder a algún criterio explícito. Por ejemplo: a los colaboradores que trabajen en un área o función en particular (Laboratorio, solo por dar un ejemplo) se les pedirá "x" documentación. De ese modo, no se podrá acusar a la organización de un uso discrecional de las diferentes prácticas, evitando eventuales problemas.

Los estudios médicos realizados antes que el colaborador ingrese a la organización podrán ser utilizados para determinar de que el aspirante califica respecto de los requerimientos físicos de la posición, o para descubrir si existe alguna limitación médica que deba tenerse en cuenta. El examen, al identificar problemas de salud, puede además reducir el ausentismo y los accidentes, y detectar enfermedades transmisibles que incluso podrían ser desconocidas por el aspirante. En todos los casos se deberá tener en cuenta las políticas organizacionales y las normativas vigentes en el país o región.

Con frecuencia, en las organizaciones con muchos empleados existen departamentos médicos internos que realizan este tipo de exámenes; otras más pequeñas contratan el servicio a profesionales externos.

Como ya se expresara con relación a otros temas del capítulo, siempre será adecuado revisar los pasos a seguir con el departamento legal o el abogado de la compañía, definiendo, dentro de lo posible, procedimientos estándar, y realizar consultas específicas cuando sea necesario.

Inducción a la organización y al puesto

La etapa inmediatamente posterior al ingreso de una persona será clave para la relación que se establezca entre el nuevo colaborador y la organización en cuestión. Esta etapa se denomina *inducción.*

La inducción es un puente entre el momento en que la persona inicia la relación laboral y cuando se hace cargo efectivamente de su puesto. Esta instancia es necesaria para que cada colaborador se interiorice tanto respecto de la nueva organización como de las funciones y responsabilidades que tendrá.

En resumen, la inducción hace referencia a actividades formativas mediante las cuales se le presenta a un nuevo colaborador la organización y el puesto de trabajo. Usualmente se divide en dos partes:

- Inducción a la organización.

- Inducción al puesto.

La inducción al puesto debiera realizarse también en otras instancias organizacionales; por ejemplo, en las promociones internas.

Algunas definiciones necesarias:

Inducción a la organización. Actividad estructurada, usualmente a cargo de Recursos Humanos, en la cual se presenta a un nuevo colaborador la historia de la organización, sus características principales, objetivos, productos y/o servicios, misión y visión, políticas y toda otra información que le permita al nuevo colaborador conocer lo más profundamente posible su nuevo lugar de trabajo.

Inducción al puesto. Actividad estructurada o no, usualmente a cargo del jefe directo, en la cual se le explica al nuevo colaborador sus principales responsabilidades y tareas, procedimientos específicos en relación con la función, uso de maquinarias u otros equipos o herramientas necesarias para realizar su trabajo.

Asimismo, la inducción al puesto incluye desde la entrega de ropa de trabajo (si corresponde) hasta la presentación ante sus nuevos compañeros y demás indicaciones relacionadas con la vida cotidiana en el puesto.

La inducción es una función, dentro del área de Recursos Humanos. En ocasiones, dichas responsabilidades se asignan al sector responsable de Selección –cuando el área de RRHH está dividida en diferentes sectores o subáreas– y, en la mayoría de los casos, se las ubica junto con Capacitación y/o Formación. En cualquiera de las dos situaciones descritas, la inducción en sí misma forma parte del proceso de selección. Todas las personas, cualquiera sea su nivel, deberían tener la posibilidad de recibir este tipo de actividad formativa inicial.

La inducción es un proceso formal, tendiente a familiarizar a los nuevos empleados con la organización, sus tareas y su lugar de trabajo. Usualmente se realiza después del ingreso de la persona a la organización. El tiempo invertido en la inducción de un nuevo colaborador es un factor fundamental de la relación futura.

Cada organización puede hacerlo en forma diferente, según su estilo y cultura. Debe existir de un modo u otro. Las empresas recurren a diferentes formatos, en ocasiones combinándolos para alcanzar un mejor resultado. Por ejemplo: un folleto, un curso presencial u on line, videos en la intranet, etcétera.

Como hemos dicho, la inducción comprende dos instancias que, en la mayoría de los casos, tienen también diferente responsable: inducción a la organización e inducción al puesto.

La entrevista de seguimiento dentro de la inducción

Una buena práctica organizacional es acompañar a los nuevos colaboradores por medio de un plan concreto –a cargo del área de Recursos Humanos– para el seguimiento de su integración a la organización. Periódicamente, cada una determinada cantidad de semanas primero, cada varios meses luego, se sugiere averiguar cómo se siente y si se han cumplido o no sus expectativas al ingresar en la empresa, entre otros aspectos de interés.

DE LA BIBLIOTECA ALLES PARA SEGUIR LEYENDO

Libros específicos en relación con este capítulo

Para Formación:
– *Codesarrollo: una nueva forma de aprendizaje.* Ediciones Granica, Buenos Aires, 2009.
– *Desarrollo del talento humano. Basado en competencias.* Ediciones Granica, Buenos Aires, 2017.
– Para el diseño de actividades formativas: *Diccionario de comportamientos. La trilogía. Tomo 2.* Ediciones Granica, Buenos Aires, 2015.

Para Selección:
– *Elija al mejor.* Ediciones Granica, Buenos Aires, 2003. Nueva edición 2017.
– *Selección por competencias. Atracción y reclutamiento en las redes sociales. Entrevista y medición de competencias.* Ediciones Granica, Buenos Aires, 2016.
– Para preguntar: *Diccionario de preguntas. La trilogía. Tomo 3.* Ediciones Granica, Buenos Aires, 2015.
– Para, luego de las preguntas, analizar las respuestas: *Diccionario de comportamientos. La trilogía. Tomo 2.* Ediciones Granica, Buenos Aires, 2015.
– *Social media y Recursos Humanos.* Ediciones Granica, Buenos Aires, 2012.

Para Formación y Selección:
– Capítulos específicos sobre Formación y Selección en: *Dirección estratégica de Recursos Humanos. Volumen 1. Gestión por competencias.* Nueva edición. Ediciones Granica, Buenos Aires, 2015; *Dirección estratégica de Recursos Humanos. Volumen 2. Casos.* Nueva edición. Ediciones Granica, Buenos Aires, 2016.

Libros sobre temas generales de interés

– *Comportamiento organizacional.* Ediciones Granica, Buenos Aires, 2017.
– *Cuestiones sobre gestión de personas. Qué hacer para resolverlas.* Ediciones Granica, Buenos Aires, 2015.
– *Diccionario de términos de Recursos Humanos.* Ediciones Granica, Buenos Aires, 2011.
– *Las 50 herramientas de Recursos Humanos que todo profesional debe conocer.* Ediciones Granica, Buenos Aires, 2017.
– *La Marca Recursos Humanos.* Ediciones Granica, Buenos Aires, 2014.

Libros sobre Liderazgo

– *12 pasos para conciliar vida profesional y personal. Desde la mirada individual.* Ediciones Granica, Buenos Aires, 2013.
– *12 pasos para ser un buen jefe.* Ediciones Granica, Buenos Aires, 2014. Título anterior de esta obra: *Cómo ser un buen jefe en 12 pasos* (2008).
– *Cómo delegar efectivamente en 12 pasos.* Ediciones Granica, Buenos Aires, 2010.
– *Cómo llevarme bien con mi jefe y con mis compañeros de trabajo.* Serie Bolsillo. Ediciones Granica, Buenos Aires, 2009.
– *Cómo transformarse en un jefe entrenador en 12 pasos.* Ediciones Granica, Buenos Aires, 2010.
– *Conciliar vida profesional y personal. Dos miradas: organizacional e individual.* Ediciones Granica, Buenos Aires, 2016.
– *Rol del jefe.* Ediciones Granica, Buenos Aires, 2008.

Capítulo **3** = Paso **3**

Remuneraciones

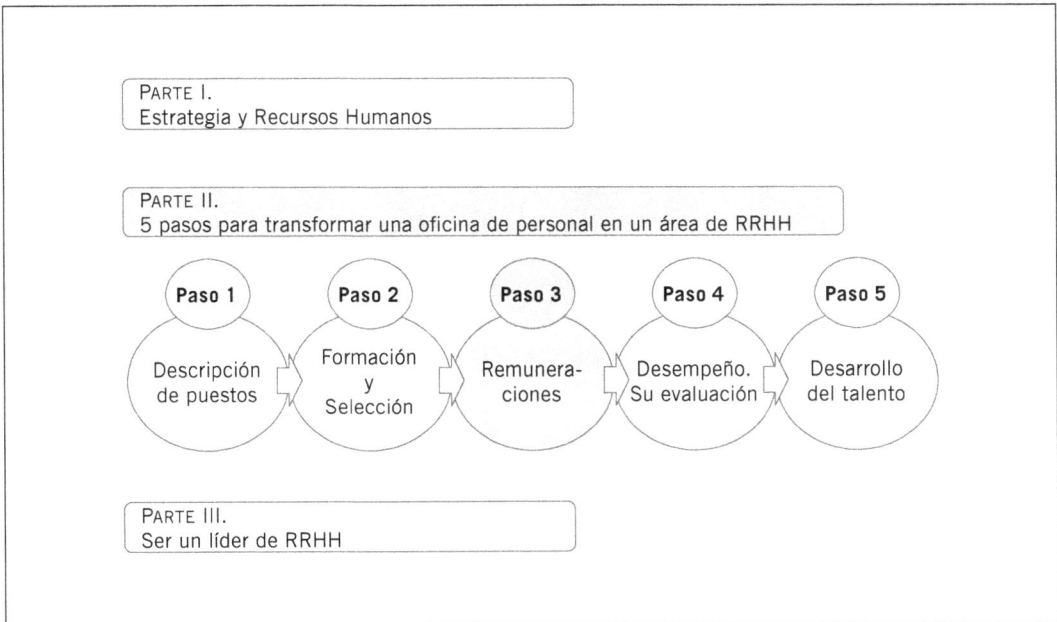

PARTE I.
Estrategia y Recursos Humanos

PARTE II.
5 pasos para transformar una oficina de personal en un área de RRHH

Paso 1	Paso 2	Paso 3	Paso 4	Paso 5
Descripción de puestos	Formación y Selección	Remuneraciones	Desempeño. Su evaluación	Desarrollo del talento

PARTE III.
Ser un líder de RRHH

Temas del capítulo:

- Remuneraciones. Su importancia
- Equidad interna y equidad externa en las remuneraciones
- Las encuestas de remuneraciones
- Puntuación de puestos
- Estructura de puestos
- Carrera gerencial y carrera especialista
- Remuneraciones variables
- Salario. Remuneración. Conceptos. Diferentes tipos y variantes

Remuneraciones. Su importancia

Los temas económicos involucrados en la relación laboral son muy importantes e implican diversas miradas. Por un lado, lo estrictamente económico en sí y, por otro, una suerte de unidad de medida de la valoración de las personas. Este doble componente incide con fuerza en la relación empleado-empleador y, a partir de allí, en todas las relaciones interpersonales en el ámbito organizacional.

Los aspectos económicos implican el salario junto con otros beneficios, algunos cuantificables y otros no, alrededor de la relación laboral.

El término *remuneraciones* hace referencia al manejo de todas las retribuciones económicas y beneficios dentro de una organización. También puede ser utilizado, dentro del área de Recursos Humanos, para denominar al sector específico responsable de este tema: sector de Remuneraciones.

Lo inherente al tema *remuneraciones*, al igual que el paso 1, *Descripción de puestos*, tiene relación e incidencia en todos los demás pasos.

Según se desprende de la figura inferior de la página siguiente, los descriptivos de puestos permiten la asignación de remuneraciones. A partir de esta circunstancia, las remuneraciones tienen relación con Selección, Formación, Desempeño y Desarrollo.

Definiciones relacionadas:

Remuneración. Es un valor compuesto por la sumatoria del salario mensual o quincenal, según corresponda, y otros beneficios que recibe el trabajador como retribución por su trabajo. Otra denominación: *salario.*

Remuneración anual. Sumatoria de las remuneraciones correspondientes a un año de trabajo.

Beneficios. El término "beneficio", cuando es utilizado en relación con remuneraciones, usualmente hace referencia a aquellas prestaciones que una organización ofrece a sus colaboradores más allá de aquello previsto por las leyes vigentes en el país o región y que, si bien pueden ser medidas en dinero, no son consideradas de esa forma.
Ejemplos: días adicionales de vacaciones, ciertos bienes o servicios que se adicionan al pago en dinero, etcétera.

Área / sector de Remuneraciones

En el Capítulo 0 vimos la ubicación ideal del área de Recursos Humanos en la estructura organizacional y las principales funciones del área. Cuando la magnitud

Paso 3. Remuneraciones

Paso 1	Paso 2	Paso 3	Paso 4	Paso 5
Descripción de puestos	Formación y Selección	Remuneraciones	Desempeño. Su evaluación	Desarrollo del talento

Paso 3

Remuneraciones

Remuneraciones. En este paso se concentran las diferentes gestiones y actividades en relación con la remuneración de los colaboradores, política retributiva y compensación salarial junto con los beneficios de cualquier tipo o especie. Implica valorar puestos (puntuación de puestos), realizar encuestas de remuneraciones, conocer los diferentes tipos de remuneraciones para elegir las mejores opciones en cada caso.

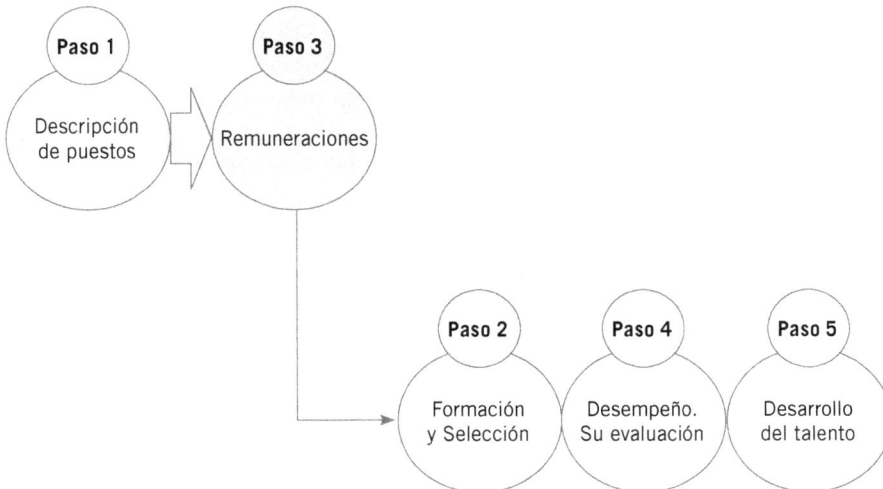

Paso 1

Descripción de puestos

Paso 3

Remuneraciones

Paso 2

Formación y Selección

Paso 4

Desempeño. Su evaluación

Paso 5

Desarrollo del talento

de la organización amerita la existencia de un área o sector específico para llevar a cabo la función de Remuneraciones, usualmente esta tiene a cargo las diferentes gestiones y actividades en relación con la retribución a los colaboradores de todos los niveles. Además, incluye el cuidado de la equidad interna y externa de las remuneraciones.

El cuidado de la equidad, tanto hacia el interior de la organización como con relación al mercado, es otro de los pilares de la buena relación entre el empleado y el empleador.

En algunas organizaciones, el área o sector de Remuneraciones puede llevar a cabo otras funciones adicionales, entre las cuales se puede citar el mantener actualizados los manuales o descriptivos de puestos de la organización (paso 1).

En la función Remuneraciones, dentro del área de Recursos Humanos, se concentran las diferentes gestiones y actividades en relación con la remuneración de los colaboradores de todos los niveles, desde la política retributiva y la compensación salarial hasta beneficios de cualquier tipo o especie.

Política retributiva

El término "política retributiva" hace referencia al conjunto de normas internas en relación con la retribución de todos los integrantes de una organización, incluyendo *remuneraciones* y *beneficios*.

La política retributiva debe ser objetiva. Para ello deben implementarse criterios cuantificables que garanticen la equidad de las compensaciones.

Los *descriptivos de puestos* deben ser la base de la política de remuneraciones. A partir de ellos será posible valorar y clasificar cada puesto o cargo.

Remuneraciones es uno de los subsistemas de Recursos Humanos que pueden ser auditados. La política retributiva se complementa con una comparación con el mercado, dando como resultado final el diseño de una estructura de remuneraciones.

La figura siguiente nos muestra, desde la descripción de puestos –Descriptivo, Análisis de puestos, Clasificación de puestos–, la preparación de la estructura de puestos y la puntuación de los mismos. A partir de la puntuación será posible la comparación con el mercado. Una vez realizada esta comparación y en base a todos los ítems previos mencionados, se hará el diseño final de la estructura de remuneraciones. Por último, se podrá auditar el subsistema Remuneraciones y Beneficios.

Política retributiva

```
Descriptivo        Estructura        Puntuación        Comparación
del puesto         de puestos        de puestos        con el mercado

Análisis                                               Diseño de la
de puestos                                             estructura de
                                                       remuneraciones

Clasificación                                          Diseño de la
de puestos                                             estructura de
                                                       remuneraciones
```

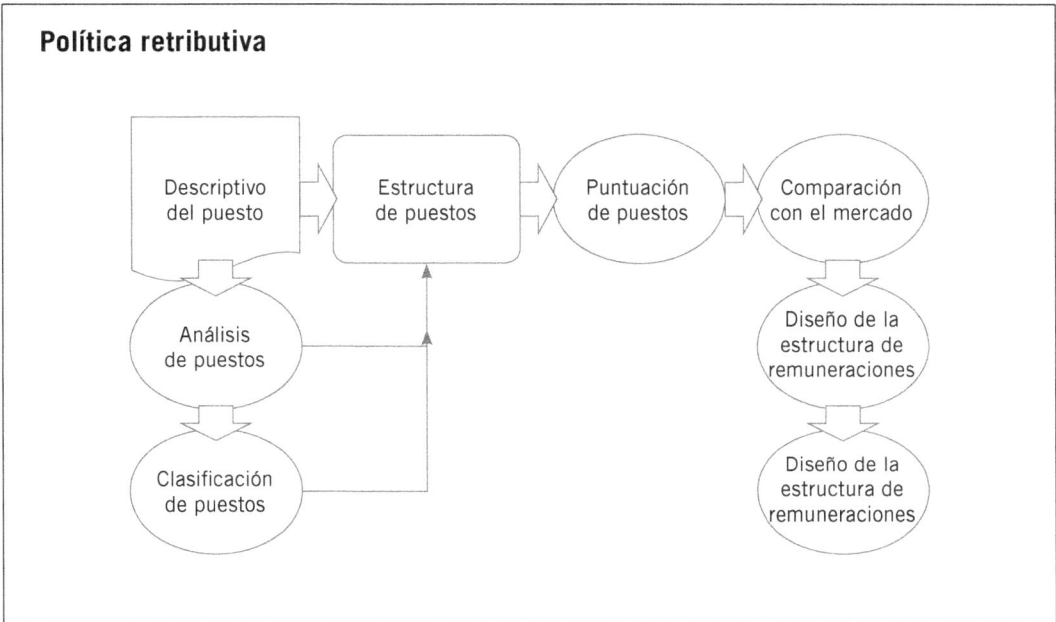

Equidad interna y equidad externa
en las remuneraciones

La equidad, tanto interna como externa, es un tema que preocupa a todos.

Vimos en el Capítulo 0 que velar por la equidad interna es uno de los roles de los jefes. Este cuidado incluye la equidad externa. Según el nivel del jefe en cuestión, quizá no está en su nivel de autoridad resolver algunas cuestiones en torno a este tema. Aún así, tiene un rol que cumplir, dentro de su equipo.

Más allá de que los jefes vean o no este tema como una función propia, la equidad los preocupa en su rol de jefes y, en ocasiones, por su propio interés particular en función de cómo es remunerado. También interesa a los colaboradores. El número 1 y la alta dirección tienen un rol adicional: el cuidado de la política retributiva en su conjunto.

Definiciones de los conceptos mencionados:

Equidad externa. Retribución justa en relación con los niveles de remuneraciones de las empresas del mercado, considerando el tipo de tareas, responsabilidades del puesto y similares características organizacionales.

Se relaciona con el subsistema de *Remuneraciones y beneficios* y con los distintos temas relacionados con *compensaciones, política retributiva*, etcétera.

Equidad externa	Equidad interna
Retribución justa en relación con los niveles de remuneraciones de las empresas del mercado, considerando el tipo de tareas, responsabilidades del puesto y similares características organizacionales.	Retribución justa en relación con otros puestos de la misma organización comparando tareas y responsabilidades de puestos en diversas posiciones.

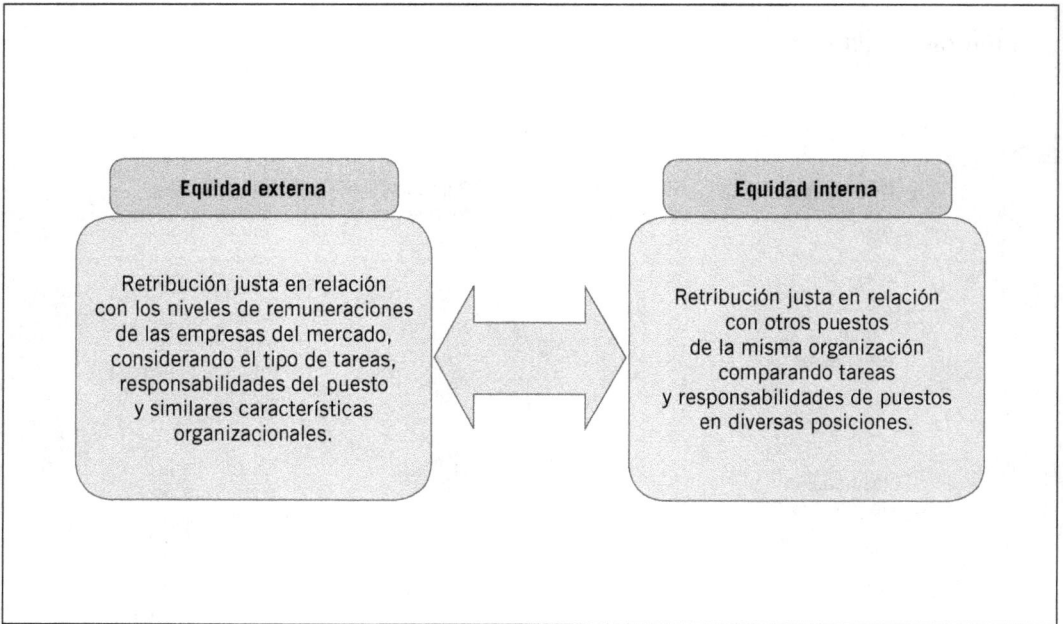

Equidad interna. Retribución justa en relación con otros puestos de la misma organización comparando tareas y responsabilidades de puestos en diversas posiciones.

Se relaciona con el subsistema de *Remuneraciones y beneficios* y con los distintos temas relacionados con *compensaciones, políticas retributivas*, etcétera.

Las encuestas de remuneraciones

Encuestas de remuneraciones. Diferentes tipos

Se denomina "encuesta de remuneraciones" al estudio cuantitativo comparativo sobre remuneraciones, que se realiza con el propósito de conocer los valores de mercado para un determinado grupo de puestos. Usualmente se incluyen beneficios.

La comparación con el mercado –de la ciudad, país, región o internacional, según corresponda– se realiza con el propósito de cuidar la equidad externa. Cuando los niveles de remuneraciones organizacionales difieren de manera significativa con el mercado generan algún tipo de problema. Niveles internos más altos podrán generar una baja en la rentabilidad. Niveles internos más bajos, podrán generar pérdida de colaboradores, incrementar la rotación, etc. Por ello, la palabra equidad (externa) es la más adecuada.

Una encuesta de remuneraciones puede reflejar la situación global del mercado o, por el contrario, confeccionarse de manera sectorizada por tamaño de las organizaciones participantes sobre la base de ciertas variables concretas o por segmentos de la economía.

Las encuestas de remuneraciones se pueden realizar de manera formal, es decir, por escrito, o bien pueden ser de tipo informal, a través de llamados telefónicos, aunque poniendo foco en la confiabilidad de la información.

Las encuestas se utilizan para comparar las remuneraciones organizacionales con el mercado. Para que esto sea posible, la organización debe tener descriptivos de puestos representativos (actualizados, que representen la realidad). En caso contrario, dicha comparación no brindará información pertinente.

Rango de remuneraciones

Se denomina "rango de remuneraciones" al valor comprendido entre dos extremos que expresan el nivel mínimo y máximo o superior correspondiente a un determinado estrato o categoría de colaboradores. Otras denominaciones: rango salarial, rangos de salario.

Este valor puede estar compuesto, además del salario, por otros conceptos o beneficios, tanto monetarios como de otra índole, los cuales –en su conjunto– componen la remuneración de una persona.

Una vez que se asignó un valor a cada puesto, por ejemplo, a través de la *puntuación de puestos,* será posible formar grupos de puestos y asignar a cada uno un nivel o rango de remuneración.

Cada rango o categoría tiene un nivel inferior (de remuneración) y un nivel superior, los cuales pueden superponerse con los de otras categorías; por ejemplo, un empleado que se encuentre en el extremo superior de su rango puede tener una compensación igual o superior a la de una persona que trabaje en un rango superior pero que se encuentre ubicada en el nivel inferior del mismo. La idea se expresa en el gráfico de la página siguiente.

A continuación, se verá la relación de los rangos de remuneraciones con la puntuación de puestos y la estructura de puestos.

Rangos de remuneraciones

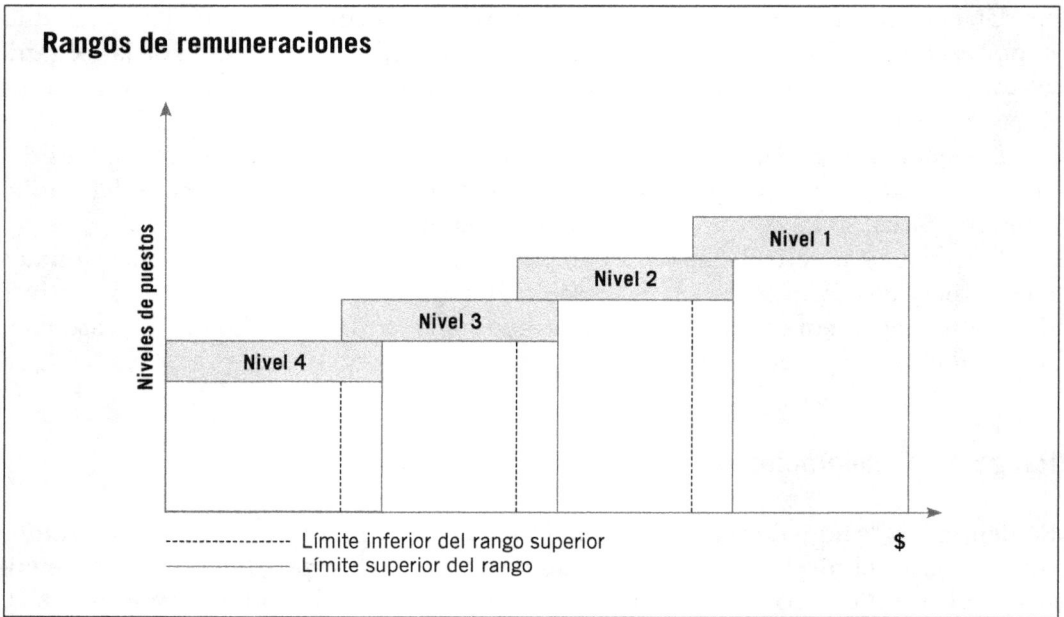

Puntuación de puestos

En el Capítulo 1 vimos que la puntuación de puestos es una manera de valorar las posiciones de la organización al asignar un cierto puntaje a determinados factores definidos previamente. Por lo tanto, se comienza por identificar los factores a considerar para luego realizar la valoración. Dichos factores tendrán en cuenta, fundamentalmente, las responsabilidades del puesto y sus tareas principales.

La asignación del puntaje a cada factor implica, en ocasiones, valoraciones que podrían considerarse como subjetivas. Para resolver esto se debe requerir la participación de un experto. Una vez que se asignaron los puntajes para cada uno de los ítems / factores, estos solo se modificarán frente a circunstancias extraordinarias, por ejemplo, cambios sustanciales de métodos de trabajo, modificación de la tecnología y otras situaciones de cambio que ameriten una revisión de la calificación.

La puntuación de puestos requiere, al inicio, un análisis detallado y minucioso de los factores a considerar para realizar la valoración de los distintos puestos organizacionales. Dichos factores deberán traducirse en valores numéricos. No será posible considerar aspectos subjetivos que no puedan ser plasmados en un factor cuantificable.

Una vez definidos estos criterios de valuación, cuando en el futuro se presente la necesidad de un nuevo puesto, su valoración será más sencilla al ser incluido en un esquema ya existente.

Puntuación de puestos
Identificar factores para la valoración

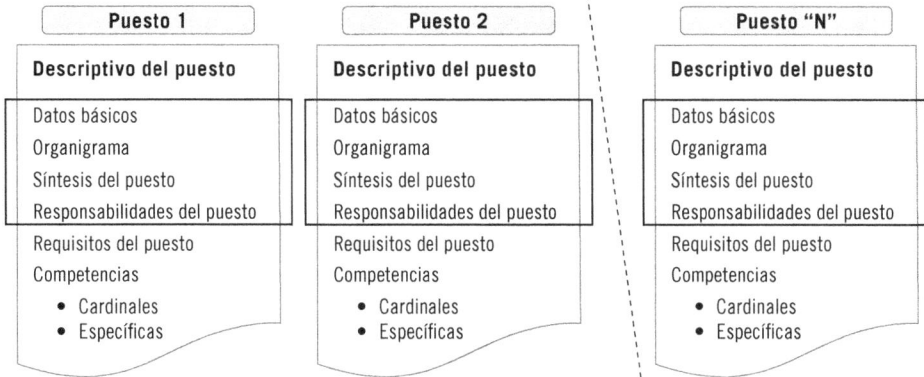

Puesto 1	Puesto 2	Puesto "N"
Descriptivo del puesto	**Descriptivo del puesto**	**Descriptivo del puesto**
Datos básicos	Datos básicos	Datos básicos
Organigrama	Organigrama	Organigrama
Síntesis del puesto	Síntesis del puesto	Síntesis del puesto
Responsabilidades del puesto	Responsabilidades del puesto	Responsabilidades del puesto
Requisitos del puesto	Requisitos del puesto	Requisitos del puesto
Competencias	Competencias	Competencias
• Cardinales	• Cardinales	• Cardinales
• Específicas	• Específicas	• Específicas

Puntuación de puestos
Definir una puntuación para cada puesto

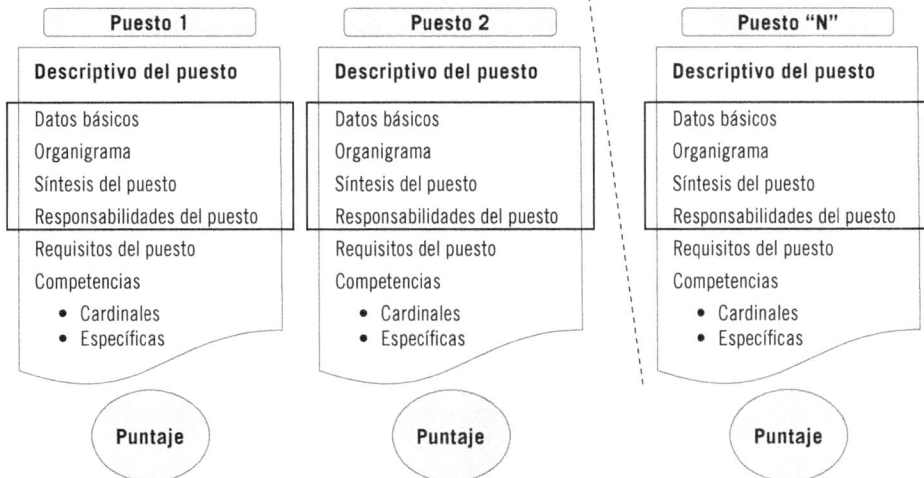

Puesto 1	Puesto 2	Puesto "N"
Descriptivo del puesto	**Descriptivo del puesto**	**Descriptivo del puesto**
Datos básicos	Datos básicos	Datos básicos
Organigrama	Organigrama	Organigrama
Síntesis del puesto	Síntesis del puesto	Síntesis del puesto
Responsabilidades del puesto	Responsabilidades del puesto	Responsabilidades del puesto
Requisitos del puesto	Requisitos del puesto	Requisitos del puesto
Competencias	Competencias	Competencias
• Cardinales	• Cardinales	• Cardinales
• Específicas	• Específicas	• Específicas
Puntaje	Puntaje	Puntaje

El resultado final será contar con un valor numérico total por cada puesto.

Como se vio en el Capítulo 1, cada puesto tendrá un puntaje final que permitirá diversas comparaciones, entre puestos similares de áreas diferentes, dentro de un mismo sector, etcétera.

Relación de la puntuación de puestos con los rangos de remuneraciones

La puntuación de puestos permitirá asignar rangos de remuneraciones.

Cuando se ha determinado un puntaje para cada uno de los puestos, se les asigna un nivel de remuneraciones. Puestos diferentes en una primera instancia, podrán contar con puntajes iguales o similares. De este modo se van relacionando los distintos puestos con los rangos de remuneración. La idea se expresa en la figura al pie.

En el gráfico siguiente los puestos 1 y 2 cuentan con un puntaje similar y ambos se encuentran en el nivel 4 en la escala utilizada para la preparación de los rangos de remuneraciones. Del mismo modo, los puestos 3 y 4 poseen puntajes similares y se les ha asignado el nivel 3 en la escala de remuneraciones.

Puntuación de puestos y rangos de remuneraciones

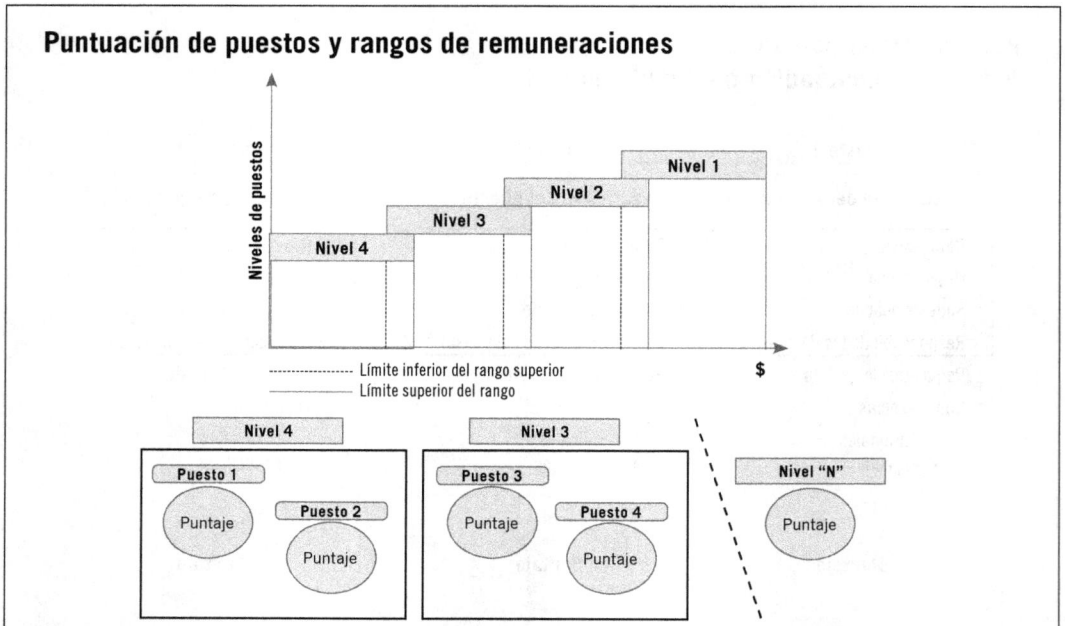

De este modo se relacionan puestos con rangos de remuneraciones, respetando la equidad interna mencionada previamente.

Una vez que se hayan realizado los pasos mencionados, será posible comparar los puestos y remuneraciones organizacionales con el mercado. Esto último solo será posible si las otras compañías utilizan valores similares para la realización de la mencionada puntuación.

En resumen, la puntuación de puestos aporta los siguientes beneficios:

- Permite comparar distintos puestos de la organización.

- Dicha comparación se realiza sobre la base de la suma de puntaje obtenida por cada uno, evitando así, en cierta medida, la subjetividad en el proceso comparativo. Esto contribuye a lograr la equidad interna.

- Permite la comparación entre aquellas organizaciones que implementan un sistema similar, a fin de lograr la equidad externa.

Estructura de puestos

En el Capítulo 1 vimos cómo se confecciona una estructura de puestos y sus aplicaciones. Una de ellas se relaciona con este capítulo: *determinación de remuneraciones.*

La *estructura de puestos* es un documento interno en el cual se exponen los diferentes niveles organizacionales junto con las principales responsabilidades y requisitos para ocuparlos. En la siguiente página se observa una figura que ya se expuso en el mencionado Capítulo 1, donde se mostraba la relación de la estructura de puestos con el organigrama organizacional.

Retomando algunos conceptos ya explicados, antes de la preparación de la estructura de puestos se realizan algunas acciones previas y/o se toma en cuenta documentación ya existente, según corresponda. La estructura reflejará la totalidad de los puestos organizacionales, la relación entre las distintas posiciones (puestos), sus niveles de decisión y responsabilidad, el alcance de las tareas a su cargo en cuanto a planes de corto, mediano o largo plazo, los conocimientos y capacidades necesarias para desempeñar cada uno de los cargos exitosamente, entre otros aspectos. Este conjunto de información permitirá el armado de una estructura de puestos representativa.

Como se expresó, uno de los fines de la estructura de puestos es la determinación de remuneraciones.

Cada nivel de la estructura de puestos representa un conjunto de puestos organizacionales que comparten ciertos factores comunes. La asignación del nivel de

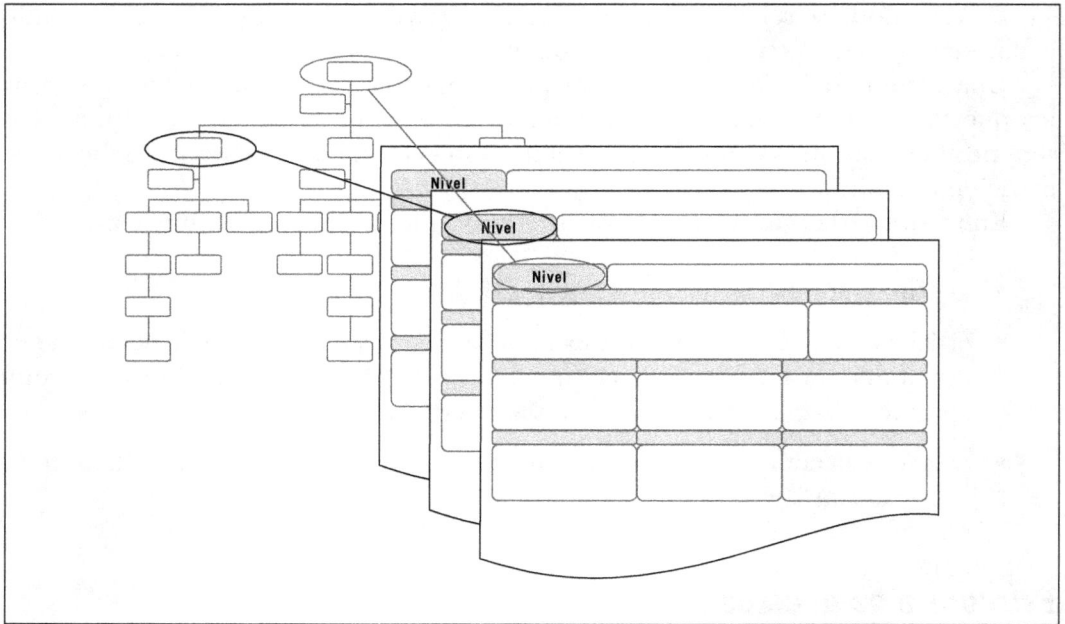

Antes de la confección de la estructura de puestos

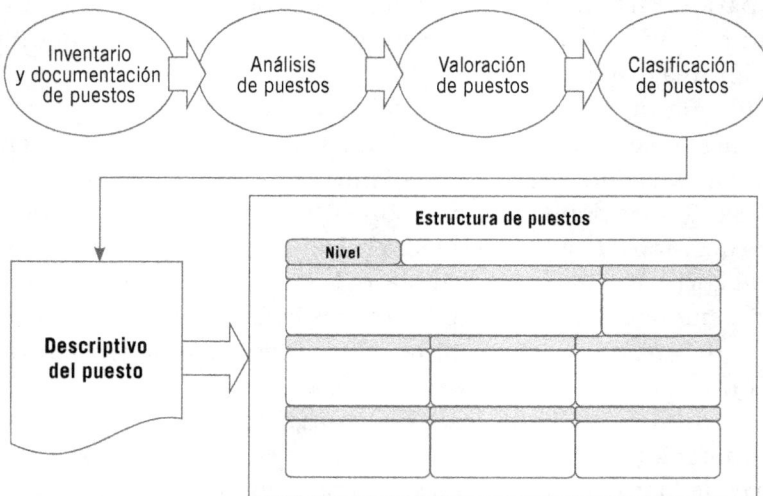

Inventario y documentación de puestos

Análisis de puestos

Valoración de puestos

Clasificación de puestos

Descriptivo del puesto

Estructura de puestos

Nivel

Estructura de puestos y rangos de remuneraciones

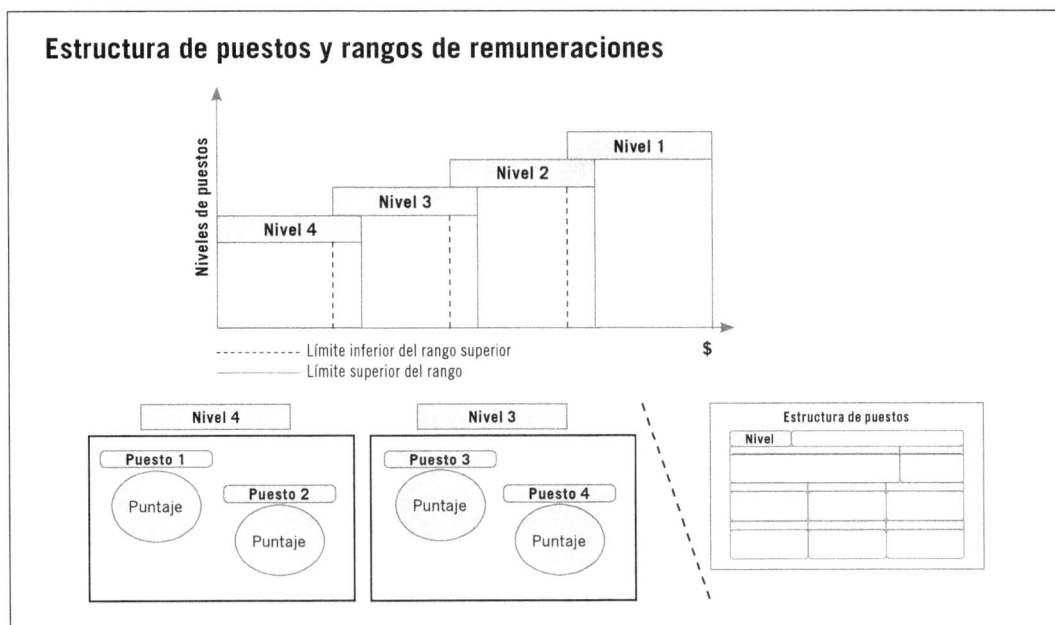

remuneraciones se realiza de acuerdo a esta agrupación de funciones. La idea se expresa en la figura precedente.

Cada nivel de la estructura de puestos se relaciona con un nivel en el rango de remuneraciones. Analizando el gráfico precedente, el nivel de la estructura de puestos al cual le corresponde el nivel o rango 4 en la escala de remuneraciones está un grado por debajo del que se ubica más a la derecha de la misma figura. Dicho nivel en la estructura de puestos es superior, por lo cual se lo vincula a un nivel o rango 3 de remuneraciones.

Según como se hayan diseñado las distintas escalas podrá darse que varios niveles de la estructura de puestos se ubiquen en el mismo rango de remuneraciones. No obstante, lo más frecuente es confeccionar la escala de rangos de remuneraciones a partir de la estructura de puestos. En un caso u otro, se define una correspondencia entre los niveles.

Estructura de remuneraciones

De todo lo visto hasta aquí, ya sea a través de la puntuación de puestos o de la confección de una estructura de puestos y, también, en algunos casos, de la aplicación combinada de ambos, el resultado final será la *estructura de remuneraciones organizacional.*

La expresión "estructura de remuneraciones" hace referencia al esquema interno que relaciona los diferentes puestos organizacionales con niveles de remuneración. La idea se muestra en la figura al pie.

Retomando los temas del inicio, el cuidado de la equidad interna y externa de las remuneraciones organizacionales se relaciona con múltiples aspectos que se han visto en el Capítulo 0 y otros, devenidos del sentido común.

Si la organización posee una estructura de remuneraciones alejada de los valores de mercado, sus mejores integrantes más temprano que tarde dejarán sus puestos actuales en pos de mejores oportunidades.

Si no se cuida la equidad interna, las relaciones jefe-colaborador y las de los colaboradores entre sí, en algún momento, se verán afectadas.

Lo expuesto hasta aquí no se trata solo de buenas prácticas sino de aspectos necesarios para tener en cuenta, desde todas las miradas. Desde el número 1, desde los jefes de todos los niveles y de los colaboradores en general. Todos, de un modo u otro, se verán afectados si hay un manejo deficiente en materia de remuneraciones.

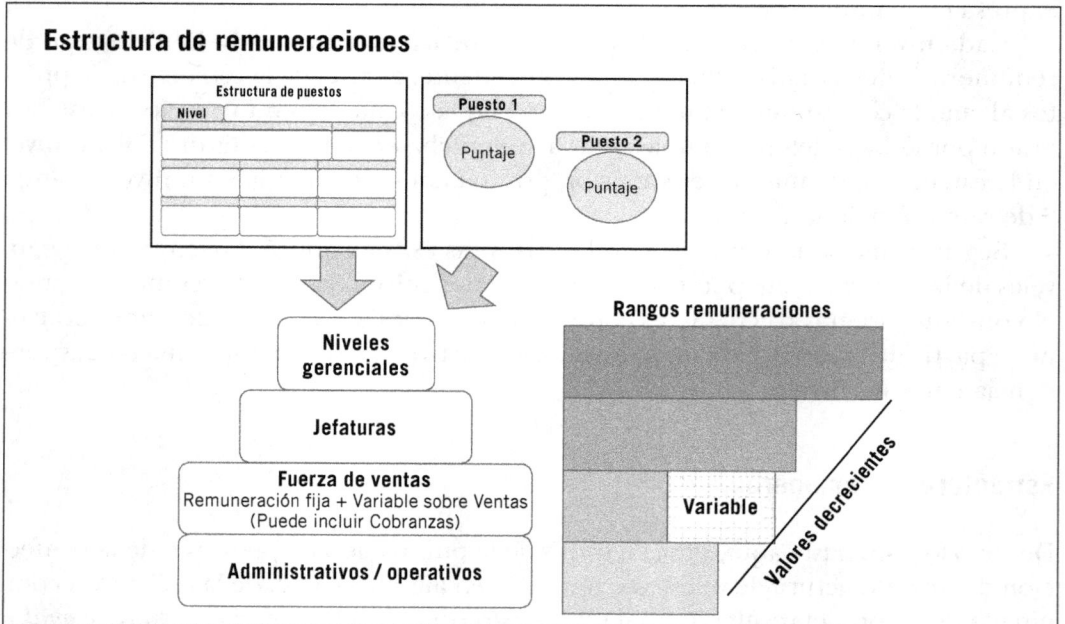

Estructura de remuneraciones

Carrera gerencial y carrera especialista

Uno de los programas internos para el desarrollo de personas es *Carreras gerencial* y *especialista*. Este programa, como otros que se verán en el paso 5, tienen su foco en el desarrollo. No obstante, este programa en particular posee –también– relación directa con las escalas / rangos de remuneraciones.

Una organización –independientemente del número de sus integrantes– requiere de directivos con altas capacidades gerenciales y, al mismo tiempo, necesita de especialistas en los distintos temas que atañen a sus actividades. Ambos se necesitan mutuamente, para –en conjunto– alcanzar los objetivos propuestos, y no es factible determinar cuál de estas categorías es la más importante. En la mayoría de los casos, unos no pueden desempeñarse sin los otros.

En resumen, las organizaciones necesitan contar con dos tipos de carrera, la de tipo gerencial y otra, donde el foco no está dado por el ascenso vertical sino por la profundización en un mismo puesto o especialidad, y en la que también será posible el crecimiento: hacer carrera como *especialista*.

La *carrera gerencial* es aquella que permite que una persona vaya recorriendo un camino ascendente hacia la dirección de la organización. No necesariamente implica que será el número 1 de toda la institución o un director de área, pero su carrera irá en esa dirección. En una carrera de este tipo, una persona joven puede iniciarse en un nivel no jerárquico y alcanzar un nivel gerencial luego de unos años; es decir, se prepara para ir creciendo profesionalmente y llegar a ser gerente o director en algún momento.

La *carrera como especialista* es aquella donde el foco está en el crecimiento en profundidad. Su diseño y definición brindan resultados altamente satisfactorios tanto para la organización como para los colaboradores involucrados. Es de gran utilidad y frecuente aplicación para las diferentes situaciones donde una persona, por ocupar un puesto de características muy específicas o por condiciones propias, hace una carrera profesional sin que esto implique asumir posiciones de tipo jerárquico o gerencial. La carrera como especialista le permite a la persona profundizar en un determinado tema para, como la denominación lo indica, transformarse en un experto con importantes conocimientos en un área de conocimiento útil para la organización.

Como decíamos, el diseño de estas carreras tiene una relación directa con las remuneraciones. La idea se expresa en la figura de la página siguiente.

La división de las carreras en *gerencial* y *especialista* simplifica varias cuestiones, clarifica y pone en perspectiva las diferentes funciones organizacionales.

En ocasiones, las organizaciones denominan "gerente", "vicepresidente", etc. a personas que ocupan puestos en los cuales no tienen gente a cargo u otras funciones gerenciales relacionadas, como una forma de incluirlos –merecidamente– en la escala de remuneraciones a un determinado nivel.

Carrera gerencial. Carrera como especialista

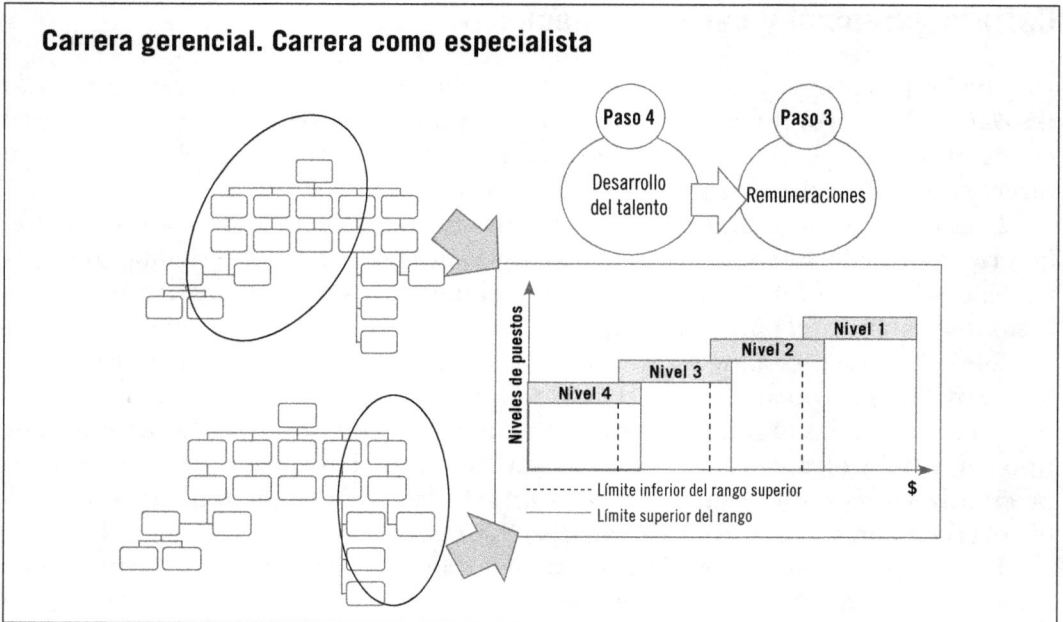

Es decir que, de acuerdo a su nivel de responsabilidades y otros factores, le corresponde una remuneración y beneficios similares a los de un nivel gerencial pero, en realidad, se trata de especialistas de alto nivel, en un tema en particular. Esta situación puede incluir a un especialista o varios, es decir, distintos puestos de trabajo y diversas personas que los ocupan.

En resumen, definir carreras por separado permite llamar a las cosas por su nombre, jerarquizando la carrera de especialista para así dar un mensaje –a toda la organización– de que los especialistas importan, expresado no solo en palabras, sino también al demostrar que la organización los considera en las escalas de remuneración, dándoles el nivel que les corresponde.

Cuando se elabora la estructura de puestos, las dos carreras mencionadas también la integran.

Remuneraciones variables

La remuneración de una persona puede estar compuesta de un salario fijo y un ingreso variable. La aplicación de este tipo de remuneración es frecuente, con diferentes enfoques según la organización, el tipo de negocio y los puestos en cuestión.

Se verán a continuación las variantes más frecuentes. Cada organización deberá analizar la conveniencia de aplicarlas, según sus circunstancias. Otras denominaciones: *salario con una parte a riesgo.*

Remuneraciones variables. Distintos tipos

Las remuneraciones variables pueden ser de diferente tipo. En ocasiones pueden representar un porcentaje muy alto de la remuneración y en otros solo un complemento. Algunas de las más comunes:

- *Salarios a destajo.* Aquellos donde se remunera por cantidad producida. Se utilizan, generalmente, para áreas de producción, pero por extensión pueden aplicarse a otras tareas similares, por ejemplo, ingreso de información (*data entry*).

- *Comisiones.* Usualmente porcentajes sobre ventas, cobranzas, o sobre ambos conceptos. Se aplica a vendedores y cobradores.

- *Bonus o incentivos a corto plazo.* Se aplican, usualmente, a niveles gerenciales. Su cálculo suele realizarse a través de una fórmula que combina varios conceptos, por ejemplo, desempeño, resultados alcanzados por la persona en cuestión, su área de trabajo y la compañía en su conjunto. Habitualmente suele expresarse en cantidad de salarios mensuales (por ejemplo, entre uno y tres meses de salario si se cumplen "x" e "y" variables).

- *Salarios con una parte a riesgo.* Implica que una parte del salario no está fija (8% a 15% según las compañías relevadas) y solo se abona si la compañía alcanza ciertos objetivos.

- *Participación en las utilidades.* Como su nombre lo indica, se "asocia" al colaborador con los resultados de la compañía. Se aplica, usualmente, para los niveles más altos de la organización, como el CEO o el gerente general.

- *Incentivos a largo plazo.* Valores que no podrán ser cambiados por dinero en un plazo breve, por lo cual implica que la persona los hará efectivos solo si permanece en la organización. Se los conoce como opciones sobre valores o acciones (*stock options*).
  Son de uso frecuente en EE.UU. En cada caso se deberá analizar si las leyes del país donde se encuentra la organización permiten su aplicación.

Remuneraciones variables sobre la base de resultados

La mayoría de las remuneraciones variables se definen con base en resultados de algún tipo, desde resultados económicos organizacionales hasta resultados en relación directa con la gestión de un puesto en particular.

Incentivos. Cómo implementarlos

Las remuneraciones variables en algunos casos podrán ser consideradas solo como una forma de cálculo donde el colaborador asume un riesgo. No obstante, en la mayoría de los casos, se visualiza como un incentivo: asignar a la remuneración una parte variable para incrementar ventas, para incrementar la productividad y/o para comprometer a los colaboradores con los objetivos organizacionales, por citar los propósitos habituales.

Como toda política de algún modo diferenciadora, deberá ser implementada cuidadosamente para alcanzar los objetivos propuestos. En ocasiones, una política mal implementada podría generar los resultados opuestos a los deseados.

Veremos a continuación diferentes tipos de incentivos –la mayoría ya mencionados entre las remuneraciones variables– y su implementación.

Incentivos variables. La denominación hace referencia a aquellos conceptos con los cuales se remunera a una persona, además del salario fijo, y que se espera que mejoren su desempeño o productividad, según corresponda.

Las remuneraciones constituyen, generalmente, un elemento que puede afectar la susceptibilidad de las personas. Por lo cual se recomienda contar con políticas transparentes junto con un método de cálculo claro y comprensible para todos.

Los incentivos variables pueden ser aplicados a todos los integrantes de la organización o solo a grupos específicos de colaboradores, es decir:

- A toda la nómina (por ejemplo, reparto de utilidades, *stock options*…).

- A grupos específicos (comisiones a vendedores, comisiones a cobradores, salarios a destajo en producción…).

La segunda de las variantes mencionadas puede llevarse a cabo mediante cortes horizontales o verticales de la organización.

Incentivos variables. Corte horizontal. Esta denominación hace referencia a que se ha definido un grupo como beneficiario de la compensación variable en función de algún atributo, y que el mismo atraviesa la organización a ese nivel (horizontal). Por ejemplo: nivel gerencial. La idea se expone en la figura siguiente.

Incentivos variables. Corte horizontal

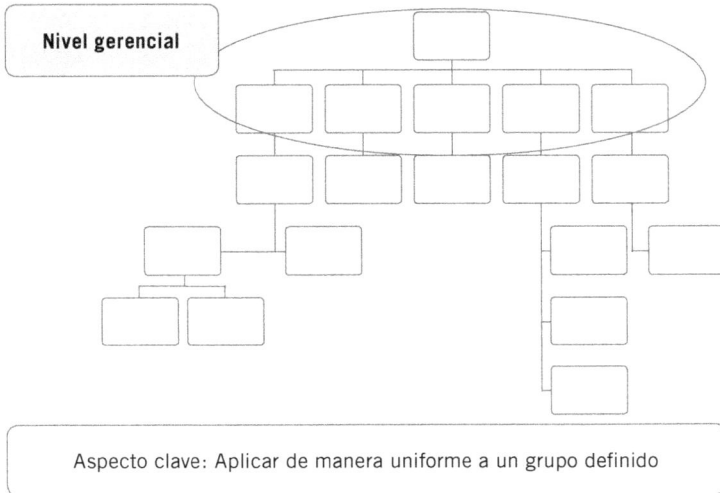

Nivel gerencial

Aspecto clave: Aplicar de manera uniforme a un grupo definido

Incentivos variables. Corte vertical

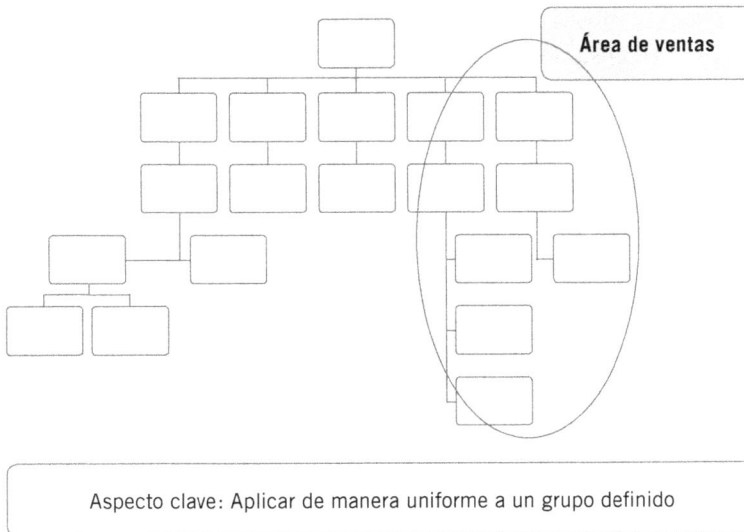

Área de ventas

Aspecto clave: Aplicar de manera uniforme a un grupo definido

Incentivos variables. Corte vertical. Esta denominación hace referencia a que se ha definido un grupo como beneficiario de esta compensación variable en función de algún atributo, y que el mismo se relaciona con un área o sector, de manera vertical. Por ejemplo: comisiones para el área de Ventas. La idea se expone en la figura anterior.

Salario. Remuneración. Conceptos. Diferentes tipos y variantes

Como se vio en capítulos previos, los 5 pasos de esta obra se diseñan sobre una base fundamental: la organización tomará el recaudo de cumplir con las normas y regulaciones del ámbito en el cual desarrolla sus actividades.

Las remuneraciones, de un modo u otro, se relacionan con todos los pasos de esta obra.

Sobre el particular, cabe llamar la atención respecto de un problema común: que los diferentes involucrados le asignen distintos significados a un mismo concepto. Así, si una persona está "pensando en valores netos" (comúnmente los salarios "de bolsillo") cuando su interlocutor está hablando de "valores brutos" (sin descuentos) o viceversa, no solo existe un evidente problema de comunicación sino que seguramente podrán surgir problemas serios de entendimiento, y todos los conflictos que deriven de ello.

En nuestra experiencia cotidiana como consultores, vemos esta situación a diario. Para destacar su importancia, se hará a continuación una breve referencia a algunos conceptos necesarios en relación con la temática de este capítulo, que resultan de interés con respecto, como decíamos, a todos los pasos.

Salario neto y bruto. Costo para el empleador. Definiciones y ejemplos numéricos

Salario bruto. Valor nominal de la paga que recibe el colaborador y que se toma de base tanto para el cálculo de las contribuciones fiscales a cargo del empleado como las que debe abonar el empleador. Ver la figura correspondiente al término *Salario neto*.
Relacionar este concepto con las definiciones de los siguientes términos:

- Salario neto.
- Salario para el empleador o costo para el empleador.

También se utilizan las expresiones *remuneración bruta* y *salario nominal*.

Recibo de sueldo

Salario bruto	1.000
Deducciones	
(Se detallan los conceptos)	
Total de deducciones	(170)
Salario neto	830

Nota: Los valores mencionados sólo son un ejemplo.

Salario neto. Importe realmente percibido por el trabajador. El monto surge de restarle al salario bruto o nominal los descuentos e impuestos a cargo del empleado.

La idea expuesta se muestra en la figura precedente con un ejemplo sencillo.

Otras denominaciones del mismo concepto: *remuneración neta, salario de bolsillo* o *salario en mano.*

Salario para el empleador o costo para el empleador. El costo total para el empleador es un valor compuesto por el salario bruto, al cual deben adicionarse los impuestos y otras cargas sociales sobre el salario que debe abonar el empleador por cada uno de sus colaboradores.

La idea expuesta se exhibe en la figura de la página siguiente con un ejemplo sencillo.

A continuación, otras definiciones relacionadas con los temas de este capítulo:

Relación de dependencia. Esta expresión se utiliza, en casi todos los países, para designar la relación laboral establecida entre un empleado y su empleador cuando no tiene una fecha de finalización predeterminada.

El término indica un tipo de relación laboral. Si bien las condiciones son similares en distintos países y regiones, en todos los casos se deberá considerar el marco legal vigente en cada lugar.

No implica nivel jerárquico, un empleado puede ser una persona que realiza tareas de baja responsabilidad o, en el extremo opuesto, un gerente general o CEO.

Costo para el empleador

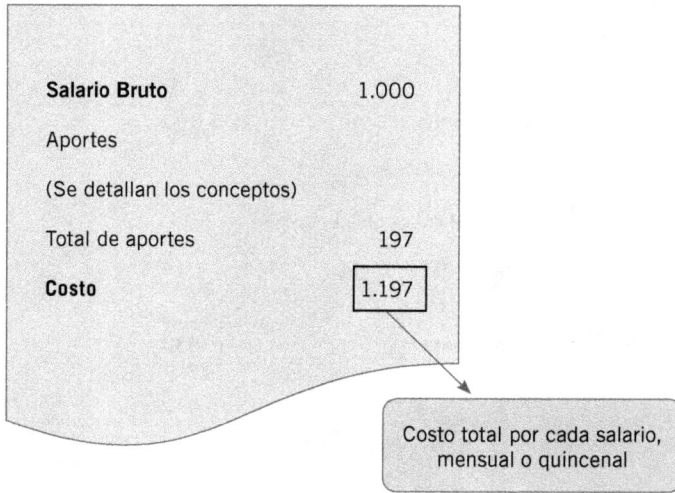

Salario Bruto	1.000
Aportes	
(Se detallan los conceptos)	
Total de aportes	197
Costo	1.197

Costo total por cada salario, mensual o quincenal

Nota: Los valores mencionados sólo son un ejemplo.

Los actores de la relación de dependencia son:

Empleado. Persona que trabaja para otra persona o una organización bajo el régimen de relación de dependencia.

Empleador. Persona u organización que tiene a otra/s a su cargo. Esto implica que debe asumir una serie de responsabilidades y obligaciones en relación con dichas personas.

Otros conceptos a considerar:

Remuneración ofrecida. Monto de dinero que se le ofrece a una persona en relación con un determinado puesto de trabajo. Puede ser complementado con beneficios.
La remuneración puede expresarse por períodos (semanal, quincenal, mensual) o bien como un valor anual.
Usualmente la remuneración ofrecida se expresa en valores brutos, es decir, antes de descontar los impuestos a cargo del empleado.
Otra denominación: *salario ofrecido.*

Remuneración pretendida. Monto de dinero que una persona desea percibir en relación con un determinado puesto de trabajo. Puede ser complementado con beneficios.

La remuneración puede expresarse por períodos (semanal, quincenal, mensual) o bien como un valor anual.

Usualmente la remuneración pretendida se expresa en valores brutos, es decir, antes de descontar los impuestos a cargo del empleado.

Otra denominación: *salario pretendido.*

Salario. Paga o remuneración regular que recibe el trabajador. Generalmente es una cifra fija por un período de un mes o quincena. El término se utiliza, usualmente, para designar el pago a trabajadores en relación de dependencia.

En otras palabras, también podría decirse que el salario es el monto de dinero que la organización abona a un colaborador como retribución por su trabajo.

Salario anual. Sumatoria de los salarios correspondientes a un año de trabajo.

DE LA BIBLIOTECA ALLES PARA SEGUIR LEYENDO

Libros específicos en relación con este capítulo ─────────────────

Capítulos específicos sobre Remuneraciones en: *Dirección estratégica de Recursos Humanos. Volumen 1. Gestión por competencias.* Nueva edición. Ediciones Granica, Buenos Aires, 2015; *Dirección estratégica de Recursos Humanos. Volumen 2. Casos.* Nueva edición. Ediciones Granica, Buenos Aires, 2016.

Libros sobre temas generales de interés ───────────────────────

– *Comportamiento organizacional.* Ediciones Granica, Buenos Aires, 2017.

– *Cuestiones sobre gestión de personas. Qué hacer para resolverlas.* Ediciones Granica, Buenos Aires, 2015.

– *Diccionario de términos de Recursos Humanos.* Ediciones Granica, Buenos Aires, 2011.

– *Las 50 herramientas de Recursos Humanos que todo profesional debe conocer.* Ediciones Granica, Buenos Aires, 2017.

– *La Marca Recursos Humanos.* Ediciones Granica, Buenos Aires, 2014.

– *Social media y Recursos Humanos.* Ediciones Granica, Buenos Aires, 2012.

Libros sobre Liderazgo ──────────────────────────────────────

– *12 pasos para conciliar vida profesional y personal. Desde la mirada individual.* Ediciones Granica, Buenos Aires, 2013.

– *12 pasos para ser un buen jefe.* Ediciones Granica, Buenos Aires, 2014. Título anterior de esta obra: *Cómo ser un buen jefe en 12 pasos* (2008).

– *Cómo delegar efectivamente en 12 pasos.* Ediciones Granica, Buenos Aires, 2010.

– *Cómo llevarme bien con mi jefe y con mis compañeros de trabajo.* Serie Bolsillo. Ediciones Granica, Buenos Aires, 2009.

– *Cómo transformarse en un jefe entrenador en 12 pasos.* Ediciones Granica, Buenos Aires, 2010.

– *Conciliar vida profesional y personal. Dos miradas: organizacional e individual.* Ediciones Granica, Buenos Aires, 2016.

– *Rol del jefe.* Ediciones Granica, Buenos Aires, 2008.

Desempeño. Su evaluación

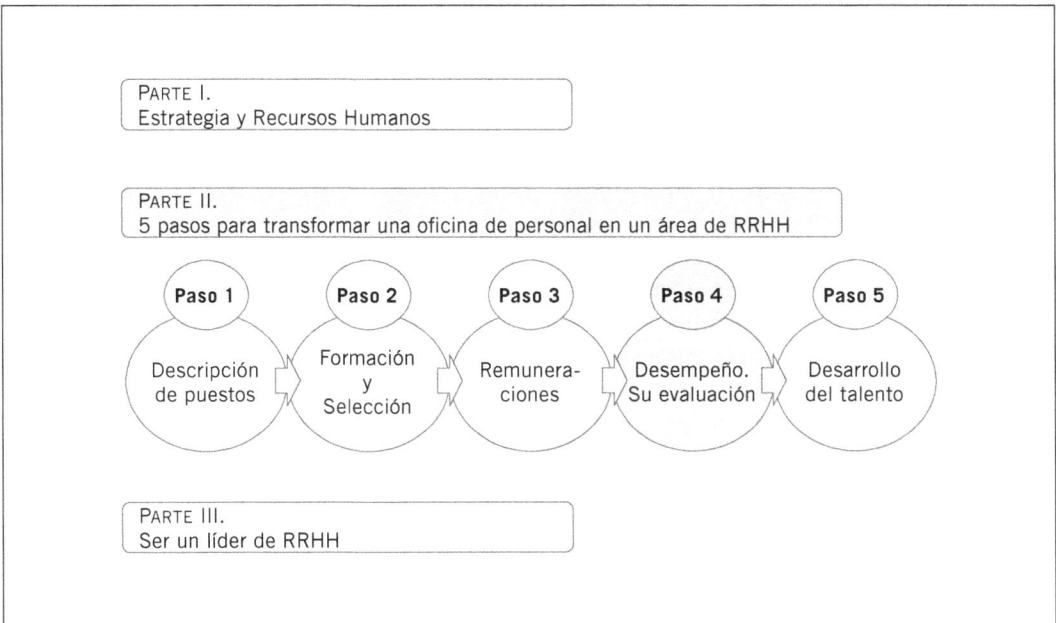

Temas del capítulo:

- Desempeño y el día a día
- Desempeño y estrategia
- Evaluación del desempeño
- Distintos tipos de evaluaciones del desempeño
- Evaluación vertical
- Retroalimentación
- La evaluación del desempeño desde la mirada del colaborador

Desempeño y el día a día

La función de Desempeño y las evaluaciones asociadas forman parte, usualmente, de procedimientos que implementa el área de Recursos Humanos en los cuales participan los jefes y colaboradores de todos los niveles. Antes de analizar la evaluación del desempeño y sus implicancias es importante analizar el alcance del término desempeño, tanto en la organización en su conjunto, como para cada una de las personas que la integran y, en especial, en el día a día, en la relación jefe-colaborador.

Ya se explicó en el Capítulo 0 la definición del término jefe, así como los roles que este concepto implica. Dos de estos roles se relacionan, especialmente, con este paso: *Evaluar colaboradores* y *Dar aliento*. También otro de ellos: *Ser un entrenador*.

En el Capítulo 5 se analizará, a su vez, uno de los programas organizacionales para el desarrollo del talento interno, el cual tiene relación con este último rol mencionado (*jefe entrenador*).

Ser un jefe entrenador implica que al mismo tiempo que este cumple el *rol de jefe*[1], lleva adelante otra función respecto de sus colaboradores: ser guía y consejero en una relación orientada al aprendizaje. Lo asume de manera deliberada, desea hacerlo y está convencido de los resultados a obtener.

Para que un jefe se transforme en jefe entrenador o, ya siéndolo, mejore aún más esta capacidad, el camino sugerido es el desarrollo de la competencia *Entrenador*[2].

Convertirse en jefe entrenador no implica agregarse tareas. Por el contrario, se trata de un comportamiento permanente que un jefe lleva a cabo en su relación cotidiana con sus colaboradores.

Según la competencia mencionada, aquella persona que la posea en algún grado de desarrollo tendrá la capacidad para formar a otros, tanto en conocimientos como en competencias. Ahora bien, esto no implica que el jefe en cuestión, además de sus responsabilidades habituales, deba impartir cursos ni nada parecido; simplemente, en el día a día les dirá a sus colaboradores, a medida que el día transcurre y cada uno lleva a cabo sus tareas habituales: "esto está bien", "esto podría hacerse mejor de tal otra forma" o, según corresponda, "esto está mal, debería hacerse de tal manera".

---

1 Ver Capítulo 0.

2 Definición de la competencia *Entrenador*: Capacidad para formar a otros tanto en conocimientos como en competencias. Implica un genuino esfuerzo para fomentar el aprendizaje a largo plazo y/o el desarrollo de otros, más allá de su responsabilidad específica y cotidiana. El desarrollo a lograr en otros será sobre la base del esfuerzo individual y según el puesto que la otra persona ocupe en la actualidad o se prevé que ocupará en el futuro. Fuente: Alles, Martha. *Diccionario de competencias. La trilogía. Tomo 1.* Ediciones Granica, Buenos Aires, 2015.

Estas pequeñas indicaciones cotidianas, sobre el desempeño, les permitirá a los colaboradores seguir haciendo bien lo que hacen de manera adecuada e ir modificando paulatinamente aquello que deba mejorarse o no se ha hecho bien.

Así de sencillo y no tan frecuente es el rol del jefe entrenador. Evidentemente, el desarrollo a lograr en otros será sobre la base del esfuerzo individual, porque si el colaborador no desea mejorar, el resultado no será el esperado.

Difundir estos conceptos, capacitar a los jefes para el cumplimiento de sus roles (dar aliento, ser un jefe entrenador), explicar al equipo esas pequeñas mejoras que generan grandes resultados, también es parte de la disciplina de Recursos Humanos.

La evaluación del desempeño es uno de los temas que mayores dificultades presenta tanto a los especialistas de Recursos Humanos como a los directivos y jefes en general.

Con frecuencia, en nuestro rol de consultores, nos plantean esta cuestión. Frecuentemente también, nuestra participación llega luego de malas experiencias, y cambiar la opinión de jefes y colaboradores al respecto no es tarea sencilla.

Así como las tareas se realizan todos los días, el análisis del desempeño y la retroalimentación también deben ser cotidianos. Si se analiza el desempeño de manera cotidiana y se brinda retroalimentación, cuando llegue el momento de las instancias formales de la evaluación del desempeño, tanto jefes como colaboradores se moverán en un plano conocido, se plantearán temas que no surgen por primera vez, sino que, muy por el contrario, ya se habrán conversado con anterioridad.

El término *desempeño* es un concepto integrador del conjunto de comportamientos y resultados de un colaborador en un determinado período. En la evaluación del desempeño que se verá a continuación este período será de un año, pero puede considerarse el tiempo que dure llevar a cabo una tarea, en el enfoque que le estamos dando en estos párrafos iniciales del capítulo.

Plantear de este modo la evaluación del desempeño facilita la relación jefe-colaborador y ofrece la posibilidad de implementar una herramienta efectiva y eficaz desde todas las miradas.

Paso 4. Desempeño. Su evaluación

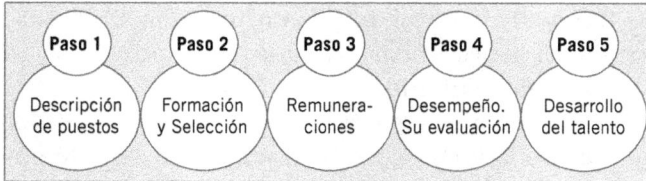

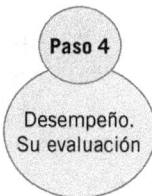

Paso 1	Paso 2	Paso 3	Paso 4	Paso 5
Descripción de puestos	Formación y Selección	Remuneraciones	Desempeño. Su evaluación	Desarrollo del talento

Paso 4

Desempeño. Su evaluación

Desempeño. Su evaluación. En este paso se diseñan e implementan las diferentes mediciones del desempeño de los colaboradores. Entre las mediciones más usuales se puede mencionar: Evaluación vertical, Evaluaciones de 360°, Determinación temprana de brechas, entre otras.

Desempeño y estrategia

La estrategia y las personas que integran la organización

Como vimos en los capítulos 0 y 1, la estrategia se alcanza entre todos, y si esta se integra a los descriptivos de puestos, las personas guiarán su accionar sobre la base de estos documentos.

Organizaciones de todo tipo proyectan, de un modo u otro, su visión de futuro, a partir de la cual definen la estrategia para alcanzarla. Definido el contexto de actuación, la organización en su conjunto y particularmente el área de Recursos Humanos –en lo atinente a la gestión de las personas– deberán considerar e incluir la estrategia fijada en todos los planos del accionar del sector, desde políticas hasta métodos y procedimientos de trabajo.

Para alcanzar los planes estratégicos será necesario contar con personas, de todos los niveles, con ciertas características o competencias. La idea se expresa en el gráfico de la página siguiente.

Analizando la figura siguiente podemos observar que una vez fijada la visión y estrategia se obtendrán ciertos *resultados* (organizacionales), que podrán ser los

---

Visión. Estrategia. Resultados

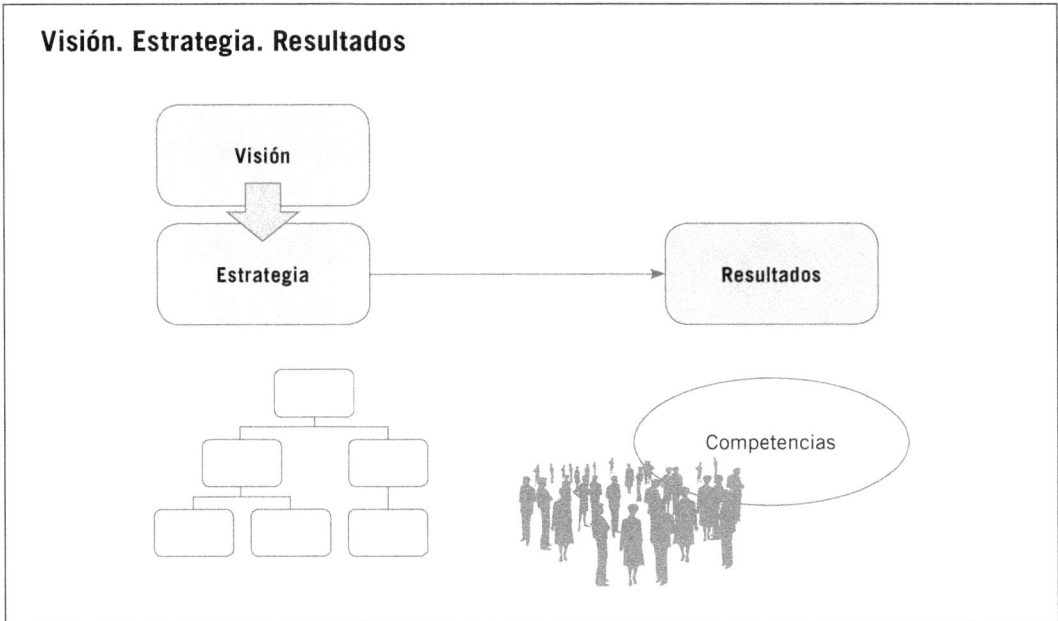

esperados, o no. A su vez, hemos simbolizado a la organización utilizando un esquema de organigrama. Este representa tanto la estructura (organigrama) como otros elementos que conforman la organización, tales como edificios, maquinarias, métodos y procedimientos de trabajo, etcétera.

La organización cuenta, también, con personas que la integran, de todos los niveles, quienes poseen, entre otras características, sus competencias personales. *Si las competencias de los integrantes son las adecuadas para alcanzar la estrategia, la organización estará más cerca de lograr los resultados esperados.* Esta última definición es clave.

La estrategia se relaciona con el desempeño de las personas y abarca diferentes aspectos. Por un lado, la estrategia debe ser desglosada en planes estratégicos concretos que permitan llevar a cabo, a su vez, determinadas acciones para alcanzar el resultado esperado. Por otro, debe definirse cómo estas acciones se transforman en objetivos a alcanzar por las personas que integran la organización, en todos sus niveles.

En adición a lo anterior, las personas –para alcanzar los objetivos que se les hayan fijado– deberán contar con ciertas características necesarias para llevar a cabo su rol: conocimientos, competencias, experiencia y motivación.

En un esquema muy simple, podríamos decir que si a cada una de las personas –de todos los niveles– se le asignan los objetivos de manera adecuada, y ellas cuentan con las capacidades necesarias, la consecución de dichos objetivos será posible.

Por último, y para completar las ideas expuestas, es importante tener presente que, en el desempeño de las personas, el factor clave será que ellas posean las competencias necesarias, ya que serán las que permitirán alcanzar un desempeño exitoso. Si cada persona alcanza sus objetivos evidenciando un desempeño exitoso, la organización podrá –a su vez– alcanzar sus resultados estratégicos.

Enfoque ganar-ganar

La evaluación del desempeño es una herramienta que permite alcanzar objetivos organizacionales. Adicionalmente, si su diseño responde a las buenas prácticas podrá ser, al mismo tiempo, un valioso instrumento para jefes y colaboradores en su desempeño cotidiano.

Desde la perspectiva del colaborador, podemos asegurar que la fijación de objetivos individuales le permite a cada persona una mejor comprensión de los objetivos organizacionales y, lo que es más importante aún, le permite entender cabalmente cómo su labor contribuye al logro de estos objetivos.

Comprender qué aporta cada uno a la consecución de los objetivos organizacionales genera identificación y eleva la autoestima individual y grupal.

A los jefes, en especial aquellos a los que reportan grupos numerosos, la fijación de objetivos les permite una mejor dirección de sus equipos de trabajo.

Por último, en adición a lo anterior, y como una consecuencia positiva para todos: mejora la relación entre el jefe y el colaborador.

Relación entre estrategia y desempeño

Usualmente, una organización determina sus planes estratégicos y objetivos, a los cuales se les asigna un plazo de consecución. Luego, estos planes se especifican con mayor detalle, al momento de la preparación del presupuesto anual.

Los objetivos generales (organizacionales) se definen por áreas y subáreas o sectores, hasta llegar a especificar cuáles corresponden a cada uno de los puestos de trabajo.

En resumen, en función de sus planes estratégicos, se puede definir un desempeño esperado para toda la organización y, a partir de ello, el desempeño esperado para cada uno de sus colaboradores. La idea se expresa en la figura siguiente.

Estrategia y desempeño

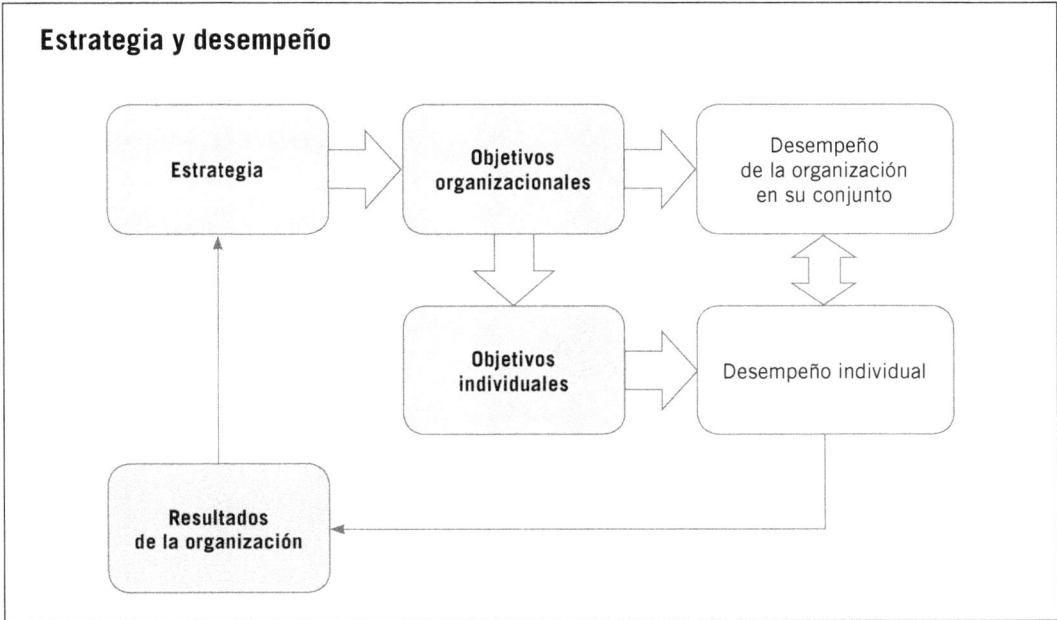

La estrategia y el desempeño actual y futuro están íntimamente ligados. La herramienta para combinar la mirada estratégica con el desempeño es la *Evaluación vertical*, que se verá más adelante, en este mismo capítulo.

Evaluación del desempeño

La evaluación del desempeño se relaciona con diferentes pasos, según puede apreciarse en la figura de la página siguiente.

Para la realización de la evaluación del desempeño se deberá contar con información confiable del *Paso 1. Descripción de puestos*.

Los resultados de las evaluaciones del desempeño, a su vez, se relacionan con *Remuneraciones* y, según corresponda, del resultado de las evaluaciones de desempeño podrán surgir necesidades de *Formación* y, también, otras acciones vinculadas con los programas internos: planes de sucesión, diagramas de reemplazo, planes de carrera (*Paso 5. Desarrollo del talento*).

La evaluación vertical –que combina objetivos y competencias– es una herramienta de gestión para conducir tanto la organización como el equipo de colaboradores. Además, permite el cálculo de compensaciones variables (paso 3), cuando se elija esta variante.

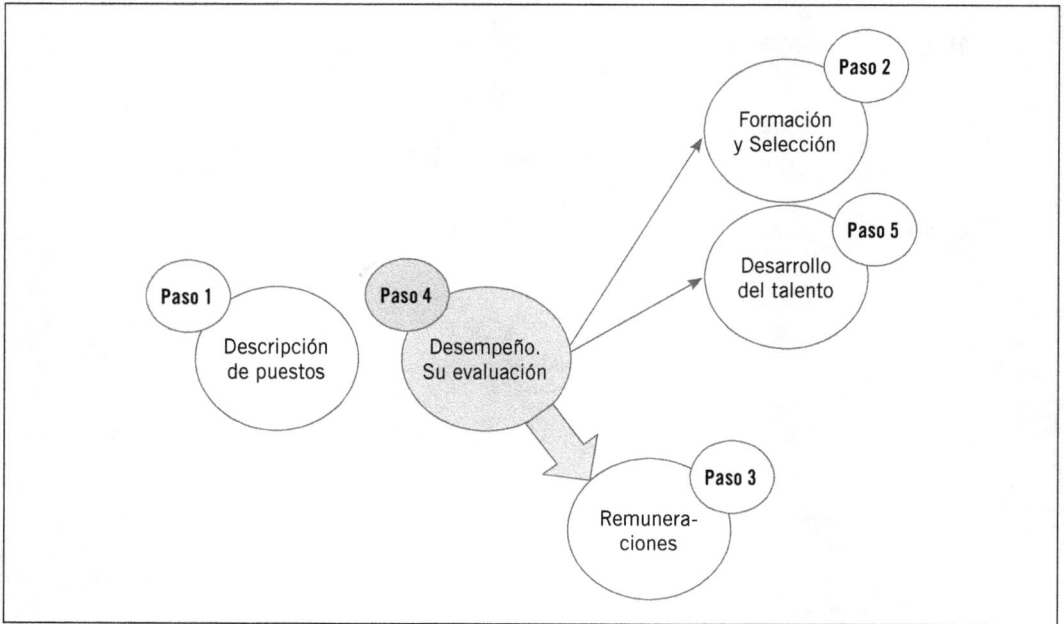

En resumen, las evaluaciones de desempeño serán de utilidad para tomar decisiones con relación a las personas, tanto para el área de Recursos Humanos y la alta gerencia, desde una mirada organizacional, como para jefes y colaboradores de todos los niveles.

Desempeño por competencias

La expresión hace referencia a la medición del desempeño del ente en su conjunto y de los colaboradores en particular, sobre la base del modelo de competencias[3] de la organización.

Implica la medición del desempeño de una persona considerando las competencias requeridas para el puesto y a través de la observación de su comportamiento, durante un período determinado (usualmente, un año). Para que esta medición sea eficaz se deberá contar con indicadores de comportamientos (*diccionario de comportamientos*).

---

3 Ver la definición de *competencias,* entre otros términos, en el Capítulo 1.

Propósitos principales de la evaluación del desempeño

La evaluación del desempeño puede constituirse en el mejor aliado e instrumento práctico para dirigir a un grupo de colaboradores.

Entre sus principales propósitos podemos destacar el desarrollo de las personas con la consiguiente mejora de los resultados individuales y de la organización.

Asimismo, permite una mejor interrelación del jefe con sus colaboradores, una mejor comprensión de los distintos roles, facilitando un adecuado diálogo acerca de lo que se espera de cada uno, y posibilita explorar el mejor camino para alcanzar los resultados y los objetivos fijados.

No siempre las evaluaciones de desempeño son percibidas positivamente ni se visualiza su real alcance y posibilidades.

En ocasiones, solo se toma en cuenta uno de los aspectos del proceso y no la totalidad; por ejemplo, cuando se considera que las evaluaciones de desempeño se llevan a cabo solo para tomar decisiones sobre remuneraciones y promociones. Su alcance siempre es más amplio.

Algunas aplicaciones y acciones relacionadas con las evaluaciones de desempeño son las siguientes:

- Tomar decisiones sobre promociones, traslados, asignaciones de tareas.

- Tomar decisiones sobre remuneraciones y beneficios.

- Analizar los comportamientos del colaborador en relación con las tareas y responsabilidades asignadas.

- Comunicarle al colaborador cómo está haciendo las cosas y qué se espera de su actuación futura.

La aplicación de las buenas prácticas y la utilización de las evaluaciones de desempeño como una herramienta de gestión traen aparejado un doble resultado: mejora el desempeño de los colaboradores y de la organización en su conjunto.

Distintos tipos de evaluaciones del desempeño

La *evaluación vertical*, ya mencionada, se denomina de este modo –vertical– porque es realizada por el jefe o superior, y se complementa con la autoevaluación del colaborador y una mirada o revisión del superior del jefe al que hemos denominado "jefe del jefe". La idea se expresa en la figura siguiente, donde se exponen otras dos evaluaciones, las cuales tienen un propósito diferente: el desarrollo de las personas.

Distintos tipos de evaluaciones para medir el desempeño

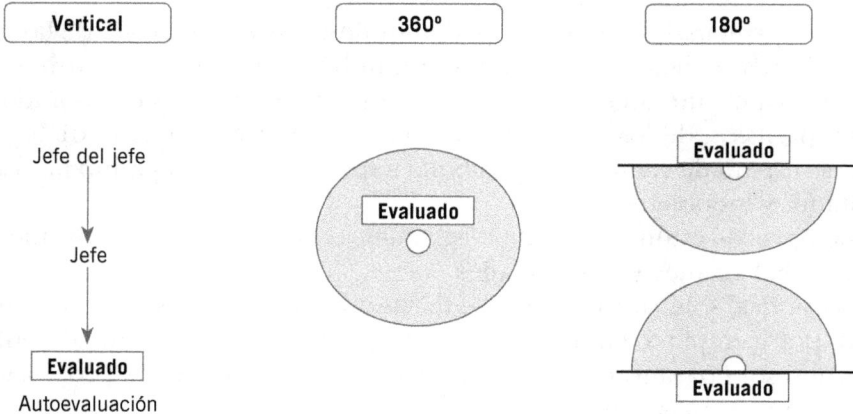

Vertical	360°	180°

Jefe del jefe

↓

Jefe

↓

Evaluado
Autoevaluación

Evaluado

Evaluado

Evaluado

La evaluación vertical cubre varios propósitos: por un lado, la medición del cumplimiento de objetivos que, con frecuencia, se relaciona con el *Paso 3. Remuneraciones*. Por otro, el desarrollo de los colaboradores evaluados. En esta última opción y según corresponda, podrá originar acciones de formación en conocimientos y/o desarrollo de competencias.

Las evaluaciones mencionadas en el gráfico precedente (evaluaciones de 360° y evaluaciones de 180°), así como también otras evaluaciones de uso menos frecuente como la *Determinación temprana de brechas* que se hace cuando se implementa un modelo de competencias y el *Diagnóstico circular*, solo se realizan con el propósito de identificar acciones de desarrollo (*Paso 2. Formación* y *Paso 5. Desarrollo del talento*).

Algunas definiciones de interés:

Evaluación de 360°. Proceso estructurado para medir las competencias de los colaboradores de una organización, con un propósito de desarrollo, en el cual participan múltiples evaluadores. Toma el nombre de 360° en alusión a que una persona es evaluada por sus superiores, pares y subordinados, además de por ella misma (autoevaluación). En ocasiones la evaluación incluye la opinión de clientes internos y/o externos.

Evaluación de 180°. Proceso estructurado para medir las competencias de los colaboradores de una organización, con un propósito de desarrollo, en el cual participan múltiples evaluadores. Similar a la *evaluación de 360°;* su propósito es el desarrollo. Toma el nombre de *180°* en alusión a que una persona es evaluada por sus superiores y pares, además de realizar su propia evaluación. En ocasiones la evaluación incluye la opinión de clientes internos y/o externos.

Determinación temprana de brechas. La expresión "determinación temprana de brechas" hace referencia a un proceso interno de medición de competencias por el cual se compara lo requerido por el puesto, con las competencias de su ocupante. La eventual diferencia se denomina "brecha". Cuando esta medición se realiza al inicio de la implantación del modelo, se la denomina "temprana", ya que permite realizar a tiempo acciones de desarrollo y, de este modo, achicar las referidas brechas antes de que la situación plantee dificultades en el desempeño.

Diagnóstico circular. Proceso estructurado para medir las competencias de los colaboradores de una organización, en el cual participan múltiples evaluadores. Se denomina "circular" en alusión a que una persona es evaluada por su entorno de trabajo: sus superiores, pares y subordinados, además de por ella misma (autoevaluación).
En ocasiones la evaluación incluye la opinión de clientes internos y/o externos.

Si bien esta última, *Diagnóstico circular,* es similar a otra mencionada más arriba, *Evaluación de 360°,* su aplicación práctica difiere. La evaluación de 360° se aplica, usualmente, a la alta gerencia, siendo los evaluados los receptores de los informes individuales, para su desarrollo. En cambio, el diagnóstico circular, se utiliza cuando por alguna situación / problema se desea conocer la opinión de diversos involucrados sobre alguna cuestión. Los resultados permitirán al área de RRHH proponer los cursos de acción más adecuados.

El rol de Recursos Humanos en las evaluaciones de desempeño

En la evaluación de desempeño, sin ninguna duda, los protagonistas son el evaluador y el evaluado, el jefe y el colaborador.

En ocasiones, se realiza una lectura errónea sobre el tema y se piensa que la evaluación del desempeño es una tarea/función del área de Recursos Humanos. Sin embargo, es correcto afirmar que esta área debe tener a su cargo un conjunto de tareas y responsabilidades con relación al proceso, para que la organización en su totalidad lleve a cabo las evaluaciones de desempeño. Los principales roles del área de Recursos Humanos con relación a la evaluación del desempeño son:

• Brindar asesoría. Sus conocimientos brindarán un aporte importante para que la evaluación se realice objetivamente y con un enfoque *ganar-ganar*.

- Diseñar la herramienta y/o contratar a un consultor para que lo haga.

- Coordinar la relación con el consultor externo en el caso de las evaluaciones de 360° y/o de 180°.

- Brindar ayuda en la implementación y en el cumplimiento de plazos, etcétera.

- Brindar formación a evaluadores y, cuando sea necesario, responder dudas y ayudar a resolver problemas derivados de la implementación de la herramienta.

- Velar por la objetividad en la aplicación de la evaluación elegida.

- Administrar la herramienta en sus diferentes variantes.

En resumen, los evaluadores son los jefes y los colaboradores –también– se autoevalúan. El área de Recursos Humanos tiene un rol fundamental como asesor y ayuda, y vela por el cumplimiento de las políticas de la organización. Luego, el área de RRHH implementará planes de acción y otras decesiones que surjan como resultado de las evaluaciones del desempeño (Evaluación vertical).

Evaluación vertical

El término *evaluación*, dentro de la disciplina de Recursos Humanos, hace referencia a las acciones que se realizan con el propósito de medir el desempeño de las personas en relación con el puesto de trabajo que ocupan, considerando los resultados obtenidos y sus conocimientos y competencias.

El término "evaluación" se relaciona con muchos otros, dado que dentro de los distintos temas inherentes a la administración de los Recursos Humanos existen numerosas instancias de evaluación/medición, tanto formales como informales.

Por otra parte, *evaluador* es la persona que, sobre la base de criterios definidos previamente, emite un juicio sobre otro.

Ejemplos:

1. El jefe es el evaluador de sus colaboradores en la evaluación de desempeño.

2. En una evaluación de 360° los evaluadores son el jefe, los pares y colaboradores, cuyas impresiones se combinan con la evaluación que la propia persona realiza respecto de su desempeño.

Si bien la temática se asocia a la evaluación anual que realizan la mayoría de las organizaciones, como decíamos al inicio, las instancias posibles de evaluación son variadas y diversas.

La herramienta más utilizada en Desempeño es la evaluación anual, en la cual un jefe evalúa a sus colaboradores. A esta mirada le sumaremos la autoevaluación y, además, la mirada de un superior del jefe directo. En resumen, y como ya se comentara, a este conjunto de miradas sobre el desempeño lo hemos denominado "evaluación vertical" en alusión a la línea imaginaria (vertical) que se podría dibujar entre el jefe del jefe, el jefe directo y su colaborador (evaluado). La idea se expresa en la figura al pie.

En todos los casos, la evaluación del desempeño deberá realizarse sobre la base del puesto que la persona ocupa. Esto implica la evaluación del grado de cumplimiento de los objetivos –que también fueron fijados en relación con el puesto ocupado– así como la medición de competencias. Contar o no con las competencias que el puesto requiere será el indicador que determine cómo se están haciendo las cosas, y será la razón de haber o no logrado los objetivos planteados.

La evaluación vertical es la herramienta con la cual se sugiere comenzar, en el caso de que la empresa no evalúe el desempeño, y –en nuestra opinión– la que hay que adoptar cuando se desee modificar procedimientos de evaluación ya existentes.

Evaluación vertical

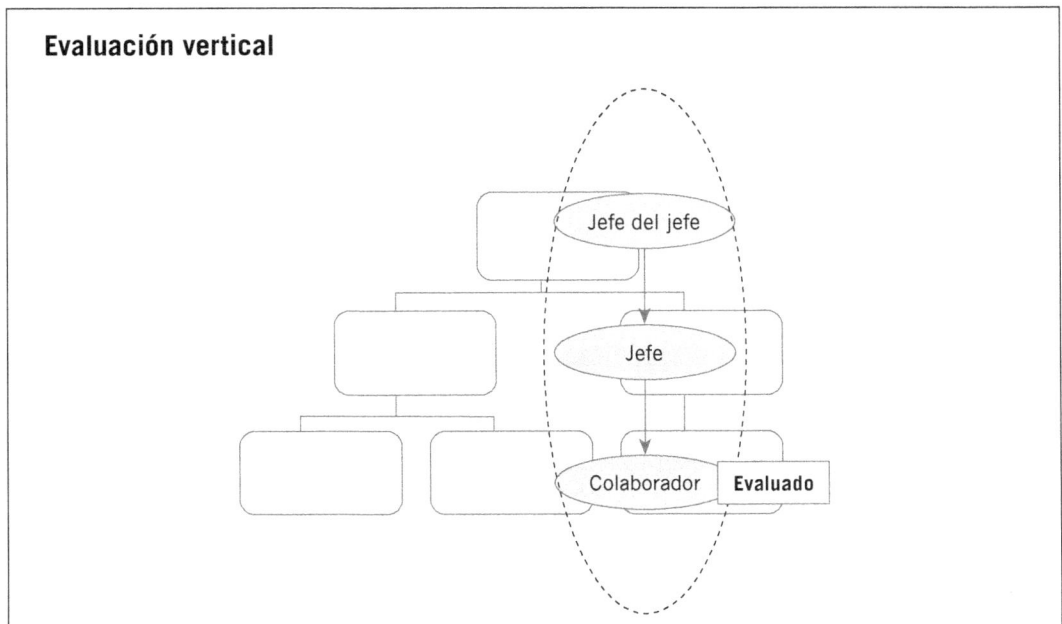

La "evaluación del desempeño por competencias" hace referencia al conjunto de instrucciones y procedimientos organizacionales mediante los cuales tanto colaboradores como directivos son evaluados en relación con el modelo de competencias de la organización. La medición de competencias se realiza, en todos los casos, a través de la observación de comportamientos, lo cual permite una evaluación objetiva de los hechos. Para la medición de competencias se debe utilizar el *diccionario de comportamientos*, diseñado de acuerdo con el modelo de competencias de la empresa en cuestión.

Evaluación vertical del desempeño. Concepto

La evaluación vertical[4] es un proceso organizacional estructurado para medir el desempeño, que tiene un doble propósito:

- medir el desempeño de los colaboradores (usualmente se combinan objetivos y competencias) y, al mismo tiempo,

- dar respuesta a un derecho del colaborador: recibir retroalimentación sobre cómo está haciendo las cosas (desempeño).

Como se expusiera, la evaluación vertical mide tanto objetivos como competencias, que se verán a continuación con mayor detalle. Adicionalmente, en la figura siguiente se utilizan dos términos vinculados a cada una de las dos partes de la evaluación:

Cómo. Se denomina "cómo", en este contexto, a la forma de realizar las tareas y alcanzar resultados y objetivos; en este caso, la "forma" de hacer las cosas se relaciona con las competencias utilizadas a través de los comportamientos evidenciados, durante el período en evaluación.

Qué. Se denomina "qué", en este contexto, aquello que la persona deberá realizar durante el período en evaluación, por ejemplo, alcanzar ciertos objetivos.

En resumen, el término "Qué" –aquí mencionado– enfatiza la idea de que los objetivos constituyen la esencia de la tarea a realizar, usualmente en el período de un año. Los objetivos serán definidos al inicio de manera cuantitativa para que luego su resultado o grado de cumplimiento pueda ser medido a través de la aplicación

---

4 Evaluación vertical es la herramienta N° 26 descrita en la obra *Las 50 herramientas de Recursos Humanos que todo profesional debe conocer.*

Evaluación vertical. Objetivos y Competencias

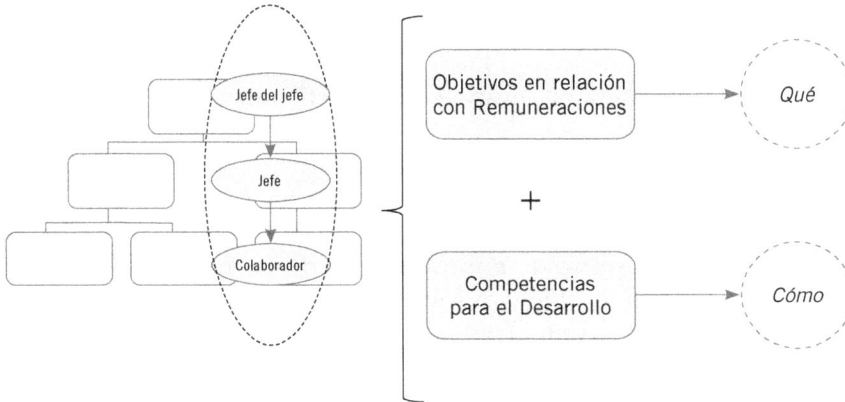

de un *cálculo numérico* (fórmula matemática no necesariamente compleja, conocida previamente por el evaluado).

Estos objetivos y los resultados relacionados serán los elementos a considerar para la determinación de remuneraciones variables y/o bonus.

Por el contrario, el término "Cómo" desea resaltar la forma en que se lograrán dichos objetivos –por ejemplo, con calidad, orientación al cliente, etcétera–.

En este punto deseo destacar que la aplicación articulada de estos dos elementos de la evaluación que estoy describiendo (Qué y Cómo) solo se dará de manera adecuada cuando el modelo de competencias se haya diseñado correctamente. Es decir, si las competencias asignadas al puesto representan las capacidades necesarias para alcanzar la estrategia y, además, son las que permitirán el desempeño exitoso de cada una las personas. En resumen, no podrían alcanzarse los objetivos sin poseer las competencias requeridas –o, al menos, lograrlo sería muy difícil–.

Cuando el modelo no esté diseñado de esta forma podrá suceder que una persona alcance los objetivos pero no evidencie las competencias en su grado deseado, o cualquier situación análoga.

Retomando los comentarios sobre "cómo" el evaluado hace las cosas, cuando como resultado de la medición se detecte una brecha entre la forma deseada y el comportamiento que la persona evidencia, dicho resultado se relacionará de manera directa con el *desarrollo de personas*.

En algunos casos, los objetivos podrán incluir algún aspecto relacionado con las competencias del evaluado y, en otros, la medición de competencias influir, en algún grado, en la remuneración.

Evaluación vertical. Otras variantes

Podrían considerarse –también– evaluaciones verticales con otras variantes. Algunas posibilidades:

- *Evaluaciones en las que no se utilice administración por objetivos.*
  Una organización podría no utilizar administración por objetivos y solamente evaluar el grado de cumplimiento de las tareas y responsabilidades del puesto. O evaluar objetivos solo en ciertos niveles, por ejemplo, gerenciales y administrativos, y en otros solamente medir el grado de consecución de las tareas asignadas, en base a una escala (por ejemplo, *Superior a lo esperado, De acuerdo con lo esperado, Por debajo de lo esperado*).

- *Evaluaciones en las que no se realice medición de competencias.*
  Si la organización no cuenta con un modelo de competencias y desea utilizar otros parámetros, por ejemplo, podría medir las características de sus colaboradores, utilizando *factores*, por mencionar una opción posible. En este caso, podrían fijarse objetivos y, complementariamente, medir ciertos factores de desempeño con una escala (por ejemplo, *Alto, Medio, Bajo*).

Para evaluar el desempeño podrán elegirse métodos sencillos, quizá menos precisos, los cuales deberán contar con alguna escala cuantitativa que garantice mediciones objetivas.

No obstante, es importante considerar que las evaluaciones de desempeño ponen en juego expectativas y sentimientos de jefes y colaboradores. Por ello, por respeto a ambos, desde el área de Recursos Humanos deberá ofrecerse una herramienta de evaluación confiable, considerando las características del contexto donde se deba actuar.

Objetivos. Fijación y grado de cumplimiento

Los objetivos se fijan para ser alcanzados en un período determinado, usualmente un año. En casi todos los casos, la fijación de objetivos coincide con el período fiscal de la organización.

Objetivos. Fijación - 1

Período en evaluación

1   12

Los objetivos
se fijan al inicio
del período

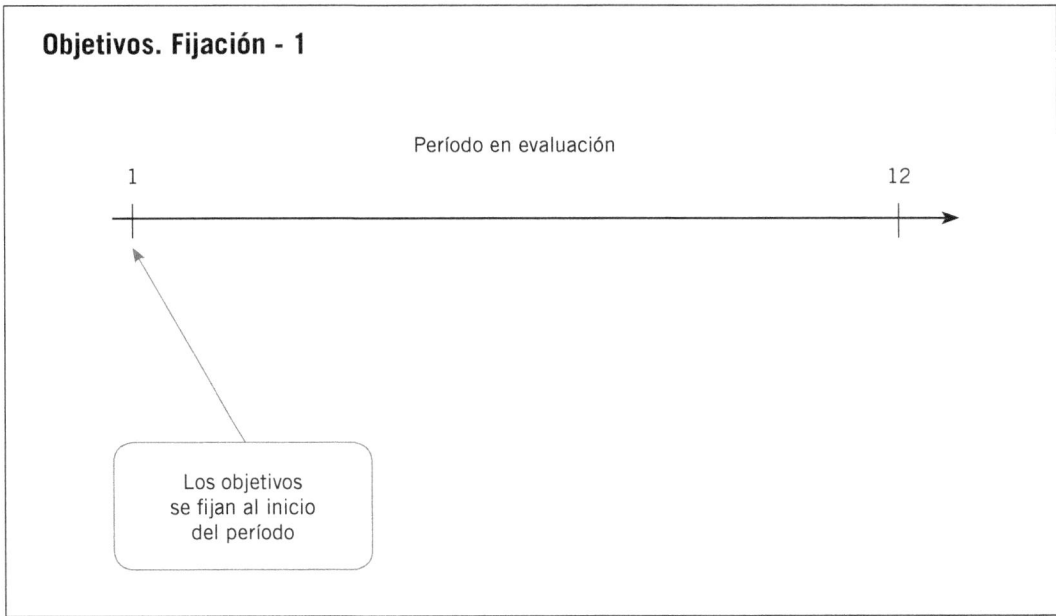

La idea expresada se expone en la figura precedente, sobre un eje de tiempo de 12 meses.

Los objetivos deben ser claros, es decir, indicar aquello que la persona debe alcanzar sin dejar lugar a dudas. Además, deben ser comprendidos por la persona involucrada, la cual, además de conocerlos, tendrá que saber cómo será evaluado su cumplimiento.

Adicionalmente, los objetivos deberán estar relacionados tanto con el puesto del evaluado como con la estrategia organizacional. En el gráfico de la página siguiente se muestra un esquema posible para la fijación y medición de objetivos.

La cantidad de objetivos a medir puede ser variable, usualmente un número entre 3 y 5. Estos podrán ser ponderados asignándoles a unos una importancia mayor que a otros (lo que denominamos *ponderación*). Por ejemplo: si se definieron 3 objetivos para el año, a uno de ellos se le asigna una importancia del 50% y a los otros dos, 25% a cada uno. La suma de los tres porcentajes es igual a 100%.

En síntesis, para que la fijación de objetivos sea eficaz, estos deben reunir las siguientes condiciones, entre otras:

• Ser claros, específicos, describir con precisión y claridad el resultado final a alcanzar.

Objetivos. Fijación - 2

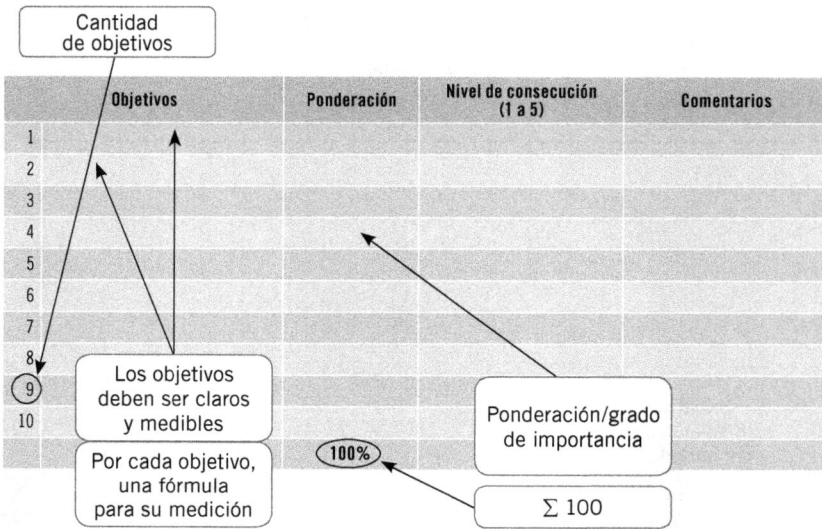

	Objetivos	Ponderación	Nivel de consecución (1 a 5)	Comentarios
1				
2				
3				
4				
5				
6				
7				
8				
9				
10				

Cantidad de objetivos

Los objetivos deben ser claros y medibles

Por cada objetivo, una fórmula para su medición

100%

Σ 100

Ponderación/grado de importancia

- Retadores y alcanzables al mismo tiempo.

- Que puedan ser medidos. En algunos casos su cuantificación será simple (cantidad de productos, cantidad de búsquedas resueltas, etc.). En otros más dificultoso, por ejemplo, administrando una encuesta a usuarios. La clave es la medición del objetivo y los resultados alcanzados, de manera clara.

- Relacionados con el puesto de trabajo.

- Comunicados al inicio del período que estará bajo evaluación.

Evaluaciones intermedias

Usualmente, se fijan períodos intermedios de evaluación, con un doble propósito. La organización en su conjunto evalúa el grado de cumplimiento parcial de los objetivos y presupuestos anuales, en lapsos menores para determinar la necesidad de realizar cambios, modificar o rectificar cursos de acción.

Por otra parte, los responsables de las áreas realizan un proceso análogo, lo mismo que los jefes con sus colaboradores. De este análisis más personalizado pueden surgir otras necesidades de cambio.

En resumen, según las circunstancias, los objetivos pueden ser modificados durante el año. Usualmente estas fechas intermedias son determinadas al inicio, por ejemplo, estableciendo una fecha de revisión a los seis meses. En ocasiones, frente a alguna razón que así lo justifique, se podrá incluir fechas intermedias adicionales.

La evaluación intermedia podrá realizarse a los seis meses o, también, elegirse otra frecuencia, por ejemplo, cada tres o cuatro meses. Una excesiva frecuencia incrementa los tiempos administrativos de gestión y procesamiento. Quizá esto sea necesario en algún período de crisis o en una circunstancia excesivamente cambiante. Cada organización deberá decidir la frecuencia de acuerdo con su propia coyuntura.

Cumplimiento. Análisis del rendimiento

La medición o evaluación del grado de cumplimiento se realiza, generalmente, en forma anual, con instancias intermedias, como ya se dijo. El análisis de los resultados se hará a continuación bajo la denominación de "rendimiento".

Rendimiento. Resultado del desempeño de una persona. Usualmente se utiliza este término en relación con objetivos cuantificables.

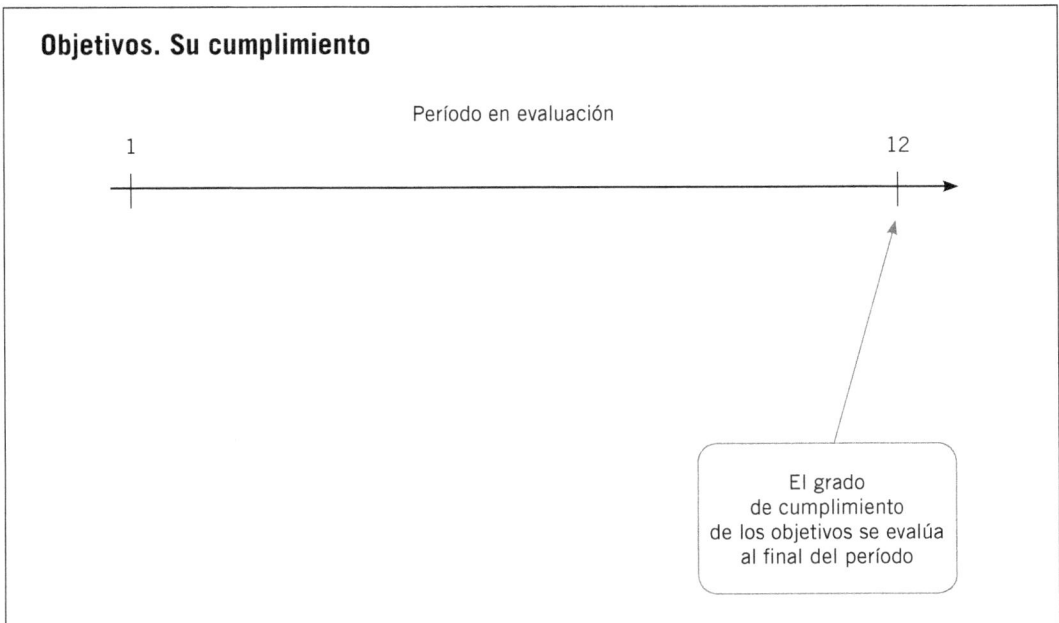

Objetivos. Su cumplimiento

Período en evaluación

1   12

El grado
de cumplimiento
de los objetivos se evalúa
al final del período

Objetivos. Análisis del rendimiento

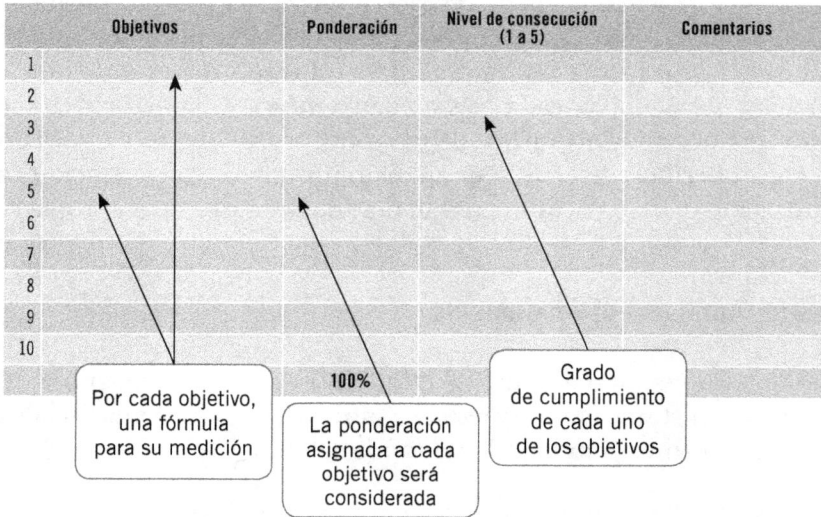

	Objetivos	Ponderación	Nivel de consecución (1 a 5)	Comentarios
1				
2				
3				
4				
5				
6				
7				
8				
9				
10				

Por cada objetivo, una fórmula para su medición

100%
La ponderación asignada a cada objetivo será considerada

Grado de cumplimiento de cada uno de los objetivos

En materia de objetivos, se le asigna a cada colaborador un número (1 a 10) de ellos, que deberá alcanzar en el año (o en el período indicado). Estos objetivos deberán estar claramente definidos en cuanto a su alcance, así como a su medición.

Al finalizar el período se realiza el *análisis del rendimiento* de acuerdo con el grado de consecución de los *objetivos* fijados.

En la figura precedente se presenta un esquema de diez objetivos. En la práctica, lo más frecuente es asignar a cada colaborador alrededor de tres o cuatro objetivos, cada uno claramente expresado, y medibles mediante alguna fórmula cuantitativa. Si se desea utilizar algún esquema de ponderación porcentual para cada objetivo, siempre deberá sumar 100.

Los métodos de trabajo y, en especial, los de medición, deben ser uniformes para todos los colaboradores, de todos los niveles y áreas.

Competencias. Asignadas al puesto. Medición

Las competencias son evaluadas tanto por el jefe como por el colaborador (autoevaluación). Las buenas prácticas indican que la evaluación del desempeño debería considerar las competencias asignadas al puesto, dentro del modelo de competencias. Se vio este tema en el Capítulo 1.

La medición que se realiza es doble, por un lado, por el jefe/evaluador y por otro, por el colaborador/evaluado, quien realiza su autoevaluación.

La medición de competencias se realiza observando comportamientos del período bajo análisis, usualmente un año. Al igual que se viera en el Capítulo 1 cuando se trató la adecuación persona-puesto, las brechas se identifican en relación con lo requerido por un puesto que la persona ocupa, que es la base sobre la cual se realizará la evaluación de la persona.

El tratamiento de las brechas se realiza como se explicó al inicio del Capítulo 2.

Nuestra sugerencia es utilizar gráficos, para analizar tanto las evaluaciones de competencias como otros aspectos de la medición efectuada. A continuación, un esquema simplificado donde solo se muestran 6 competencias. Lo más usual es evaluar entre 10 y 12.

En el gráfico al pie se han individualizado tres brechas. Una de ellas de dos grados, a la cual se le deberá prestar mayor atención, y otras dos de menor significatividad (de un grado cada una)

El análisis de brechas, tanto individuales como de un grupo de colaboradores, permitirá tomar decisiones, ya sea que ese análisis se realice en función del puesto actual o de uno futuro.

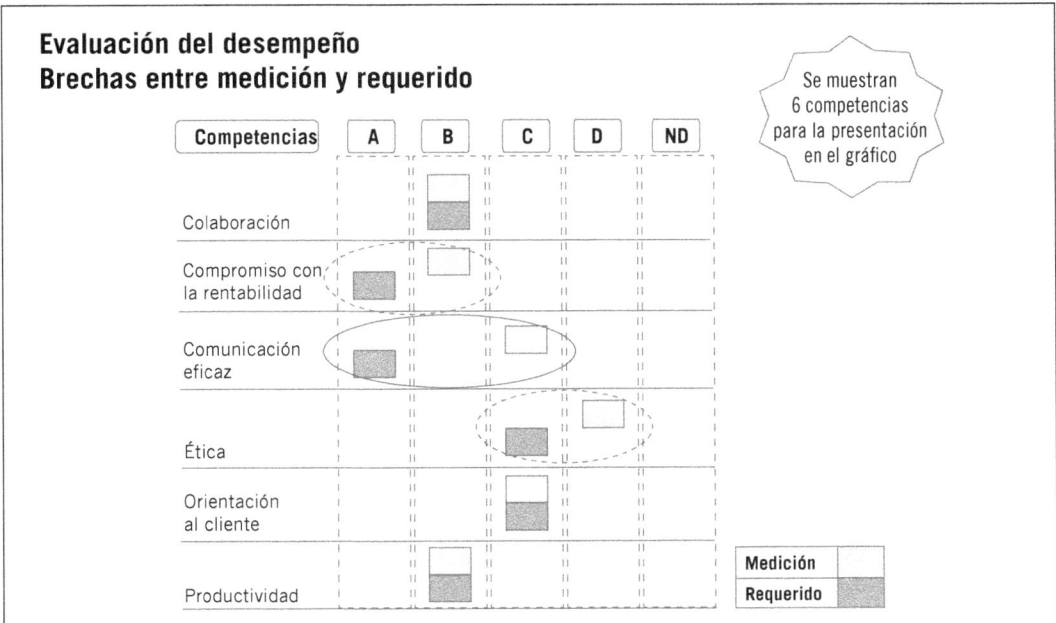

Evaluación del desempeño
Brechas entre medición y requerido

Se muestran 6 competencias para la presentación en el gráfico

Información resultante

El jefe dejará asentados los resultados de su evaluación, en algún tipo de formulario, en papel o de manera digital.

El jefe deberá basarse en comportamientos observados durante el período en evaluación, es decir, en hechos realmente acaecidos, deberá poder explicar, sobre la base de dichos comportamientos, la razón por la cual ha asignado un grado determinado en la evaluación resultante. De este modo, durante la retroalimentación, al presentar los resultados de la evaluación a su colaborador, podrá explicar dichos resultados sobre la base de comportamientos observados.

A su vez, el colaborador, quien también habrá realizado su autoevaluación, podrá estar de acuerdo o no con la evaluación de competencias realizada por el jefe.

Sobre un conjunto de evaluaciones será factible confeccionar informes consolidados. Por ejemplo, un gerente de ventas podría recibir un informe sobre el grado de desarrollo de competencias del conjunto de su equipo de ventas.

Para la confección de un informe consolidado se realiza un promedio de las evaluaciones. Si el grupo de personas pertenece al mismo puesto, el nivel requerido será el mismo. En cambio, si ocupan distintos puestos, también deberá hacerse un promedio del nivel requerido.

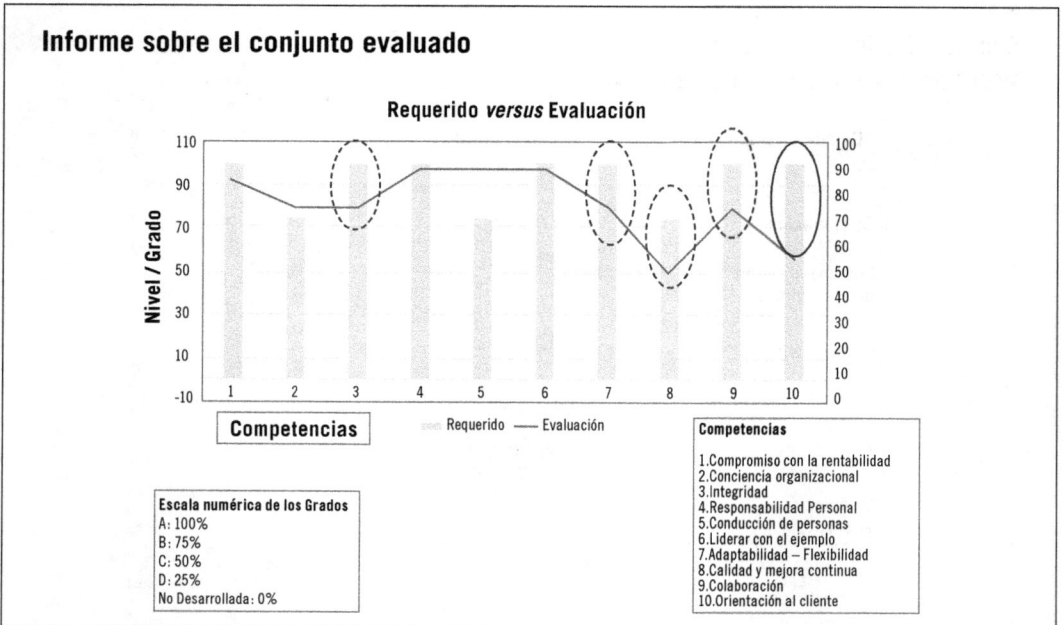

Informe sobre el conjunto evaluado

Requerido *versus* Evaluación

Eje: Nivel / Grado — Competencias (1 a 10) — Requerido / Evaluación

Competencias

Requerido —— Evaluación

Escala numérica de los Grados
A: 100%
B: 75%
C: 50%
D: 25%
No Desarrollada: 0%

Competencias
1. Compromiso con la rentabilidad
2. Conciencia organizacional
3. Integridad
4. Responsabilidad Personal
5. Conducción de personas
6. Liderar con el ejemplo
7. Adaptabilidad – Flexibilidad
8. Calidad y mejora continua
9. Colaboración
10. Orientación al cliente

En las dos figuras precedentes, las brechas fueron señaladas de acuerdo con su grado de significatividad. Con una línea llena la de mayor tamaño y una línea punteada, las de menor tamaño. Todas las brechas, sin embargo, deberán ser reducidas o cerradas. Señalar las brechas de modo diferente brinda más información acerca del camino a seguir con relación a las distintas competencias.

Analizar la situación del equipo a cargo en su conjunto será de gran ayuda; el jefe podrá analizar tanto su propio rol (como jefe), hasta proponer acciones de conjunto, y, también, realizar el análisis individual de los distintos colaboradores.

El jefe del equipo en cuestión podrá determinar necesidades de formación, planear acciones dentro de su propio equipo, etc. También tendrá información valiosa para analizar casos individuales y actuar en consecuencia.

El jefe podrá, también, considerar si un colaborador que posea una determinada brecha constituye un caso aislado o, por el contrario, forma parte de una situación general, donde la mayoría posee brechas similares. Las decisiones sobre desarrollo podrán ser diferentes en un caso u otro.

Esta información también le será de utilidad para planear y, luego, llevar a cabo la reunión de retroalimentación individual con cada uno de sus colaboradores.

La evaluación vertical *paso a paso*

La fijación de objetivos y su grado de cumplimiento, las competencias asignadas al puesto y su medición forman parte de un todo y el jefe los analizará de conjunto.

Nuestra recomendación será analizar uno primero y el otro a continuación, para luego hacer un análisis conjunto y llegar a una calificación final.

En resumen, en la evaluación vertical se analiza por un lado el cumplimiento de los objetivos y, por otro, el grado alcanzado en cada competencia. Si la organización aplica las buenas prácticas, el modelo de competencias refleja la estrategia, los descriptivos de puestos reflejan tareas y responsabilidades acordes a dicha estrategia, los objetivos asignados están relacionados con el puesto de trabajo y, a su vez, las competencias son las necesarias para alcanzar la estrategia y las responsabilidades asignadas, se habrá aplicado un método de trabajo sistémico, con las distintas partes conectadas entre sí. La idea se expresa en la figura de la página siguiente.

La evaluación de las competencias se realiza sobre la base de la información recolectada durante todo el período en evaluación y se compara con los ejemplos del *diccionario de comportamientos*. Así será posible determinar las competencias y sus grados. En la evaluación vertical se mide la actuación de una persona en un período definido (un año), por lo tanto, es importante recordar que los comportamientos en evaluación son los del período en evaluación y no otros.

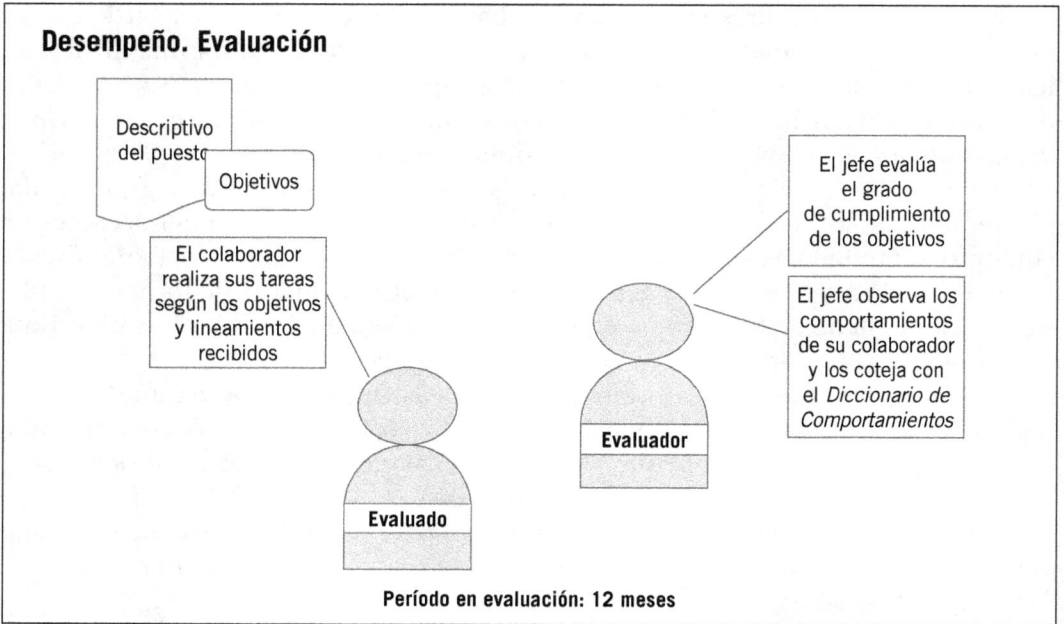

Desempeño. Evaluación

Descriptivo del puesto

Objetivos

El colaborador realiza sus tareas según los objetivos y lineamientos recibidos

El jefe evalúa el grado de cumplimiento de los objetivos

El jefe observa los comportamientos de su colaborador y los coteja con el *Diccionario de Comportamientos*

Evaluador

Evaluado

Período en evaluación: 12 meses

Las personas, en general, tenemos una tendencia a recordar hechos tanto positivos como negativos que, por alguna razón, han quedado en nuestra memoria. Cuando esta situación se presente, esos hechos no formarán parte de la evaluación.

Resultado de la evaluación

El grado de consecución de los objetivos tendrá diversas implicancias, desde una conexión con aspectos económicos/salariales hasta recomendaciones al evaluado para mejorar ciertos aspectos de su desempeño.

En materia de competencias será importante diferenciar la significatividad de las diversas brechas. Una brecha de un grado podrá reducirse en un plazo breve. Por el contrario, brechas de dos o tres grados son más difíciles de corregir y esta circunstancia puede dificultar el desempeño futuro de un colaborador. Las acciones de mejora propuestas no serán las mismas en un caso que en otro.

La evaluación final será el resultado combinado del grado de cumplimiento de los objetivos junto con la medición de competencias y sus eventuales brechas. La idea se expresa en la figura siguiente.

Desempeño. Calificación final

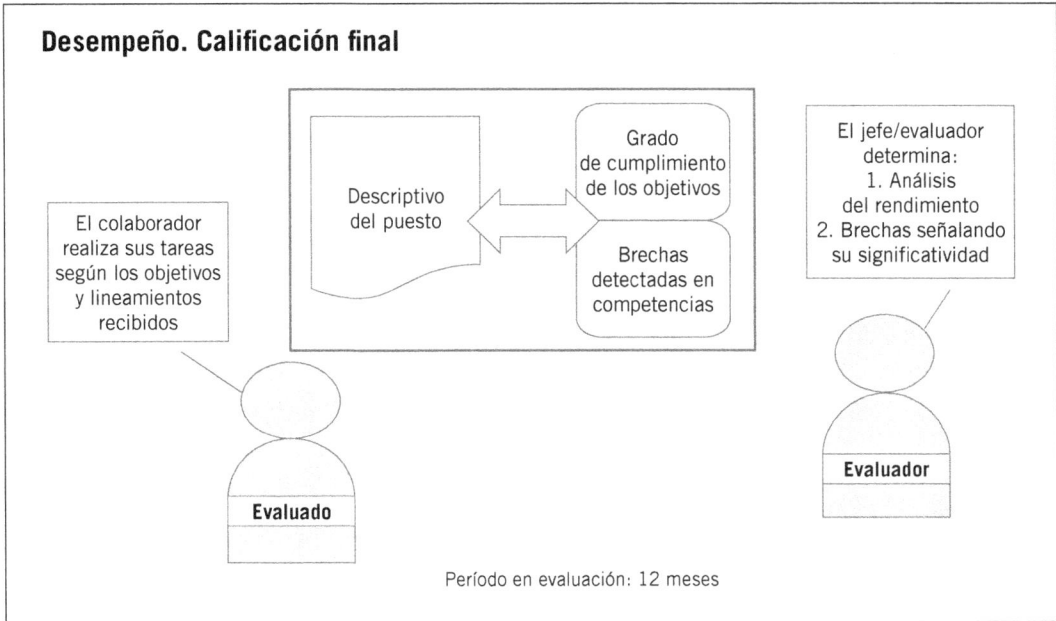

Período en evaluación: 12 meses

Como se desprende del gráfico, ambos ítems, objetivos y competencias, se evalúan en relación con el descriptivo del puesto. Por lo tanto, será importante que tanto el jefe/evaluador como el colaborador/evaluado tengan presente que el desempeño se mide en función del puesto que la persona ocupa.

Consideraciones sobre el grado de adecuación del evaluado a otra posición, que en ocasiones se realizan junto con la evaluación del desempeño, podrán llevarse a cabo, pero de manera diferenciada.

A partir del resultado del análisis combinado entre el grado de cumplimiento de los objetivos y las brechas detectadas en materia de competencias se elaborarán tanto las recomendaciones al evaluado como la denominada "nota final".

Recomendaciones

Una vez finalizada la evaluación de desempeño, al evaluado se le deben ofrecer sugerencias/recomendaciones para mejorar.

Las recomendaciones podrán estar relacionadas tanto con objetivos como con competencias, deberán ser concretas y, además, definidas junto con el colaborador como orientación para un plan de acción que comprenda los aspectos que debe mejorar, las acciones propuestas y las fechas o plazos para llevarlas a cabo.

Según la mejora a alcanzar se podrá sugerir capacitación/formación en algún tema en particular, ayuda para el desarrollo de una competencia o varias a fin de achicar brechas detectadas, participación en determinados proyectos, asignaciones especiales, etc. Dichas acciones serán discutidas con el evaluado, quien deberá aceptarlas y asumir el compromiso de llevarlas a cabo.

Dificultades cuando las valoraciones difieren entre sí

Otro aspecto, de difícil solución, se presenta cuando en la evaluación surgen valoraciones diferentes; por ejemplo, cuando la autoevaluación es muy diferente a la evaluación realizada por el jefe directo y/o si la evaluación del jefe es diferente a la que ha realizado el jefe del jefe.

En el primer caso, el jefe deberá fundamentar con ejemplos concretos (comportamientos observados en el evaluado) la evaluación realizada.

Los jefes de los jefes no suelen hacer una evaluación detallada. Su firma es una suerte de aval de lo actuado por su colaborador que es, también, jefe. Ahora bien, cuando se posee alguna evidencia de posibles evaluaciones con problemas, los jefes de los jefes también deberán realizar una evaluación detallada, como se explicó más arriba.

Las organizaciones deberán prever algún procedimiento para resolver posibles discrepancias.

Una escala posible de resultados

A continuación, un ejemplo sobre cómo expresar una "nota final", es decir una única puntuación, en este caso, utilizando una escala de 1 a 5:

1. *Excepcional:* para aquellos que demuestren logros extraordinarios y fuera de lo común en todas las manifestaciones de su trabajo. Desempeño raramente igualado por otras personas que ocupan puestos de ámbitos de actuación y responsabilidad comparables.

2. *Destacado:* cuando los resultados superan lo esperado. Refleja un nivel de consecución y desempeño alto en las diferentes manifestaciones de su trabajo. La persona demuestra de forma regular logros significativos. Como evaluación global, este nivel de desempeño se aplica a aquellos que están entre los mejores.

3. *Bueno:* aquel resultado esperable para la posición. Este nivel debe ser aplicado a aquellos cuyo desempeño cumple claramente todas las exigencias principales del puesto. Refleja un desempeño riguroso, el habitual de aquellas personas que tienen conocimientos, formación y experiencia apropiados para el puesto. Las personas en este nivel llevan a cabo su tarea regularmente de forma profesional y eficaz.

4. *Necesita mejorar:* este nivel refleja un desempeño que no cumple plenamente las necesidades en algunas áreas de trabajo que se consideran importantes en relación con el puesto. La persona demuestra capacidad para lograr la mayoría de las tareas, pero necesita desarrollo.

5. *Resultados inferiores a los esperados:* se aplica para aquellos cuyo trabajo en términos de calidad, cantidad y cumplimiento de objetivos está claramente por debajo de las exigencias básicas de su puesto de trabajo. Si el individuo va a permanecer en la posición, el desempeño debe mejorar significativamente dentro de un período determinado.

Firmas

El término "firma" se utiliza como un concepto, por medio del cual se desea expresar que, si una persona suscribe un escrito, está de acuerdo con lo que allí se expresa.

Las "firmas" en la evaluación del desempeño, dentro de la Metodología MAI, son las siguientes:

- Del evaluador / jefe directo.

- Del jefe del jefe (jefe directo del evaluador).

- Del evaluado (colaborador).

Algunas definiciones:

Firma (1). Rúbrica de una persona que indica la aceptación de lo suscripto.
En los procedimientos de evaluación del desempeño se utiliza este término en un doble sentido. En algunos casos, los participantes del proceso firman la referida evaluación: el jefe, el colaborador y, eventualmente, el jefe del jefe.
La firma también puede ser digital a través de algún método que así lo indique —cuando todo el proceso es de tipo informático—, para referirse a la aprobación del involucrado.

Firma (2). Razón social o empresa.
Si bien el término "firma" hace referencia a cualquier tipo de razón social o empresa, en el ámbito empresarial suele utilizarse para denominar a las empresas de consultoría.

La firma del jefe del jefe es, en la mayoría de los casos, el aval a la evaluación realizada por el jefe directo. Por lo tanto, si no se prevén razones especiales, eventuales problemas, etc., los jefes de los jefes respaldan la evaluación realizada.

Los colaboradores, con frecuencia, también respaldan las evaluaciones de sus jefes, excepto en situaciones problemáticas y/o cuando se producen mediciones notoriamente diferentes. En estas circunstancias, el colaborador podrá firmar indicando que no está de acuerdo con los resultados de la evaluación.

El procedimiento interno deberá prever cómo resolver este tipo de situaciones.

Retroalimentación

Hasta aquí hemos explicado cómo llevar a cabo la evaluación del desempeño, primero fijando objetivos para luego medir su grado de cumplimiento y la evaluación de competencias. El proceso se completa con la retroalimentación. Antes de continuar, una nueva reflexión sobre la relación entre el paso 1 y el que estamos tratando en este capítulo.

Relación entre los pasos 1 y 4

Para la evaluación del desempeño es fundamental contar con descriptivos de puestos actualizados y, como vimos en el Capítulo 1, que representen la estrategia organizacional. Cuando esto así ocurre, las personas guían su accionar por los referidos descriptivos de puestos.

Del mismo modo, los objetivos se definirán en relación con el puesto que la persona ocupa y en base a estos se medirán los resultados junto con el grado de desarrollo de las competencias requeridas (según la asignación de competencias a puestos que integra el *descriptivo de puestos*).

En resumen, se requiere del paso 1 para la realización del paso 4.

En la figura siguiente se desea destacar la relación de la evaluación del desempeño con el descriptivo del puesto y que la retroalimentación es un producto de ambos. Si bien la evaluación del desempeño –evaluación vertical– concluye con la retroalimentación, esta será más efectiva si se considera –también– el descriptivo

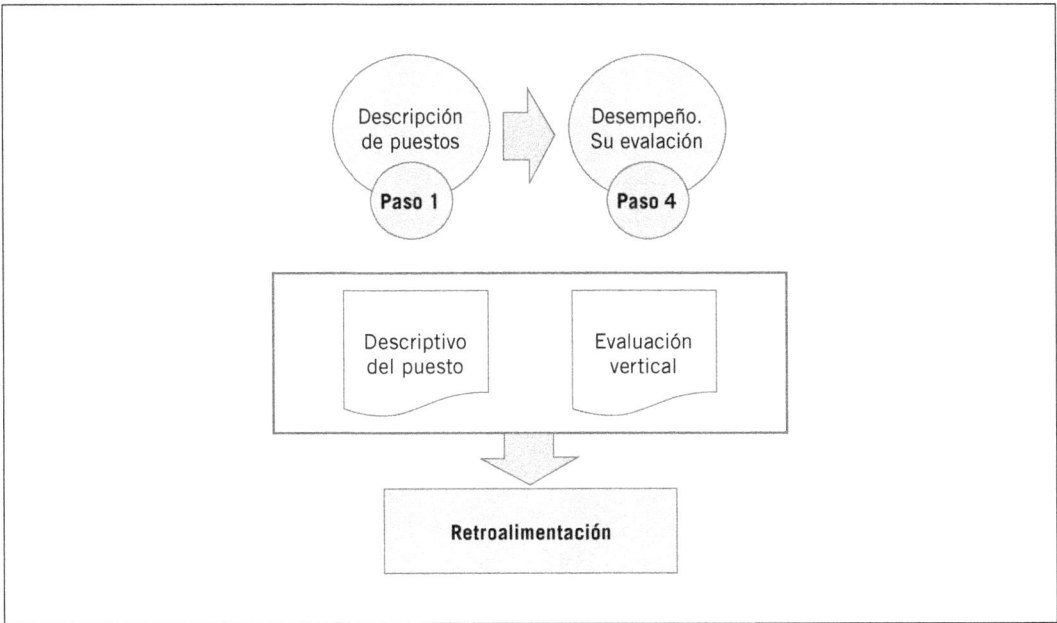

del puesto. En resumen, un jefe podrá decirle a su colaborador cuál fue su desempeño en relación con el puesto de trabajo que ocupa.

Retroalimentación es la acción por la cual se le comunica al colaborador aquello que hace bien y aquello en lo que debe mejorar. Muchas personas utilizan para denominar a este tipo de comunicación el término en idioma inglés *feedback*.

Con frecuencia se considera como retroalimentación solo la instancia en la cual el jefe le comunica a su colaborador el resultado de la evaluación del desempeño. Sin embargo, como se explicara al inicio del capítulo, la retroalimentación entre las personas es constante, en especial cuando la relación que las une es la de jefe-colaborador. Circunscribir la retroalimentación a una o dos reuniones anuales empobrece el vínculo.

Brindar retroalimentación es uno de los roles de los jefes

Como hemos visto forma parte del rol del jefe evaluar colaboradores y dar aliento, junto con ser un entrenador. La retroalimentación entre jefe y colaborador es una tarea cotidiana, casi inconsciente entre las partes. Un jefe le dice a su colaborador con palabras y hasta con gestos si las tareas realizadas están bien o no, y también el colaborador expresa de un modo u otro sus opiniones al respecto. Incluso podrá dar él retroalimentación a su jefe, quizá de manera indirecta, por ejemplo, al brindar una opinión sobre cómo resolver un problema.

Usualmente, se denomina "retroalimentación" a una acción pautada y quizá más formal, que aquí denominaremos "reunión de retroalimentación". Esta última forma parte de un proceso de evaluación del desempeño y tiende un puente con las actividades de formación y desarrollo.

La retroalimentación debe ser vista como un aspecto clave de la relación jefe-colaborador. Para que la retroalimentación sea productiva debe basarse en los hechos, en la relación cotidiana y en oportunidades más formales, como la reunión de retroalimentación.

Con frecuencia será necesario señalar errores o aspectos a mejorar, y también señalar aciertos y logros, tanto por parte del jefe como –en ocasiones– del colaborador a su propio jefe. En cualquier circunstancia, los comentarios deben ser concretos, referidos a situaciones y hechos, describiendo dichas situaciones sin incluir adjetivos de ninguna especie (en especial se recomienda no utilizar referencias de tipo personal).

En resumen, un jefe evalúa a sus colaboradores, en el día a día y en las ocasiones que la organización haya definido para la evaluación del desempeño.

La reunión de retroalimentación es un aspecto relevante en la evaluación del desempeño. Esta será mucho más productiva, para ambas partes, cuando exista una interacción diaria positiva entre el jefe y el colaborador, como la aquí descrita.

La reunión de retroalimentación

En el marco de la evaluación del desempeño se denomina *reunión de retroalimentación* a aquella que se lleva a cabo entre el jefe y el colaborador como uno de los pasos del proceso, en el cual el jefe le comunica al colaborador el resultado de dicha evaluación.

En ocasiones, el colaborador conoce su evaluación de manera previa a esa reunión. En estos casos será posible un análisis conjunto de los resultados.

Cuando una organización ha implementado la evaluación vertical, usualmente se analizan primero los resultados obtenidos en relación con los objetivos y, en segundo término, la situación y las eventuales brechas en materia de competencias. En esta segunda parte, siempre se recomienda la descripción de comportamientos como la mejor forma de explicar los resultados, tanto positivos como negativos.

La entrevista de retroalimentación permite analizar la evaluación y, además, encontrar en conjunto, el jefe con su colaborador, áreas de posible mejora. Es un momento de reflexión compartida.

La reunión de retroalimentación cobra sentido y relevancia cuando los jefes, con una cierta frecuencia y sin mediar una instancia formal, brindan retroalimentación cotidiana a sus colaboradores como parte de una relación basada en la colaboración y el aprendizaje continuo.

Las posibles instancias en las cuales se lleva a cabo este tipo de reunión son: al inicio del período para fijar objetivos; luego, una reunión de seguimiento durante el año, por ejemplo, a los 6 meses; y por último, la reunión de retroalimentación propiamente dicha al final del año y tras concluir la evaluación del período.

La retroalimentación también es un paso fundamental en las evaluaciones múltiples, por ejemplo, las evaluaciones de 360° y evaluaciones de 180°. En ambos casos, el evaluado recibirá el resultado de la medición realizada junto con sugerencias acerca del mejor camino a seguir, por ejemplo, en el desarrollo de sus competencias.

Definición:

> **Reunión de retroalimentación.** Es uno de los pasos de la evaluación del desempeño, en el cual un jefe o superior le comunica al colaborador el resultado de dicha evaluación.

La reunión de retroalimentación es un momento muy importante para ambos, jefe y colaborador. No solo permite analizar la evaluación sino también encontrar en conjunto áreas de posibles mejoras, tanto con relación a cómo se están haciendo las cosas como acerca de la necesidad de mejorar ciertos conocimientos y competencias. También posibilita expresar opiniones al respecto, analizar en conjunto jefe-colaborador eventuales problemas en el desempeño, establecer metas de superación, etcétera.

Adicionalmente, esta instancia tiende a mejorar la comunicación entre jefes y colaboradores, permitiendo un momento de reflexión compartido, para expresar ideas, sentimientos, presentar propuestas y, eventualmente, objeciones.

La evaluación del desempeño, además de lo anterior, se relaciona con las remuneraciones. El jefe también verá estas implicancias en la reunión de retroalimentación. Se sugiere abordar esta instancia hacia el final de la reunión de retroalimentación tanto en casos positivos como no tanto.

Las modificaciones en las remuneraciones en relación con la evaluación del desempeño, con frecuencia, se ven influenciadas por dos factores, el desempeño propiamente dicho del colaborador evaluado y otras consideraciones más generales, en relación con la organización en su conjunto. Cada jefe deberá estar preparado para tratar ambos temas, en la mencionada reunión de retroalimentación, según sean esas la situación y la circunstancia.

Formación y entrenamiento a los evaluadores

En la evaluación del desempeño participan todos los integrantes de la organización, ya sea como evaluadores o evaluados y, en ocasiones, en ambos roles al mismo tiempo. Por lo tanto, las acciones de formación deberían realizarse partiendo del número 1.

Muchos de los temas que conforman la evaluación del desempeño son, a priori, conocidos por todos. Sin embargo, la mayoría de las personas, cuando deben llevarlos a la práctica en su puesto de trabajo, en relación con el equipo a su cargo, no los aplican correctamente, utilizan esquemas desactualizados, no les dan la importancia y el significado adecuados, entre otros errores. De allí proviene la disconformidad frecuente en relación con la evaluación del desempeño y la retroalimentación (reunión de retroalimentación).

Todos los participantes en la evaluación debieran conocer el propósito y los beneficios de la evaluación del desempeño, así como una capacitación adecuada sobre el uso de la herramienta a utilizar.

La evaluación de desempeño, a través de la fijación de objetivos, es una herramienta eficaz y eficiente para dirigir a su equipo de colaboradores. Según el área en cuestión, quizá el responsable necesite asistencia para fijar objetivos adecuados, en una primera implementación.

Los colaboradores, muchos de ellos acostumbrados a que las evaluaciones de desempeño solo representan malas noticias y/o malos momentos, aun cuando los resultados de las mismas hayan sido positivos, descubren que la evaluación puede ser una herramienta para que les digan cómo están haciendo las cosas, cómo mejorar y crecer dentro de la organización, entre otras posibilidades.

Desde la mirada del número 1, ya no en su rol de jefe, sino como responsable de la organización en su conjunto, la evaluación del desempeño es una herramienta para alcanzar los objetivos estratégicos y, por otro lado, una suerte de radiografía del talento organizacional, que es la base con que cuenta para alcanzar dichos objetivos.

Para que la evaluación del desempeño alcance su potencial, la herramienta diseñada deberá responder a las buenas prácticas y contemplar la estrategia y demás aspectos analizados.

La formación con relación a la evaluación del desempeño es una tarea de tipo continuo. Es decir, no alcanza con hacerlo cuando se modifica un procedimiento, sino que, por el contrario, debería hacerse todos los años, como parte de la formación integral a personas que ocupen posiciones de liderazgo, a las personas que son designadas jefes por primera vez, a los que aun siendo jefes son promovidos a posiciones superiores con mayor nivel de responsabilidad y número de colaboradores a su cargo, etc. En resumen, el desempeño es un tema de relevancia a ser incluido en diversos programas gerenciales.

Formación sobre desempeño

Mirada organizacional		
Número 1 de la organización	Área de Recursos Humanos	Directivos / Alta gerencia

Protagonistas			
Colaboradores	Jefe	Jefe del jefe	Número 1 de la organización - En su rol de jefe

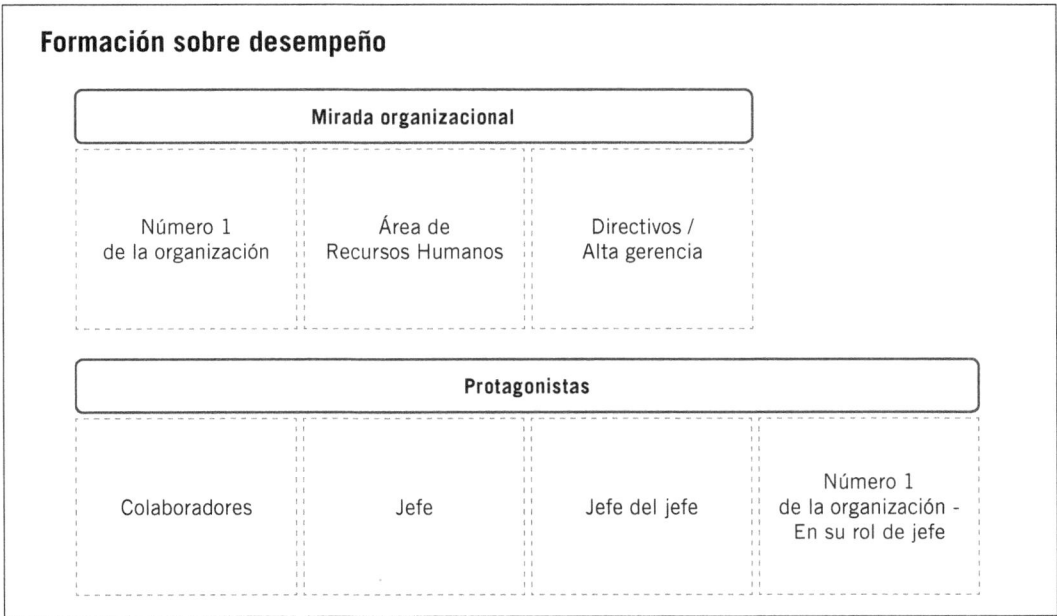

Como puede apreciarse en la figura precedente, en la formación hemos identificado dos ejes como los más relevantes. Por un lado, la mirada organizacional, de interés para el número 1, la dirección de RRHH y la alta gerencia. Los temas serán: cuáles son los resultados a esperar, la relación entre la evaluación del desempeño y la estrategia organizacional, sus implicancias desde diferentes ángulos, la relación de los resultados con la formación y el desarrollo del talento organizacional, etc. Por otro, la formación a los protagonistas, colaboradores y jefes de los diferentes niveles, que serán evaluados y evaluadores y, en muchos casos, las dos cosas al mismo tiempo. Los primeros mencionados, también participarán de las actividades diseñadas para los denominados "protagonistas".

Para este último grupo (protagonistas) una cuestión a definir será el alcance y contenido de la capacitación. Un error frecuente es solo formar a los jefes en la retroalimentación, cómo llevar adelante la reunión y otros aspectos relacionados. Todo lo antedicho es muy importante, no obstante, será insuficiente si no se analiza la evaluación del desempeño desde su esencia: para qué se realiza, su relación con la estrategia organizacional, su importancia tanto desde la mirada del colaborador como desde la del jefe, etcétera.

La falta de una formación adecuada brindada a todos los intervinientes en el proceso es, en nuestra experiencia, la causa de la mayoría de las dificultades y los problemas en relación con la evaluación del desempeño.

En resumen, la formación deberá incluir entre otros aspectos una explicación de la herramienta a ser utilizada para la evaluación, por ejemplo, la evaluación vertical explicada en este capítulo, cómo aplicarla y cómo dar una adecuada retroalimentación.

La evaluación del desempeño desde la mirada del colaborador

Usualmente se analizan los temas de Recursos Humanos y, en especial, la evaluación del desempeño desde la mirada del especialista de RRHH, del jefe y de la alta dirección. Destinaré esta sección a analizar el tema desde la mirada del colaborador.

El primer aspecto a considerar es que la evaluación del desempeño es un derecho del colaborador.

Al inicio comentamos el rol del jefe en el desempeño en el día a día, un rol que no implica que el jefe deba realizar tareas adicionales; simplemente, en el trato cotidiano, decir cómo se están haciendo las cosas, con el respeto que la relación jefe-colaborador involucra para ambas partes.

La evaluación del desempeño contribuye al desarrollo de las carreras de todas las personas que integran la organización. Cada colaborador podrá relacionar el resultado de su evaluación con sus posibilidades futuras.

Todo colaborador, cualquiera sea su desempeño (alto, medio, bajo), esperará tanto que le digan cómo está haciendo las cosas como que le indiquen cómo mejorar y, de un modo u otro, tener una idea de cuál podrá ser su futuro en esa organización.

El colaborador también realiza su propia evaluación, la cual podrá coincidir o no con la valoración de su jefe. Si la autoevaluación es objetiva, el colaborador tendrá una idea sobre cómo ha sido su desempeño y la evaluación no le deparará grandes sorpresas, ya sea positiva o no.

Por último, y en relación con la mirada del colaborador, hay que tener en cuenta que, en muchas ocasiones, los jefes son al mismo tiempo colaboradores.

Para concluir esta última parte del capítulo, un aspecto ya mencionado. La evaluación del desempeño es un derecho del trabajador, ya sea la evaluación formal, que se realiza una o dos veces al año, según lo haya definido cada organización o, la más importante, como se explicara al inicio (de este capítulo), la evaluación que se realiza todos los días, casi sin darnos cuenta, cuando un jefe le dice a su colaborador, con palabras, con gestos, con la mirada, cómo está haciendo las cosas.

DE LA BIBLIOTECA ALLES PARA SEGUIR LEYENDO

Libros específicos en relación con este capítulo

- *Desempeño por competencias. Estrategia. Desarrollo de personas. Evaluación de 360* . Ediciones Granica, Buenos Aires, 2017.
- Capítulo específico sobre Desempeño en: *Dirección estratégica de Recursos Humanos. Volumen 1. Gestión por competencias.* Nueva edición. Ediciones Granica, Buenos Aires, 2015. *Dirección estratégica de Recursos Humanos. Volumen 2. Casos.* Nueva edición. Ediciones Granica, Buenos Aires, 2016.

Para la medición de competencias:
- *Diccionario de comportamientos. La trilogía. Tomo 2.* Ediciones Granica, Buenos Aires, 2015.

Libros sobre temas generales de interés

- *Comportamiento organizacional.* Ediciones Granica, Buenos Aires, 2017.
- *Cuestiones sobre gestión de personas. Qué hacer para resolverlas.* Ediciones Granica, Buenos Aires, 2015.
- *Diccionario de términos de Recursos Humanos.* Ediciones Granica, Buenos Aires, 2011.
- *Las 50 herramientas de Recursos Humanos que todo profesional debe conocer.* Ediciones Granica, Buenos Aires, 2017.
- *La Marca Recursos Humanos.* Ediciones Granica, Buenos Aires, 2014.
- *Social media y Recursos Humanos.* Ediciones Granica, Buenos Aires, 2012.

Libros sobre Liderazgo

- *12 pasos para conciliar vida profesional y personal. Desde la mirada individual.* Ediciones Granica, Buenos Aires, 2013.
- *12 pasos para ser un buen jefe.* Ediciones Granica, Buenos Aires, 2014. Título anterior de esta obra: *Cómo ser un buen jefe en 12 pasos* (2008).
- *Cómo delegar efectivamente en 12 pasos.* Ediciones Granica, Buenos Aires, 2010.
- *Cómo llevarme bien con mi jefe y con mis compañeros de trabajo.* Serie Bolsillo. Ediciones Granica, Buenos Aires, 2009.
- *Cómo transformarse en un jefe entrenador en 12 pasos.* Ediciones Granica, Buenos Aires, 2010.
- *Conciliar vida profesional y personal. Dos miradas: organizacional e individual.* Ediciones Granica, Buenos Aires, 2016.
- *Rol del jefe.* Ediciones Granica, Buenos Aires, 2008.

Capítulo **5** = Paso **5**

Desarrollo del talento

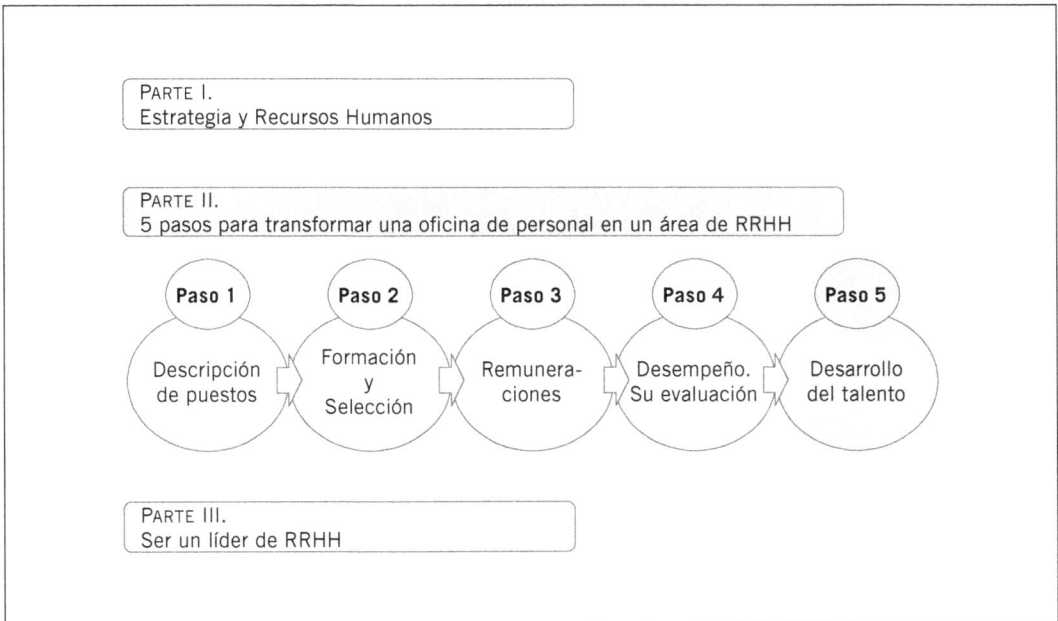

PARTE I.
Estrategia y Recursos Humanos

PARTE II.
5 pasos para transformar una oficina de personal en un área de RRHH

Paso 1	Paso 2	Paso 3	Paso 4	Paso 5
Descripción de puestos	Formación y Selección	Remuneraciones	Desempeño. Su evaluación	Desarrollo del talento

PARTE III.
Ser un líder de RRHH

Temas del capítulo:

- La función de Desarrollo dentro del área de Recursos Humanos
- Promociones internas
- Mapa y ruta de talentos
- Desarrollo del talento dentro de la organización
- Planes de sucesión
- Diagramas de reemplazo
- Planes de carrera
- Programas para jefes. *Jefe entrenador*
- Relación entre Formación y Desarrollo del talento

© GRANICA

La función de Desarrollo dentro del área de Recursos Humanos

El desarrollo del talento es un tema estratégico para la alta gerencia. Los líderes actuales lo han incluido en sus respectivas agendas y, además, es una función relevante del área de Recursos Humanos. Como se verá en el capítulo siguiente, también se encuentra entre los factores a considerar en el perfil de los profesionales que integran el área.

En este paso se diseñan y administran los distintos programas internos para el desarrollo de las personas que ya trabajan en la organización.

Los programas internos para el desarrollo de personas son variados y tienen propósitos diversos. Algunos están más difundidos que otros.

El desarrollo de las capacidades de las personas –en especial en relación con sus competencias–, los planes de carrera y los planes de sucesión y los demás programas relacionados para el desarrollo de personas dentro de la organización se han transformado de "buenas prácticas de Recursos Humanos" en ítems para medir el capital intelectual de una organización.

Paso 5. Desarrollo del talento

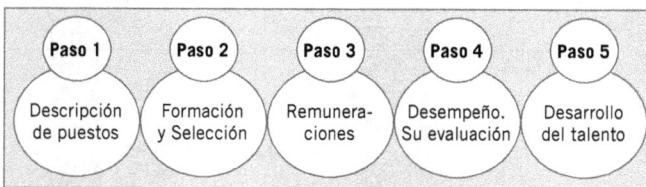

Paso 1	Paso 2	Paso 3	Paso 4	Paso 5
Descripción de puestos	Formación y Selección	Remuneraciones	Desempeño. Su evaluación	Desarrollo del talento

Paso 5

Desarrollo del talento

Desarrollo del talento. En este paso se definen y diseñan distintos programas internos para el desarrollo de las personas que trabajan en la organización. Dichos programas definen acciones formativas y de desarrollo. Entre dichos programas se pueden citar: planes de sucesión, diagramas de reemplazo y planes de carrera.

Definiciones para tener en cuenta:

Desarrollo. Acción de hacer crecer algo, por ejemplo, una competencia o un conocimiento. Si bien el término desarrollo es aplicable tanto al desarrollo de competencias como de conocimientos, su uso más frecuente es con relación a competencias (desarrollo de competencias). En cambio, en relación con conocimientos es más frecuente la utilización de los términos "formación" y "capacitación".

Desarrollo de personas. Conjunto de acciones tendientes a hacer crecer las capacidades de una persona en relación con su puesto de trabajo, actual o futuro. Implica el desarrollo tanto de conocimientos como de competencias.

Desarrollo del talento humano. Al igual que se explica en relación con el término "desarrollo", si bien el uso de la expresión "desarrollo del talento humano" es aplicable tanto al desarrollo de competencias como de conocimientos, su uso más frecuente es con relación a las primeras (desarrollo del talento humano basado en competencias).
En cambio, en relación con conocimientos es más frecuente la utilización de los términos "formación" y "capacitación".

Desarrollo organizacional (DO). Conjunto de acciones organizacionales que se realizan para modificar, usualmente, aspectos culturales o de comportamiento organizacional. La forma más frecuente de accionar en estos casos es definir un nivel o estándar que se desea alcanzar para luego diseñar acciones para lograrlo.

Definición de la competencia Desarrollo y autodesarrollo del talento[1]. Capacidad para fomentar e incentivar el crecimiento del talento (conocimientos y competencias) propio y de los demás, y utilizar para ello diversas tecnologías, herramientas y medios, según sea lo más adecuado. Implica la búsqueda del aprendizaje continuo, mantenerse actualizado y poder incorporar nuevos conocimientos a su área de trabajo para obtener mejores resultados en el negocio.

Cantera de talentos. Acción permanente y planificada para crear talento organizacional a través de programas de desarrollo y formación.

---

1 Una competencia se abre en grados o niveles. La apertura en grados de esta competencia la encontrará en la obra *Diccionario de competencias. La trilogía. Tomo 1.* Asimismo, para cada competencia que conforma un modelo de competencias deben elaborarse ejemplos de comportamientos observables siguiendo la misma apertura en grados o niveles utilizada en el diseño del *Diccionario de competencias.* Ejemplos de comportamientos en relación con esta competencia los encontrará en la obra *Diccionario de comportamientos. La trilogía. Tomo 2.*
Por último, para todas las competencias del modelo, y con vistas a facilitar la evaluación de una persona respecto de cada competencia en particular, se sugiere la preparación de preguntas. Ejemplos de preguntas en relación con esta competencia los podrá encontrar en la obra *Diccionario de preguntas. La trilogía. Tomo 3.*

El concepto "cantera de talentos" fue introducido por la autora en la obra *Construyendo talento* para representar, a través de una imagen, aquellos programas que se llevan a cabo para formar personas con el propósito de tenerlas listas para ser designadas en nuevos puestos, en un futuro. Estos programas son: *planes de carrera, personas clave, plan de jóvenes profesionales (JP)*.

En el Capítulo 2 (paso 2) vimos los distintos métodos de desarrollo de personas para, luego, centrar el foco del análisis en la formación. En este capítulo se verán programas organizacionales de gran ayuda a la dirección de la organización, aquellos que hacen foco en tener personas preparadas y listas para ocupar diferentes puestos organizacionales en circunstancias diversas; por ejemplo, cuando se conozca la fecha de salida de ejecutivos importantes o hasta aquellos reemplazos no deseados que, de un modo u otro, ocurren y para los cuales, la mayoría de las veces, las organizaciones no están preparadas.

Las personas podemos incrementar conocimientos y/o desarrollar competencias a través de varias vías, desde la realización de acciones formativas específicas hasta la experiencia práctica.

La temática de este capítulo se relaciona con los *métodos para el desarrollo de personas dentro del trabajo*. La expresión hace referencia al conjunto de buenas prácticas para el desarrollo de personas mientras estas continúan desempeñando su rol, a través de un consejo directo y oportuno dado por el jefe directo o bien cuando el colaborador ejecuta o lleva a la práctica consejos e ideas sugeridas, o como consecuencia de la acción de un mentor o entrenador. En este último caso, los ejemplos más conocidos son los programas de *mentoring* y *entrenamiento experto*.

En nuestra opinión la más aconsejable es la primera de las situaciones planteadas, es decir cuando este desarrollo dentro del trabajo se verifica por la acción del propio jefe, que desempeña el rol de entrenador de sus colaboradores. A este programa lo denominamos *jefe entrenador*.

Se puede establecer algún paralelo entre los programas de desarrollo dentro del trabajo con la formación dada por un maestro a su pupilo, por ejemplo, en artes y oficios, una buena práctica que se lleva a cabo desde la antigüedad hasta nuestros días.

La expresión "dentro del trabajo" significa que una persona estará desarrollando sus capacidades (conocimientos, competencias y, también, adquiriendo experiencia) mientras lleva a cabo las tareas y responsabilidades de su puesto de trabajo, es decir, concomitantemente.

También en el Capítulo 2 vimos los métodos *basados en el autodesarrollo, dentro y fuera del trabajo* y la relación entre todos los métodos disponibles. Quizá en algún caso lo más conveniente sea comenzar por *planes de sucesión*, y en otros por *jefe entrenador*. El aprendizaje puede llevarse a cabo por vías diversas y, a su vez, combinarse estas opciones entre sí. Una persona aprende mientras realiza sus funciones de acuerdo con su puesto de trabajo y, además, puede recibir formación específica, según las necesidades detectadas.

Los principales objetivos de los programas para el desarrollo del talento interno

Desde la perspectiva de la organización, los programas para el desarrollo tienen claros objetivos, uno de los cuales es preservar el capital intelectual.

Cuando un gerente renuncia o llega a la edad del retiro siempre cabe la posibilidad de contratar a un sucesor en el mercado, y así se hace exitosamente en muchas ocasiones. Sin embargo, las organizaciones podrán prever esta situación y formar gerentes en sus propias filas. Así, siempre que esto es posible, resulta aconsejable tener preparado un sucesor/reemplazo para todos los puestos clave.

Otro aspecto igualmente importante es la retención de los mejores colaboradores y, al mismo tiempo, evitar que los puestos sean cubiertos por personas que no poseen las capacidades necesarias. Por último, los planes de formación –ver Capítulo 2– serán una inversión y no un gasto, como también se expusiera.

Desde el punto de vista de los colaboradores, los programas específicos brindarán información acerca de las capacidades (conocimientos, experiencia y competencias) valoradas por la organización y que, a su vez, ellos necesitan desarrollar, reforzar o simplemente mantener. Es decir, posibilita el desarrollo y la realización personal.

Por último, y como una consecuencia de todo lo expuesto, la aplicación de programas internos permite a los colaboradores sentirse más seguros, considerados dentro de los planes organizacionales y motivados.

Muchos directivos piensan que la única motivación de los colaboradores es el dinero. No niego su valor para todas las personas. Sin embargo, no ofrece una motivación duradera, ya que cuando esta se basa únicamente en el dinero cae frente a los incentivos de otra propuesta basada en mayor cantidad de dinero.

Una correcta motivación de colaboradores debe contemplar los aspectos remunerativos, cuidando la equidad interna y externa, pero debe ofrecer, al mismo tiempo, programas de desarrollo como los que se verán en este capítulo.

Promociones internas

En el ámbito de las organizaciones el término *promoción* implica el conjunto de acciones, planeadas o no, mediante las cuales una persona es ascendida a un nivel superior al que ocupa.

Se realiza una "promoción" cuando se designa a una persona como reemplazo de otra, cuando pasa de un nivel a otro en la carrera gerencial o especialista, etc. Es importante señalar que, en cada caso en que se realice una promoción, se debe tener en cuenta la adecuación de la persona al nuevo puesto, para lo cual se deben evaluar sus capacidades. Si existen varias personas como posibles ocupantes de una posición, se deben aplicar técnicas cuantitativas para elegir a la más adecuada.

En este apartado se verán una serie de acciones o pasos a realizar para designar adecuadamente a una persona en un nuevo puesto. Esta designación puede ser el resultado de búsquedas internas[2] (autopostulación o *job posting*) o simplemente de un análisis realizado por el área de Recursos Humanos y/o el jefe directo del involucrado, o el jefe de aquel. En estos casos, la evaluación de las personas debería realizarse del mismo modo, es decir, comparando la medición de sus capacidades con lo requerido por la futura posición.

Cuando se utiliza el plural, como en el título de esta sección, *Promociones internas*, se hace referencia al conjunto de acciones mediante las cuales los colaboradores de la organización son ascendidos a un nivel superior al que poseían. En todos los casos, se sugiere diseñar un procedimiento interno para el tratamiento de este tipo de situaciones, es decir, darle jerarquía y, al mismo tiempo, ofrecer un esquema guía tanto para el área de Recursos Humanos como para los jefes de todos los niveles. Por extensión, la expresión se utiliza también en aquellos casos en que los desplazamientos son laterales o de otro tipo, dentro de la organización.

En todos los casos, las promociones internas deberían realizarse analizando y evaluando los conocimientos, experiencia y competencias de una persona en relación con el puesto a ocupar.

Promociones internas y evaluaciones de desempeño

Las promociones, transferencias y nuevas asignaciones suelen ser una consecuencia de las evaluaciones de desempeño. Los resultados de la evaluación de desempeño (paso 4) también serán considerados en los programas *planes de sucesión, diagramas de reemplazo* y otros que veremos más adelante.

También serán una guía para los programas cuyo foco esté puesto en el desarrollo de las personas, como *planes de carrera, planes de jóvenes profesionales y personas clave.*

---

2 Las búsquedas internas se realizan de manera similar a las búsquedas externas, es decir, cuando se convoca a participar a candidatos que no pertenecen a la organización (mercado de postulantes). Lectura sugerida: *Selección por competencias;* Ediciones Granica, Buenos Aires, 2016.

La comparación de capacidades con lo necesario para el nuevo puesto se inscribe entre las prácticas *ganar-ganar,* lo cual es bueno tanto para los involucrados en estos programas como para los que no lo están, ya que podrán formar parte de alguno de ellos en el futuro. Adicionalmente, evitará consideraciones poco fundadas o inapropiadas sobre una designación, al estar esta basada en información concreta y objetiva.

Como puede observarse en la figura al pie, las evaluaciones de los candidatos a ocupar un puesto son comparadas con lo requerido por el puesto en cuestión, considerando conocimientos, competencias, experiencia y motivación.

Ya hemos hablado de la comparación entre las capacidades de una persona y los requisitos del puesto. El análisis ahora será similar, pero en este caso se realizará en relación con el puesto a ocupar en el futuro. Puede tratarse de una promoción propiamente dicha o bien del traslado de una persona de un puesto a otro, ya sea superior al nivel actual o simplemente diferente al que ocupa en la actualidad.

La idea se expresa en la figura de la pagina siguiente –*Grado de adecuación, puesto actual y futuro*–, donde de la comparación entre las capacidades de una persona y lo requerido por el puesto futuro surgen algunas brechas.

En el Capítulo 1 se vio lo que denominamos *adecuación persona-puesto*, referida al puesto que el evaluado ocupa en el presente. Para los temas a tratar en este capítulo se hará un análisis similar considerando un eventual puesto a ocupar en el futuro.

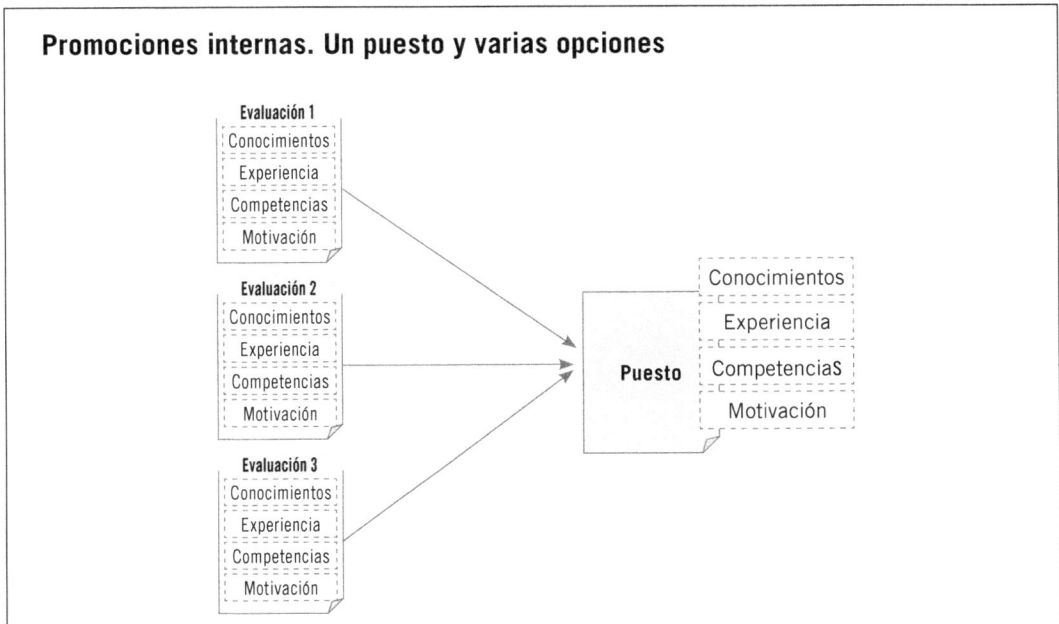

Promociones internas. Un puesto y varias opciones

El propósito es el mismo: determinar necesidades de formación y desarrollo con vistas a preparar a una persona para ocupar un puesto en un futuro, más o menos cercano, según las circunstancias. También se podrá determinar el tiempo necesario para achicar las brechas que se hubiesen detectado en relación con ese puesto.

En las promociones internas, usualmente, el puesto futuro deberá ser ocupado en unos pocos días. Por el contrario, en el caso de *diagramas de reemplazo* –tema que se verá más adelante–, la mayoría de las veces se cuenta con plazos mayores, desde varios meses hasta uno o dos años.

La idea central que se desea enfatizar es la importancia de comparar las capacidades de una persona con lo requerido por el puesto futuro, ver figura al pie. Si bien la mayoría de los especialistas coinciden en la importancia de estas consideraciones, no siempre esto se verifica en la práctica, con la consiguiente gama de problemas que una promoción mal planteada acarrea tanto a la organización como a la persona involucrada, a su jefe y a sus compañeros de trabajo.

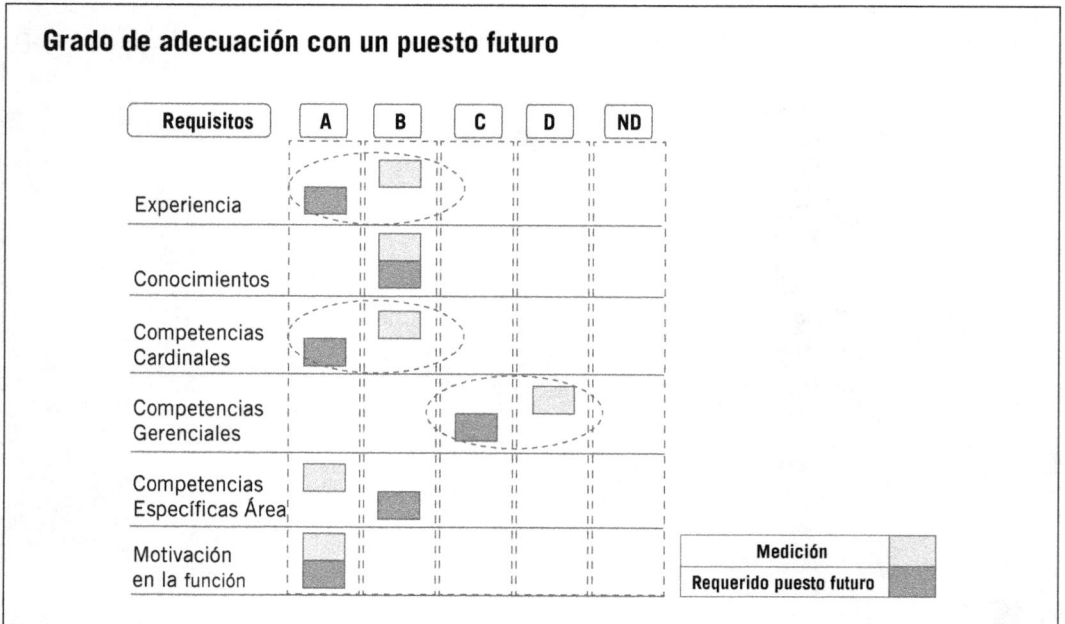

Grado de adecuación con un puesto futuro

Requisitos	A	B	C	D	ND
Experiencia					
Conocimientos					
Competencias Cardinales					
Competencias Gerenciales					
Competencias Específicas Área					
Motivación en la función					

Medición
Requerido puesto futuro

Mapa y ruta de talentos

Carreras organizacionales

En las organizaciones de todo tipo es posible realizar carreras diferentes. El término *carrera* se utiliza para señalar el camino –ruta– que una persona recorre en el ámbito de una organización, y que contempla los intereses de ambas partes, empleado y empleador, en una relación *ganar-ganar*. La carrera puede ser de tipo gerencial o como especialista, entre las variantes más difundidas.

Carrera ascendente

También denominada *carrera vertical ascendente*. Es la más conocida e implica que la persona es promovida a niveles superiores a lo largo de su permanencia en la organización.

La carrera ascendente se relaciona con el programa denominado "carrera gerencial".

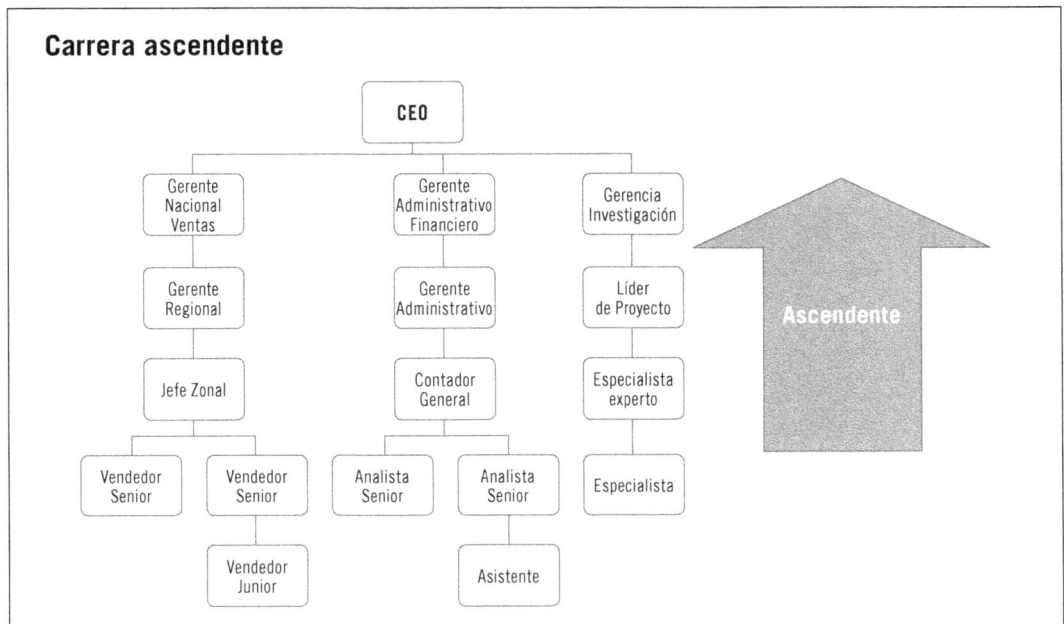

Carrera ascendente

```
                          ┌───────┐
                          │  CEO  │
                          └───┬───┘
        ┌─────────────────────┼─────────────────────┐
┌───────────────┐    ┌───────────────┐    ┌───────────────┐
│    Gerente    │    │    Gerente    │    │   Gerencia    │
│   Nacional    │    │ Administrativo│    │ Investigación │
│    Ventas     │    │   Financiero  │    │               │
└───────┬───────┘    └───────┬───────┘    └───────┬───────┘
┌───────────────┐    ┌───────────────┐    ┌───────────────┐
│    Gerente    │    │    Gerente    │    │     Líder     │
│    Regional   │    │ Administrativo│    │  de Proyecto  │
└───────┬───────┘    └───────┬───────┘    └───────┬───────┘
┌───────────────┐    ┌───────────────┐    ┌───────────────┐
│   Jefe Zonal  │    │   Contador    │    │  Especialista │
│               │    │    General    │    │    experto    │
└───────┬───────┘    └───────┬───────┘    └───────┬───────┘
   ┌──────┴──────┐      ┌──────┴──────┐
┌─────────┐ ┌─────────┐ ┌─────────┐ ┌─────────┐ ┌─────────────┐
│ Vendedor│ │ Vendedor│ │ Analista│ │ Analista│ │ Especialista│
│  Senior │ │  Senior │ │  Senior │ │  Senior │ │             │
└─────────┘ └────┬────┘ └─────────┘ └────┬────┘ └─────────────┘
            ┌─────────┐              ┌─────────┐
            │ Vendedor│              │Asistente│
            │  Junior │              │         │
            └─────────┘              └─────────┘
```

Ascendente

Carrera descendente

Si bien no es frecuente, implica que una persona vuelve a un nivel anterior luego de una promoción que por algún motivo no se resuelve favorablemente. Puede ocurrir también cuando una persona, en una carrera vertical ascendente, momentáneamente pasa a una posición de menor nivel para ganar experiencia en un área determinada diferente a la de su especialidad.

La primera variante (una persona vuelve a un nivel anterior) puede presentarse cuando una persona no responde a las características del nuevo puesto, ya sea por carecer de las capacidades requeridas o bien porque las nuevas funciones implican ciertas exigencias –por ejemplo, viajes prolongados o jornada laboral extendida– que no se corresponden con sus proyectos personales.

En muchas organizaciones, cuando una persona es promovida a un puesto y luego su desempeño no es el esperado, por cualquiera de las razones mencionadas en el párrafo precedente, la solución adoptada es desvincular al colaborador. Cuando se piensa en este tipo de medida, sin embargo, se debe tener en cuenta que la responsabilidad por el frustrado ascenso es compartida.

En todos los casos, antes de la designación de un colaborador para un nuevo puesto deben medirse sus capacidades (conocimientos, competencias,

Carrera descendente

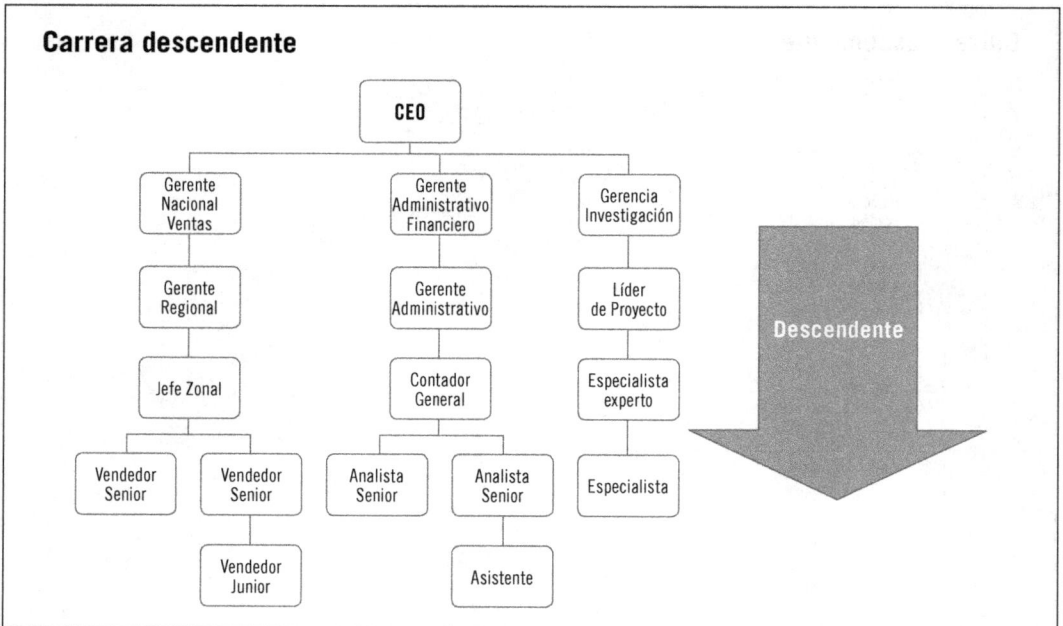

experiencia y motivación) y evaluarse, además, la correspondencia entre las exigencias del nuevo puesto y los proyectos personales del colaborador en cuestión.

Este tipo de situaciones son denominadas también *carrera vertical descendente.*

Desplazamiento lateral (en la carrera)

El desplazamiento lateral puede ser producto de una rotación de puestos, tanto temporal como definitiva, o bien ocurrir cuando una persona es designada para ocupar otro puesto de igual nivel dentro de la estructura organizacional.

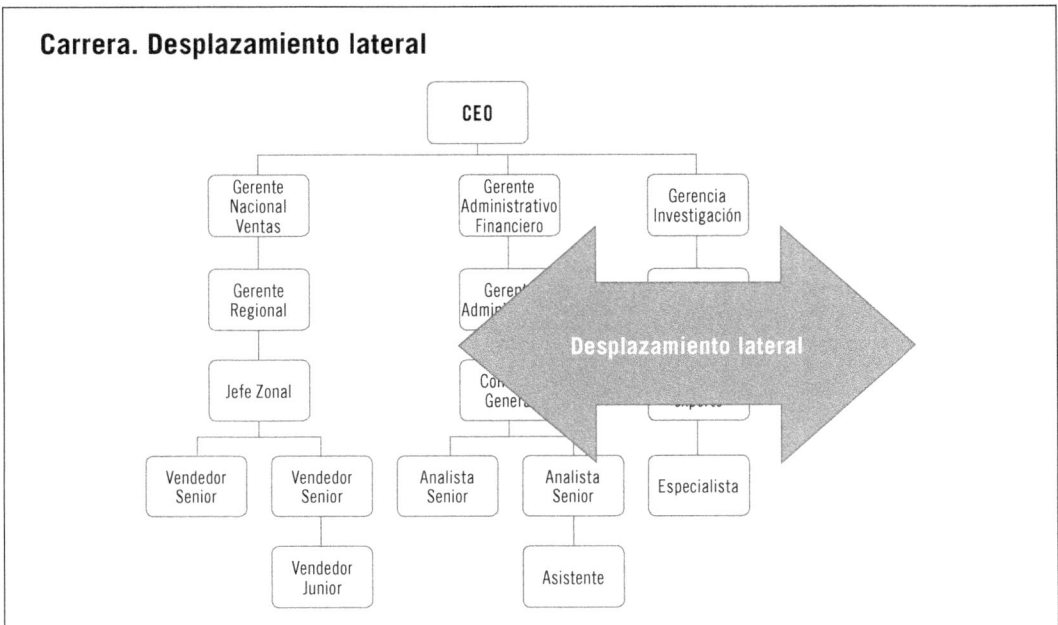

Carrera. Desplazamiento lateral

Enriquecimiento (de la carrera)

Otra variante de carrera que produce alta satisfacción en las personas es la que implica un enriquecimiento en la tarea realizada o un enriquecimiento en el puesto a través de la realización de tareas y la asunción de responsabilidades con mayor valor agregado y de mayor especialización técnica.

La idea que se desea expresar a través de la figura siguiente es que en la organización pueden coexistir diferentes tipos de carrera, entre ellas la ascendente y la de enriquecimiento.

El concepto "enriquecimiento" es la base del programa denominado "carrera como especialista".

Otros conceptos relacionados con la carrera: *expansión* versus *extensión*.

El término "expansión" es similar a "enriquecimiento". Implica la realización de tareas y responsabilidades con mayor valor agregado.

"Extensión" es un concepto en cierta forma opuesto a "enriquecimiento"; implica mayor cantidad de tareas y/o responsabilidades similares a las que ya se realizan.

En síntesis, al considerar candidatos a un puesto futuro en promociones internas (tratado en páginas previas) como, también, al analizar los programas que se describirán en las páginas siguientes, será importante tener en cuenta la existencia

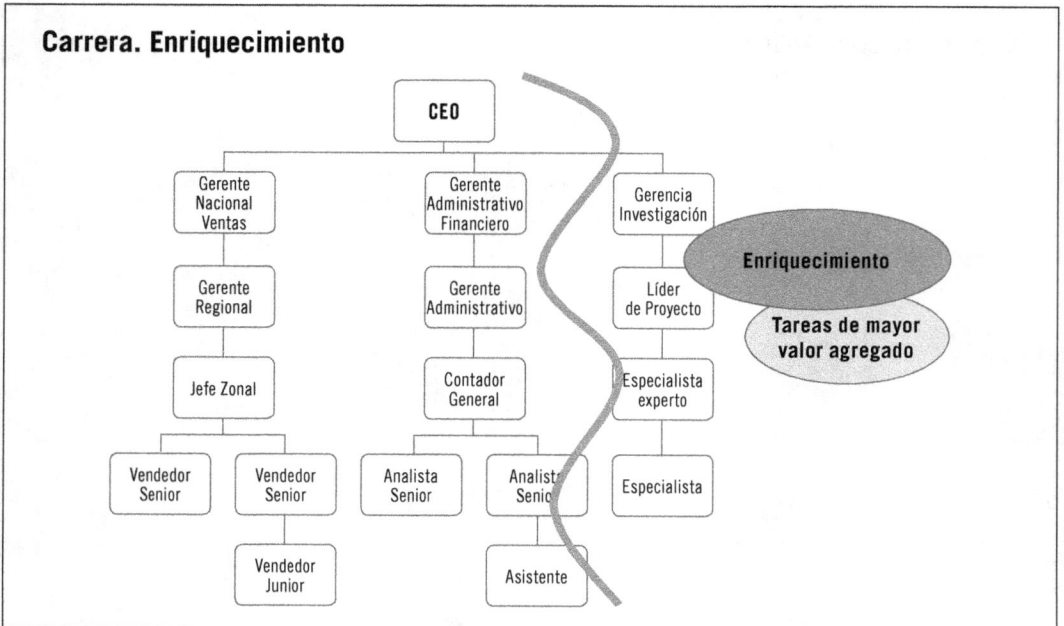

Carrera. Enriquecimiento

de distintos tipos de carrera: ascendente, descendente, lateral, enriquecimiento (o su opuesto, extensión), etcétera.

Rutas organizacionales

Nos hemos referido a *mapa* y *ruta de talento* en el Capítulo 0. El concepto es muy interesante para comprender el alcance del desarrollo de personas dentro de la organización. La expresión hace referencia al proceso interno organizacional, dividido en dos partes, e implica a su vez dos conceptos diferentes entre sí: *mapa* por un lado y *ruta* por otro.

A continuación, sus diferencias e interrelación.

Mapa. Registro del inventario de las capacidades de todos los colaboradores de la organización: conocimientos, experiencia y competencias.

Ruta. Elección de los programas organizaciones más adecuados según la visión y estrategia.

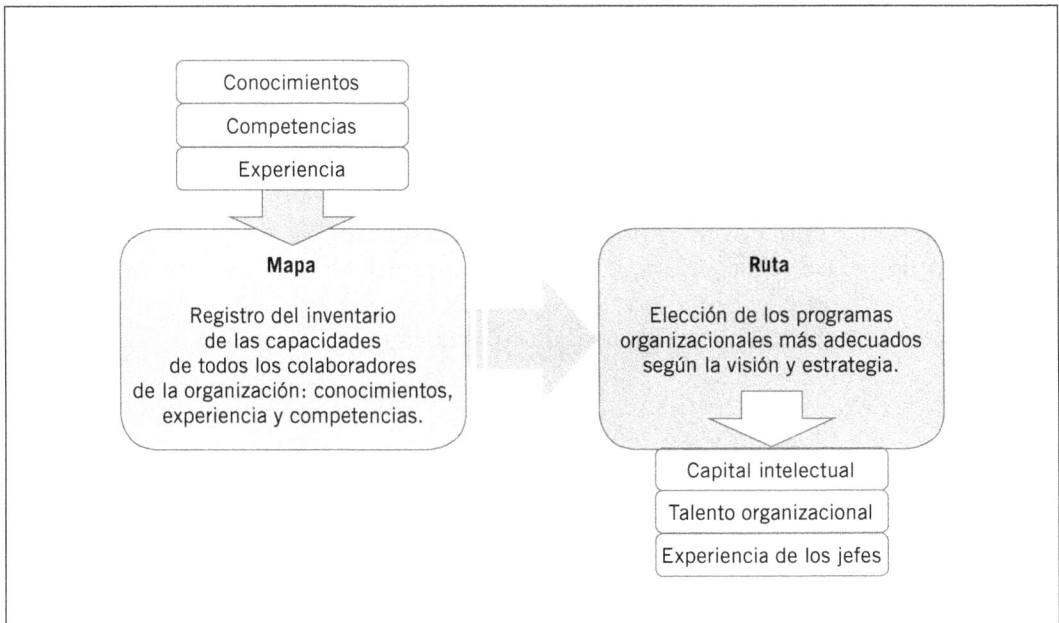

Como se verá en el punto siguiente, los programas que pueden integrar la ruta del talento en el ámbito organizacional se agruparán alrededor de tres ejes: *para el resguardo del capital intelectual, para generar talento organizacional* y *para aprovechar la experiencia de los jefes.*

Desarrollo del talento dentro de la organización

A continuación, se explicará una serie de programas que están orientados al desarrollo interno. Si bien existe una gran diversidad de programas de este tipo, las organizaciones, incluso las de gran tamaño, no necesitan implementar todos los posibles. Muy por el contrario, se debería elegir unos pocos procurando que cubran la mayor cantidad de necesidades de esa organización en particular.

Algunos de estos programas, cabe aclarar, son imprescindibles, como contar con diagramas de reemplazo para personas de las que ya se conoce su fecha de retiro, o diseñar planes de carrera cuando se cuenta con un gran colectivo de personas dentro de una misma especialidad.

Cada organización evaluará su momento actual y futuro, sus circunstancias, para luego elegir los mejores programas para dichas circunstancias. Una vez realizada esta elección, se podrá además hacer un análisis de prioridades y comenzar por los más urgentes.

Frente a todas las circunstancias, siempre será una buena idea desarrollar la competencia *Entrenador* en todos los jefes, a través del programa denominado *jefe entrenador.*

El desarrollo del talento es un tema considerado de relevancia en todos los ámbitos. Por un lado, tiene relación directa con la valuación de una empresa y, desde otro ángulo totalmente diferente, está entre las prioridades de casi todas las personas, a nivel individual. Por lo tanto, abordar desde el área de Recursos Humanos el desarrollo de las personas cubre al mismo tiempo dos de los principales objetivos del área: participar en el logro de los objetivos estratégicos organizacionales y, al mismo tiempo, cubrir las expectativas individuales de colaboradores de todos los niveles.

La visión del área de Recursos Humanos en lo referido a formación y desarrollo de personas se ha ido modificando a través del tiempo, desde ser un mero proveedor de opciones de capacitación hasta constituirse en un socio estratégico. Volveremos sobre el tema en el Capítulo 6.

A continuación, se expondrán programas diversos para el desarrollo de personas y sobre algunos de ellos se dará una explicación más extensa. Esta circunstancia no marca una preferencia de la autora, sino que responde al hecho de ser, algunos programas, los más difundidos en la práctica y los que cubren las necesidades de la mayoría de las organizaciones.

Por un lado, hay que tener en cuenta que todos los programas pueden ser buenos e interesantes; sin embargo, hay que considerar cuáles de ellos son los necesarios y relevantes de acuerdo con la estrategia, la cultura y los valores de la organización. Desde ya, serán útiles en la medida en que se apliquen adecuadamente. Un buen programa puede dar resultados insatisfactorios si se lo utiliza para algo diferente para lo cual fue concebido, o de manera inadecuada.

Los distintos programas internos para el desarrollo del talento dentro de la organización son:

- *Planes de sucesión*

- *Diagramas de reemplazo*

- *Jefe entrenador*

- *Planes de carrera*

- *Carrera gerencial y especialista*

- *Plan de jóvenes profesionales (JP)*

- *Personas clave*

- *Mentoring*

- *Entrenamiento experto*

El orden de presentación de los temas no es casual. Los dos primeros (*planes de sucesión* y *diagramas de reemplazo*) son imprescindibles y deberían implementarse prioritariamente.

A continuación, mencionamos *jefe entrenador,* dada la relevancia que tiene y porque su aplicación se sugiere para todo tipo de organización. Una empresa será sostenible en el tiempo en la medida en que dedique esfuerzos a desarrollar esta capacidad en los jefes de todos los niveles.

En cuanto a *planes de carrera,* en algunas organizaciones podrá, también, transformarse en un programa necesario o imprescindible.

Nos referiremos a estos programas con mayor detalle en las páginas siguientes.

En cuanto a *personas clave* y *carrera gerencial y especialista,* si bien no se requiere un cierto orden para su implementación y no hay un único camino a seguir para llevarlos a cabo, serán los que permitirán tener personas formadas y "listas" para ocupar posiciones de mayor nivel, de acuerdo con las necesidades de la organización.

Programas para el desarrollo de personas dentro de la organización

Capital intelectual			
Sucesión y promociones	Planes de sucesión	Diagramas de reemplazo	Carrera gerencial y especialista

Talento organizacional			
Programas de desarrollo	Planes de carrera	Plan de jóvenes profesionales	Personas clave

Experiencia de los jefes			
Entrenamiento	Jefe entrenador	Entrenamiento experto	Mentoring

La implementación de *mentoring* y *plan de jóvenes profesionales (JP)* se sugiere una vez que se hayan puesto en práctica la mayoría de los programas antes mencionados.

Entrenamiento experto lo hemos dejado para el final, dado que nuestra recomendación más fuerte es desarrollar la capacidad de *entrenador* en los jefes, a través de la idea del *jefe entrenador*.

En la figura precedente se muestran los programas internos para el desarrollo de personas que ya integran la organización, agrupados en los tres ejes mencionados más arriba.

En el gráfico hemos señalado con una línea doble los que serán tratados con mayor detalle en este capítulo.

Breves comentarios sobre cada uno de los programas

Sucesión y promociones

En las organizaciones, aun sin contar con programas específicos, se designan personas en reemplazo de otras bajo el término genérico de *promociones*, lo cual fue explicado al inicio del capítulo. Las promociones podrán ser planeadas y surgir como consecuencia de los diferentes programas organizacionales, o bien por una decisión tomada en el momento en que la necesidad se presenta. En cualquiera de los casos, se deberán evaluar las capacidades de la persona en relación con el puesto futuro.

Dos de los programas más importantes, *planes de sucesión* y *diagramas de reemplazo,* serán explicados más adelante, en este mismo capítulo. El tercer programa de este primer grupo es *carrera gerencial y especialista.*

Las organizaciones, en general, necesitan contar con dos tipos de carrera, la *gerencial,* y otra, donde el foco no esté dado por el ascenso vertical sino por la profundización en un mismo puesto o especialidad, en el que también es posible el crecimiento: hacer carrera como *especialista.*

Para implementar este programa se prepara un documento organizacional que describe los dos tipos de carrera, sus distintos niveles o estratos organizacionales, sus relaciones, principales responsabilidades y funciones.

La definición de diferentes tipos de carrera señala a los colaboradores un camino a seguir y permite que una persona vaya recorriéndolo, ascendiendo a los niveles de dirección de la organización, o bien, según corresponda, señala y destaca la importancia de los especialistas en el ámbito de una organización ofreciéndoles oportunidades de crecimiento a través de la profundización o especialización técnica en sus puestos de trabajo.

Los distintos niveles o estratos tanto de la carrera gerencial como de la carrera como especialista se relacionan con la escala de remuneraciones de la organización.

En resumen: *carrera gerencial* es aquella que señala cómo una persona puede recorrer un camino ascendente hacia los máximos niveles de la organización. No necesariamente implica que será el número 1, pero su carrera será en esa dirección. En esta modalidad, una persona joven puede iniciar su *carrera gerencial* sin ser aún gerente, es decir, se prepara para ir creciendo y llegar a ser gerente o director en algún momento.

La *carrera como especialista* resalta la importancia de los especialistas en el ámbito de una organización ofreciendo a estos un desafío de carrera a través de la profundización de sus puestos de trabajo. Es de gran utilidad y frecuente aplicación para las diferentes situaciones donde una persona, por ocupar un determinado puesto o por características propias, hace una carrera profesional sin que la misma implique asumir posiciones de tipo jerárquico o gerencial. La carrera como especialista permite profundizar en un determinado tema para, como su nombre lo indica, transformarse en un experto.

Nos hemos referido a *carrera gerencial* y *carrera especialista* en el paso 3, en relación con los rangos de remuneración.

Programas de desarrollo

Este grupo de programas representa aquellos que una organización lleva a cabo con el objetivo principal de formar personas dentro de sus filas, con el fin de, si la situación así lo requiere, ofrecerles otra posición, usualmente de un nivel superior.

El más difundido de este grupo de programas es *planes de carrera,* que se verá más adelante en este mismo capítulo. Otro de los programas relacionados, similar en algunos aspectos, es el conocido como *plan de jóvenes profesionales (JP).* En este caso, implica el diseño de un esquema teórico sobre cuál sería el crecimiento esperado de un JP en un período de tiempo, usualmente uno o dos años. Para ello se definen los diferenciales deseados tanto en conocimientos como en competencias y las acciones concretas a realizar para alcanzarlos, determinando así los pasos a seguir por todos los participantes del programa.

Los planes de JP son una fuente de aprovisionamiento interno de talentos. Desde esta perspectiva, abastecen a la organización de personas formadas para ocupar puestos y asumir nuevas responsabilidades.

Los programas de jóvenes profesionales se dividen, usualmente, en dos partes. Primero, la atracción y selección de profesionales con ciertas características previamente definidas y, en segundo término, el plan de carrera, que incluye el programa de desarrollo de capacidades, también definido con antelación. El otro elemento que hay que tener en cuenta es que la atracción, a través de campañas de difusión, se combina con aspectos de carácter institucional, tales como imagen corporativa e imagen de marca.

Los métodos de atracción son muy variados, desde anuncios preparados por publicitarios, en los principales medios de comunicación del país, hasta participación en ferias o programas específicos, tales como establecer días en que la empresa está "abierta" a la visita de los posibles interesados en formar parte de ella. Antes de implementar este tipo de programas es muy importante que la organización tenga en claro los objetivos por los que desea llevarlos a cabo.

Por último, dentro de este grupo de programas se puede mencionar el de *personas clave,* en el cual primero se elige –en base a ciertos parámetros– un grupo de personas consideradas clave o importantes para la organización, a las que luego se les ofrecen oportunidades de formación diferenciales. Los programas de personas clave tienen un propósito similar a los de jóvenes profesionales, con la diferencia de que en ellos participan personas de todas las edades y niveles.

En este tipo de programas, la selección se realiza en base a criterios concretos y claramente definidos, y luego se considera a los preseleccionados para actividades especiales de formación, participación en proyectos especiales, etc. Asimismo, serán las primeras personas para considerar en promociones, planes de sucesión, etc., según sean sus características y condiciones particulares.

La organización define, en una primera instancia, el alcance del programa. Usualmente se lo determina en función del tamaño de la empresa.

Una vez que se definió el alcance, se deberán determinar las pautas para que la persona sea incluida dentro del programa. Muchas organizaciones lo hacen en función de los logros académicos de sus integrantes. Si bien es correcto, este criterio es insuficiente. La definición de los parámetros de entrada será fundamental para la calidad del programa. Una vez definidos los participantes, se diseñan planes de carrera específicos para cada uno.

Entrenamiento

El entrenamiento en sí mismo es un proceso de aprendizaje mediante el cual los participantes adquieren competencias y conocimientos necesarios para alcanzar objetivos definidos. Los programas que se mencionan a continuación se focalizan en el aprovechamiento de los recursos internos existentes. Esto implica aprovechar la experiencia de los ejecutivos y jefes con más experiencia y transmitir, además, la cultura organizacional a los más jóvenes. Se trata de los programas *mentoring, entrenamiento experto* y *jefe entrenador.*

Por último, es importante tener en cuenta que los programas se combinan entre sí. Por ejemplo, *diagramas de reemplazo* con *mentoring* –solo por mencionar un ejemplo–. En este caso se le podría asignar un mentor a la persona que ha sido designada para ocupar una posición en un plazo determinado. De este modo, se garantiza un mejor resultado del programa.

La *Gestión por competencias* tiene un rol protagónico en el desarrollo de los recursos humanos, materializado en *planes de carrera*, *planes de sucesión* y los otros programas mencionados. Dicho desarrollo tiene lugar en base a las competencias requeridas por los diferentes puestos y las de los colaboradores que los ocupan o los ocuparán en el futuro.

Todos los programas incluyen el desarrollo de competencias, conocimientos y asignaciones específicas, según corresponda, en relación con la experiencia. Si bien siempre se trabaja con un enfoque de conjunto, las actividades de desarrollo difieren en cada caso. La importancia de manejarlos por separado radica en que tanto la medición de conocimientos, competencias y experiencia, como su aprendizaje o desarrollo, son diferentes, es decir, se realizan utilizando métodos distintos.

En cualquier circunstancia y/o programa se deberá considerar y evaluar la motivación de las personas. Es un aspecto clave para el éxito de cualquier programa o decisión sobre la carrera de los colaboradores, de todos los niveles.

Relación entre los distintos programas para el desarrollo del talento en el ámbito de las organizaciones

La puesta en marcha de los distintos programas puede ser combinada. Es posible implementar uno solo, varios o todos. Más allá de la alternativa particular por la que cada empresa decida optar, según sus circunstancias y posibilidades, es importante conocer, en grandes lineamientos, la relación entre todos ellos. Como se mostró en el gráfico "Programas para el desarrollo de personas dentro de la organización" expuesto en páginas previas, los programas se han agrupado del siguiente modo:

- *Sucesión y promociones,* cuyo principal objetivo es resguardar el capital intelectual y asegurar la continuidad de la organización. Los programas sugeridos son: *planes de sucesión, diagramas de reemplazo* y *carrera gerencial y especialista.*

- *Programas de desarrollo,* cuyo foco es, justamente, el desarrollo de las personas. Los programas sugeridos son: *planes de carrera, plan de jóvenes profesionales, personas clave.*

- *Entrenamiento,* donde el foco también es el desarrollo de personas, pero se actúa fundamentalmente sobre los jefes. Estos programas fortalecen la cultura organizacional. Los programas sugeridos son: *mentoring, entrenamiento experto, jefe entrenador.*

Los programas de desarrollo tienen como propósito que la organización cuente con personas formadas para ocupar posiciones diferentes a las que tienen en la actualidad, en algunos casos con fechas definidas, y en otros sin un plazo de asunción de las nuevas responsabilidades.

Los programas con foco en desarrollo –*planes de carrera, personas clave, plan de jóvenes profesionales, mentoring, entrenamiento experto* y *jefe entrenador*– solo serán de utilidad en la medida en que, como se dijo en el párrafo anterior, provean, cuando sea necesario, personas preparadas y "listas" para asumir sus nuevas responsabilidades.

Continuando con el análisis del gráfico precedente, el programa denominado *carrera gerencial y especialista,* desde otro plano, presenta la misma situación. En este último caso, las personas se desarrollan de acuerdo con una línea, ya sea gerencial o especialista.

El resultado de los diferentes programas individualmente considerados o de todos en su conjunto, según corresponda, será el *resguardo del capital intelectual* a través de preparar colaboradores en condiciones de asumir nuevos puestos, a fecha cierta en los *diagramas de reemplazo* o frente a situaciones potenciales en *planes de sucesión.*

Algunos de los métodos mencionados son utilizados desde hace largo tiempo. Se los considera tradicionales y son conocidos con formato similar o algo diferente, desde hace muchos años, antes de que se comenzara a hablar de *competencias* y otros conceptos hoy ampliamente difundidos. En cualquier circunstancia, de aparición más reciente o tradicionales, continúan siendo adecuados. La alta gerencia junto con los responsables de Recursos Humanos deberán analizar, en cada caso, los más convenientes.

Planes de sucesión

Planes de sucesión y *diagramas de reemplazo* son considerados para el resguardo del capital intelectual, al plantear su foco en la alta gerencia y en la conducción de la organización en el futuro. Entre otras circunstancias, la existencia de estos programas formará parte, sin duda, de una valuación de la empresa en el caso de que esta deba ser vendida.

Las organizaciones, cualesquiera que sean su tamaño y objeto social, requieren tener asegurada la continuidad de su conducción frente a eventualidades diversas, es decir, contar entre sus filas con personas formadas para ocupar puestos ejecutivos cuando sea necesario.

El término *sucesión* puede ser utilizado de manera amplia o bien solo restringido a los puestos ocupados por altos ejecutivos. Puede implicar plazos concretos o no. A su vez, las *promociones* se manejan de manera profesional, analizando adecuadamente la situación y eligiendo a la persona adecuada como se explicó en páginas previas, o bien de manera intuitiva y obedeciendo a impulsos del momento.

En ambos casos, siempre será posible aplicar las buenas prácticas o no, según las circunstancias, aún dentro del ámbito de una misma organización.

El capital intelectual se integra por una serie de factores que podríamos agrupar en dos grandes ítems: los bienes de propiedad intelectual registrables y otros que, no siéndolo, igualmente conforman este valor intangible. Los recursos humanos de la organización forman parte de su capital intelectual, cuando existe un conjunto de personas con las capacidades necesarias para utilizar e incrementar los bienes registrables (conocimiento registrable).

Desde esta perspectiva, los programas internos para el desarrollo de personas deberían incluir este concepto y estar diseñados para preservar el capital intelectual de la organización que los implementa.

Con frecuencia se designan personas en otros puestos sobre la base de su desempeño actual y esto puede inducir a error, dado que una persona puede tener un desempeño superior en su puesto de trabajo, pero no por ello alcanzar buen desempeño en otro nivel o una nueva posición. Este comentario tiene la misma validez en relación con la sucesión de un alto ejecutivo o la promoción de una persona de un nivel junior a senior, asignándole más responsabilidad y tareas más complejas. En cualquier promoción de tipo vertical u horizontal a un puesto diferente, se deberán evaluar las chances de éxito de la persona en relación con el puesto a ocupar.

Además de los conocimientos, experiencia y competencias, se deben considerar todas las características del nuevo puesto, por ejemplo, si la posición en cuestión requiere viajar dos veces por mes y la persona que lo ocupa no puede hacerlo, en ese caso la adecuación persona-puesto no se verifica de la manera en que el puesto requiere.

En resumen, el análisis de los ítems señalados deberá completarse con un diagnóstico sobre el grado de complejidad que las brechas detectadas presentan. En algún caso las mismas podrán "cerrarse" en un breve plazo; en otros, no. Si las brechas pueden resolverse en un plazo breve, será posible designar a la persona en el nuevo puesto y brindarle apoyo para que se desempeñe correctamente en él.

Diseñar un plan de sucesión no significa que la persona que ocupa el puesto piense dejarlo en un corto plazo ni que, por designar un posible sucesor, la compañía asume un compromiso con quien fue elegido. No existe promesa de que ocupará el puesto; esto sucedería solo si se dieran ciertas circunstancias.

A través de los *planes de sucesión* solo se desea prever eventualidades, desde las de tipo trágico (fallecimiento o incapacidad de una persona) hasta las más usuales en la vida de las organizaciones: que un gerente o ejecutivo decida dejar su puesto para trabajar en otra empresa o para establecer su propio negocio, o a fin de dedicarse a otra cosa –por ejemplo, la docencia–, o cualquier otra circunstancia.

La expresión *planes de sucesión* hace referencia a un programa organizacional por el cual se reconocen puestos clave, luego se identifican posibles participantes del programa y se los evalúa para, a continuación, designar posibles sucesores de otras personas que ocupan los mencionados puestos clave, sin una fecha cierta de asunción de las nuevas funciones. Para asegurar la eficacia del programa se realiza un seguimiento de los participantes y se les provee asistencia y ayuda para el achicamiento de brechas entre el puesto actual y el que eventualmente ocuparán.

Planes de sucesión para los puestos clave

El primer paso será determinar el alcance del programa, es decir, para qué posiciones se planificará la sucesión. Usualmente, se consideran los puestos clave de la estructura y para cada uno de ellos se designa un posible sucesor.

La expresión "puestos clave" hace referencia a un conjunto de puestos dentro de una organización, que esta considera relevantes o importantes por algún factor

Puestos clave

Alta dirección

Gerencia

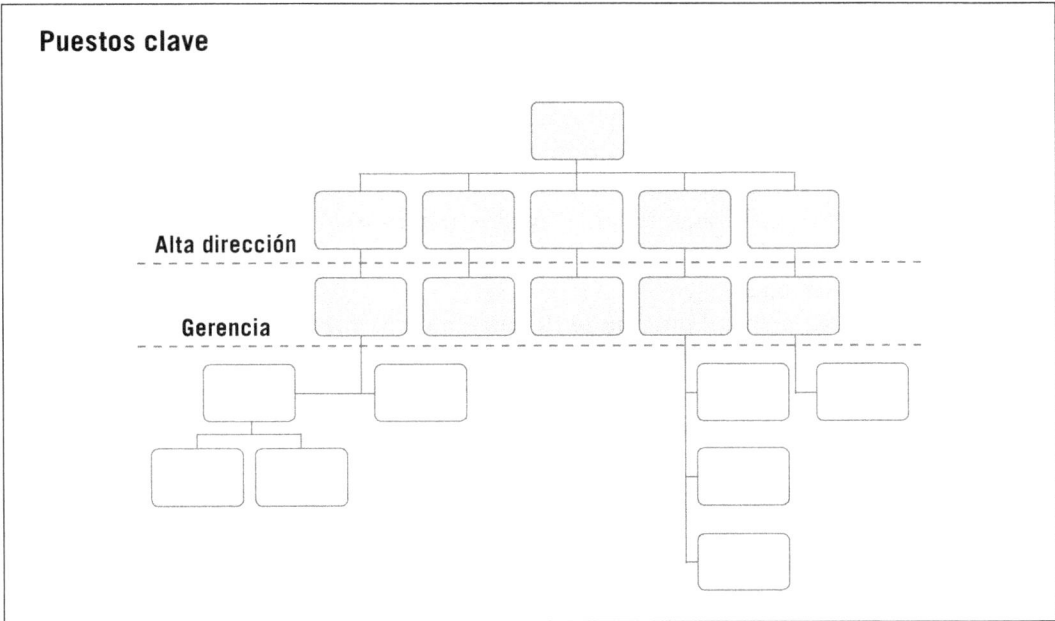

claramente definido, usualmente en función de sus niveles de responsabilidad y decisión. En el gráfico precedente hemos señalado como puestos clave a la alta gerencia y a los niveles gerenciales que le reportan. Es un concepto diferente al de "persona clave". Puede darse la coincidencia de que una persona clave ocupe un puesto clave, pero no debe darse necesariamente de esta forma.

Para la elección de los participantes de este programa se deben medir sus capacidades, y se podrá designar uno o varios sucesores (se sugiere diseños con varias opciones) para cada puesto definido como clave para la organización.

El segundo paso es la explicación –a los participantes– de los objetivos del programa.

En los *planes de sucesión* se sugiere la designación de más de un sucesor para cada puesto clave. Esto implica, además, que una persona puede considerarse como posible sucesor en más de un puesto.

Diagramas de reemplazo

Diagramas de reemplazo es, sin ninguna duda, el primer programa que debe implementarse. Cuando ya se conoce la fecha de retiro de un alto ejecutivo y/o los planes organizacionales prevén la designación de una persona a otro puesto en un período determinado (con fecha cierta), las buenas prácticas y el sentido común indican que debe designarse un reemplazo, prepararlo si fuese necesario, y comenzar a delegarle las nuevas funciones cuando la fecha se aproxime.

Los *diagramas de reemplazo* son programas organizacionales mediante los cuales se reconocen puestos clave –ver la definición y figura expuestos en párrafos previos–, luego se identifican posibles participantes del programa y se los evalúa para, a continuación, designar posibles reemplazos (sucesores), pero solo para aquellas personas que, ocupando puestos clave, tienen una fecha cierta de retiro, usualmente por su edad avanzada.

La necesidad de reemplazo puede deberse a otras razones; por ejemplo, traslado del actual ocupante a otro país o su designación en otro cargo. Para asegurar la eficacia del programa se realiza un seguimiento de los participantes y se les provee asistencia y ayuda para la reducción de brechas entre el puesto actual y el que se prevé que ocupen.

En síntesis: se analiza la edad de los actuales ocupantes de aquellos puestos clave para los cuales se ha definido la necesidad de contar con planes de sucesión; si estos se encuentran a pocos meses (o años) de la edad de retiro, para sus puestos se diseña un diagrama de reemplazo.

Si bien la persona designada –al igual que en planes de sucesión– es un posible "sucesor", en este caso se dan dos elementos diferenciadores: uno es el plazo, existe una fecha cierta en la cual se deberá hacer cargo de la nueva posición. Esto implica un límite temporal perentorio para el desarrollo de las competencias necesarias o para adquirir un determinado conocimiento relevante para asumir la posición. Por otro lado, la organización asume un compromiso con quien ha sido designado reemplazante, al que se le habrá comunicado que ocupará el nuevo puesto. En ese caso, salvo que ocurra alguna situación de fuerza mayor, el reemplazante designado será el nuevo ocupante del puesto.

El foco en el desarrollo de las competencias y conocimientos será de importancia capital; la persona designada como *reemplazo* deberá estar preparada para asumir la posición en el plazo previsto.

En nuestra opinión, *diagramas de reemplazo* es uno de los programas de mayor relevancia. La designación de reemplazos es un paso imprescindible para el cuidado del capital intelectual y la continuidad organizacional.

Este programa es de aplicación en empresas de cualquier tipo, tamaño y origen de capital. Es válido, por ejemplo, para una ONG, una empresa familiar o un organismo del Estado. Toda organización debería preparar diagramas de reemplazos para todos sus puestos clave.

Previo a la designación de las personas como potenciales reemplazos, se deben medir sus capacidades y elegir a aquellas que evidencien menores brechas con los puestos correspondientes y, además, ofrezcan un diagnóstico positivo en cuanto al achicamiento de dichas brechas, en un plazo relativamente breve.

Para confeccionar los *diagramas de reemplazo* la organización debe determinar los puestos y las personas que están en situación de integrar este programa.

Al diseñar y aplicar los *diagramas de reemplazo* se recomienda considerar las siguientes etapas:

1. *Elección y formación*. En una primera instancia se realiza el proceso de elección y designación del potencial reemplazo y, a continuación, se diseña un plan de acción.
   Ejemplo: ante la edad de retiro de 65 años, la designación de reemplazo se realiza cuando el ocupante del puesto cumpla 63, considerando que es posible desarrollar a la persona elegida para ocupar esa posición en un período de aproximadamente dos años al preparar, según se requiera, actividades formativas en conocimientos, experiencia y competencias.

2. *Formalización*. En este período el colaborador designado como reemplazo de otro comienza a trabajar en conjunto con la persona que dejará el puesto. El grado de involucramiento en la etapa de *formalización* dependerá de la complejidad de las nuevas funciones a asumir.

Si las dos etapas se graficaran en un eje de tiempos, y si, a modo de ejemplo, el período de preparación fuese en total de dos años, es decir, que se designa un reemplazo dos años antes del retiro del ocupante actual del puesto, el plazo podría asignarse del siguiente modo: para la *formación*, una extensión de 20 meses, y 4 meses para la etapa de *formalización*.

Planes individuales de desarrollo para alcanzar un nivel superior

Los distintos programas para el desarrollo de personas deben materializarse en acciones concretas y planeadas, habitualmente, para un cierto grupo de personas, según los programas internos que la organización haya implementado.

Los distintos programas para el desarrollo de personas se combinan con planes individuales de desarrollo que, en todos los casos, contemplan conocimientos, competencias y experiencia.

Los *planes individuales para alcanzar un nivel superior* tienen relación con los programas *diagramas de reemplazo, planes de sucesión y carrera gerencial y especialista*. En la mayoría de los casos el foco está puesto en preparar a una persona para asumir una posición de nivel superior.

Planes de carrera

Como se expuso más arriba, tres programas se identificaron como programas de desarrollo o "programas para generar el talento organizacional" con la idea central de que cada uno de ellos provea a la organización la creación de talento.

A sus participantes no se les ha asignado aún un puesto determinado ni se ha fijado un plazo para alcanzarlo. Responden al concepto que denominamos *cantera de talentos*. Estos programas se focalizan en la formación de personas a fin de que estén preparadas para asumir nuevas responsabilidades y funciones cuando eso sea necesario.

Para lograr desarrollar talento del modo descrito se deberá contar con un fuerte compromiso de la máxima conducción de la organización, al invertir en programas de formación y desarrollo para crear talento interno. Al mismo tiempo, no implica por parte de la organización asumir compromiso alguno con los participantes, es decir, por el mero hecho de formar parte de uno de estos programas no se obtienen beneficios especiales tales como mejor remuneración, promociones a puestos superiores o algo similar. Tales beneficios serán alcanzados luego de recorrer un camino.

Los colaboradores participantes deberán aportar, también, su cuota de compromiso. El aprendizaje solo será posible si ellos desean desarrollar sus propias capacidades.

Planes de carrera, al igual que el programa denominado *plan de jóvenes profesionales,* define esquemas teóricos de crecimiento escalonado: las personas que transitan estos programas van cumpliendo etapas y siguiendo una ruta dentro de ellos.

En cualquier organización existe algún tipo de carrera, planeada o no, expresada en estos términos o no. Cuando se utiliza la expresión *planes de carrera* es en referencia a programas organizacionales específicamente orientados a estos objetivos. El propósito de un plan estructurado es, en todos los casos, contar con personas preparadas dentro de las propias filas de la organización para ocupar posiciones de mayor nivel en algún momento futuro.

El programa implica el diseño de una carrera estándar (teórica) desde el momento en que la persona ingresa y para ciertos puestos. En este esquema teórico se definen los requisitos para ir pasando de un nivel a otro y, en base a estos, se diseñan distintas actividades formativas a fin de lograr que los participantes vayan cubriendo los diferenciales existentes entre los distintos puestos.

Es un programa aplicable en organizaciones con dotaciones numerosas y, dentro de ellas, en áreas con muchos colaboradores. Los requisitos combinan tres aspectos: conocimientos, experiencia (logros alcanzados en el desempeño) y competencias.

Planes de carrera. Esquema

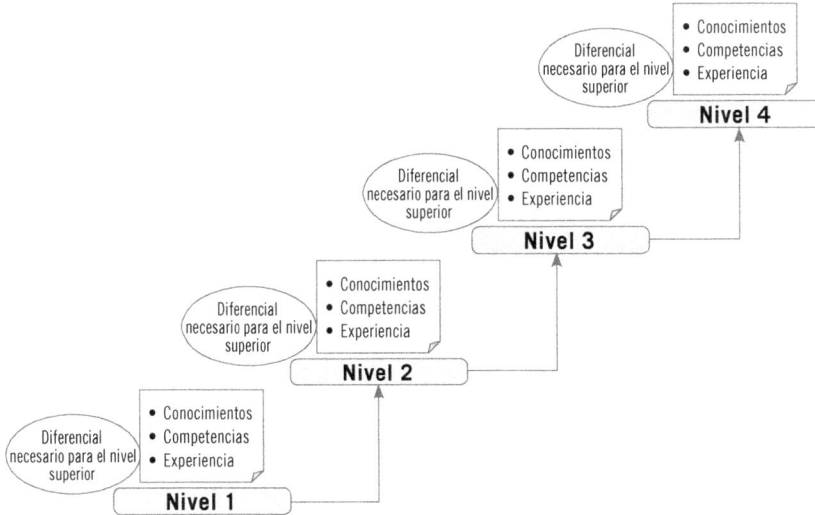

Las carreras organizacionales pueden reflejarse en documentos escritos donde se deja constancia sobre cuál sería el camino por seguir, para ir escalando –como si fuese una escalera imaginaria– los distintos puestos. Es decir, qué requisitos se deben cumplir para pasar de un escalón al otro. Estos requisitos no están ligados al mero transcurrir del tiempo, aunque usualmente se hace una referencia al respecto. Sin embargo, estos plazos solo deben considerarse como un dato indicativo.

Como puede apreciarse en la figura precedente, para pasar de un nivel a otro hace falta adquirir y/o desarrollar conocimientos, competencias y experiencia.

Planes de carrera multiáreas

Los planes de carrera pueden diseñarse para un área de la organización en particular o para varias. Un diseño interáreas implica el diseño de *planes de carrera* combinando diferentes áreas. Son de uso frecuente en algunos tipos de industria, como la hotelera.

En todos los casos, el diseño de los programas internos para el desarrollo de personas, como los aquí mencionados, se realiza a medida del tipo de empresa y de su estrategia.

En páginas previas se ha mencionado otro programa, muy difundido en algunos países, el denominado *plan de jóvenes profesionales (JP)*, conceptualmente muy similar al aquí expuesto, *planes de carrera*, pero para un colectivo de personas particular, usualmente jóvenes graduados universitarios que ingresan de manera efectiva a la organización, es decir, en relación de dependencia. Dada la característica de estos programas, frecuentemente se le asigna una fuerte relevancia en el desarrollo de competencias gerenciales, de liderazgo, visión estratégica y de conducción en general. Al igual que los planes de carrera, pueden ser diseñados para un área en particular o multiáreas.

Planes individuales de desarrollo para crear talento

Al igual que en los programas para el cuidado del capital intelectual, los orientados a crear talento requieren de acciones concretas y planeadas para el desarrollo de las capacidades de un cierto grupo de personas, según los programas internos que la organización haya implementado. Los distintos programas para el desarrollo de personas se combinan con planes individuales de desarrollo que, en todos los casos, contemplan conocimientos, competencias y experiencia.

Los *planes individuales para crear talento* tienen relación con los programas *planes de carrera, plan de jóvenes profesionales (JP)* y *personas clave*. En la mayoría de los casos el foco está en formar personas, crear talento interno, de modo de disponer de colaboradores preparados para ocupar otros puestos, ya sea dentro de la misma área o en otras, cuando esto sea necesario. La organización se propone generar nuevos talentos, crear talento organizacional.

Programas para jefes. *Jefe entrenador*

Los programas para jefes abarcan diferentes temáticas. Desde esta mirada, deberían integrar el Capítulo 2, *Formación*. Sin embargo, los hemos incluido como programas internos de desarrollo para darles otra entidad. Fortalecer la idea de que no se trata solo de formación, sino que estamos refiriéndonos a formación de una manera estructurada, integrando un programa, lo que implica un control y seguimiento específicos.

Los "programas para jefes" son un conjunto de programas dirigidos a todos los jefes, usualmente a partir del número 1 de la organización, con el propósito de fortalecer sus competencias y difundir las obligaciones adicionales que todo jefe debe asumir, inherentes a su rol específico de conductor de colaboradores.

Los programas específicos para jefes pueden ser de índole diversa. Hemos seleccionado algunas temáticas que se podrían considerar "imprescindibles" para los jefes de todos los niveles.

Ordenados por orden alfabético, estos programas son:

- *Cómo llevarme bien con mi jefe.*

- *Conciliar vida profesional y personal.*

- *Delegación.* Desarrollar la capacidad para delegar.

- *Jefe entrenador.* Desarrollar la capacidad para ser entrenador de sus colaboradores.

- *Rol del jefe.*

Las cinco temáticas precedentes son descritas con mayor detalle en *Las 50 herramientas de Recursos Humanos que todo profesional debe conocer.*

El diseño de los programas para jefes se hace utilizando el método *codesarrollo* expuesto en el Capítulo 2.

El programa organizacional *jefe entrenador*[3] se basa en la siguiente definición:

Jefe entrenador. El concepto implica que el jefe es una persona que al mismo tiempo que cumple el *rol de jefe* lleva adelante otra función respecto de sus colaboradores: ser guía y consejero en una relación orientada al aprendizaje. Lo asume de manera deliberada, desea hacerlo y está convencido de los resultados a obtener.

Las acciones de desarrollo de la competencia entrenador incluyen el autodesarrollo, ya mencionado.

Todo jefe, desde el número 1 de la organización hasta aquel que tiene a su cargo pocos colaboradores, debe desempeñar un rol en relación con estos; una de estas tareas, muy especial, es cumplir el papel de guía y apoyo a los colaboradores, para que realicen mejor sus tareas: ser entrenador.

Para que este rol se verifique será necesario que la organización asuma una actitud activa al respecto, implementando los denominados *programas para jefes.*

Se recomienda comenzar por *rol del jefe* para continuar con *jefe entrenador.* En este programa se desarrolla la competencia *Entrenador,* y se ofrecen consejos para poner en juego la competencia en el ámbito laboral.

---

3 El programa organizacional para que los jefes se transformen en entrenadores implica el desarrollo de la competencia *Entrenador,* tal como la hemos definido en la obra *Diccionario de competencias. La trilogía. Tomo 1.*

Los distintos programas para jefes deberían ser implementados para todos los jefes, desde el número 1 de la organización. Desde otra perspectiva, también se puede incluir a aquellas personas que no siendo aún jefes se espera lo sean en algún momento.

Otros programas organizacionales para el desarrollo de las personas

Como puede apreciarse en el gráfico siguiente, el programa *jefe entrenador* es de tipo continuo y abarca a todos los jefes de la organización. *Entrenamiento experto,* con plazos y objetivos determinados, puede ser de tipo interno o externo. *Mentoring,* en cambio, es un programa organizacional de más largo aliento y objetivos múltiples.

La capacidad para ser mentor, entrenador experto y jefe entrenador es *desarro-llable.* Muchas personas poseen esta capacidad de manera natural, y otros podrán *adquirirla.* De todos modos, aún aquellos que *naturalmente son mentores o entrenadores de otros,* pueden mejorar o potenciar dicha capacidad. Otro aspecto interesante, que el lector debe tomar en cuenta, es que los tres programas referidos son variantes de

Programas para aprovechar la experiencia de los jefes

Jefe entrenador

Jefe entrenador:
El jefe directo asume el rol de *entrenador.* Es un proceso continuo y permanente en el tiempo.

Proceso continuo

Entrenamiento experto

Entrenamiento experto:
- *Interno:* un par, RRHH
- *Externo:* un consultor

Plazo y objetivo determinados

Mentoring

Mentoring:
Un alto ejecutivo asume el rol de guía por un período determinado –usualmente, varios años–.

Plazo determinado. Múltiples objetivos

un método conocido como *entrenamiento*, o bien han sido diseñados en base a este concepto.

Para reforzar la idea que sostenemos desde hace tiempo en diferentes obras, conferencias, seminarios y otras exposiciones de tipo público, hemos adicionado a "entrenamiento" la palabra "experto". Entendemos que, para un más eficaz desarrollo de las capacidades de las personas, tanto de conocimientos como de competencias, es necesario que el *entrenamiento* sea llevado a cabo por un *experto*.

Entrenamiento experto, como programa organizacional para el aprendizaje, implica que, a través de una relación interpersonal, una persona con mayor conocimiento o experiencia en un determinado tema lo transmite a otro. Los objetivos son específicos y el plazo, acotado (usualmente, unos pocos meses).

Cada uno de los participantes del programa cumple un rol: entrenador o aprendiz. Un entrenador podrá tener a su cargo varios aprendices; sin embargo, en todos los casos, brindará su entrenamiento de manera personalizada e individualmente.

El entrenador designado puede ser una persona externa o de la misma organización, diferente a su jefe directo, cuando este, por alguna razón, no puede servir de guía y apoyo. Cuando el entrenador es el propio jefe, nos encontramos en una práctica distinta, ya mencionada: Jefe entrenador.

Para que el entrenamiento experto sea eficaz, además de lo expuesto debe darse que el entrenador posea la capacidad de transmitir ese conocimiento o competencia. Esto último puede suplirse con formación específica. Sin embargo, si la persona a cargo del entrenamiento no posee el conocimiento o la competencia a desarrollar (como sucede en muchos casos), aunque tenga habilidades de entrenador no podrá ser un *entrenador experto*.

Por último, es importante destacar que todos los programas de desarrollo mencionados implican una forma muy eficaz de motivar a los colaboradores. Un mentor, un entrenador experto, un jefe entrenador que verdaderamente ayude en el crecimiento a un joven ejecutivo, formará parte de los mejores recuerdos de este a lo largo de toda su vida profesional y laboral.

Del mismo modo, brindan alta satisfacción a los que a lo largo de su carrera han colaborado en el desarrollo de otros, aun cuando en algún momento se haya recibido como "pago" alguna ingratitud; incluso en esa circunstancia no deseada, ver el desarrollo de personas a las que en el pasado se ayudó a crecer, da satisfacción. Muchos mentores han reconocido, además, que el contacto frecuente con los receptores del programa de *mentoring* (usualmente más jóvenes que ellos) les permite estar en contacto fructífero con las nuevas generaciones, y esto representa para ellos una fuente de enriquecimiento personal.

Además de los beneficios para mentores, entrenadores y jefes receptores del *mentoring* (o del entrenamiento), ya mencionados, para la organización en su conjunto también se pueden enumerar una serie de factores sumamente positivos: desde una efectiva comunicación de la historia, cultura, misión y visión de la organización, hasta la retención de colaboradores y la reducción de los costos de selección de nuevos integrantes.

Características distintivas de cada programa

Comprender las diferencias y las bondades de cada uno de estos programas permitirá la correcta elección del que resulte más adecuado en cada caso.

Nuestra sugerencia, pensando en el mediano y largo plazo y en el crecimiento sostenido de las organizaciones, es el desarrollo de la competencia *Entrenador* en todos los jefes. De este modo la organización en su conjunto se transformará en una organización "que aprende", no en un momento en particular, sino en el día a día y a lo largo de toda su existencia.

Los jefes en general –y me incluyo– generalmente hemos sido designados para ejercer este rol sin ninguna preparación previa; por ello nuestra recomendación es comenzar a trabajar con los jefes a través de explicar a cada uno en qué consiste ser jefe. A esta temática la hemos denominado *rol del jefe*.

Jefe entrenador	Mentoring	Entrenamiento experto
Un programa de *jefe entrenador*, si bien tiene similitudes con los programas de *mentoring* y entrenamiento experto, posee a su vez grandes diferencias con ambos. El jefe directo de los colaboradores, en contacto cotidiano con ellos, los guía en el desarrollo de sus capacidades (conocimientos y competencias) para el mejor desempeño de sus funciones y tareas.	El mentor es un directivo de la organización de mayor nivel que la persona bajo tutoría, con larga experiencia y conocimiento respecto de la organización y del puesto de trabajo del colaborador al que debe ayudar en su desarrollo. Su papel consiste en guiar, mostrando, explicando, indicando lo que se debe hacer y lo que debe evitarse. El principio de este aprendizaje consiste en seguir el modelo que el mentor representa en ese ámbito.	El entrenador será, en todos los casos, un experto en el tema específico objeto del entrenamiento. Puede ser una persona de la misma organización o de fuera de ella. Del mismo modo, puede ser un superior o no. El plazo en el que se lleva a cabo al programa debe ser definido, y usualmente se trata de unos pocos meses.

Planes individuales como una vía para transferir y transmitir cultura

Los *planes individuales como una vía para transferir y transmitir cultura* tienen relación con los programas *mentoring, entrenamiento experto* y *jefe entrenador.*

Tal como vimos en páginas previas, también para este grupo de programas se diseñan planes individuales, los que incluyen acciones concretas y planificadas para el desarrollo de las capacidades de los participantes. Al igual que en los anteriores, dichas actividades contemplarán conocimientos, competencias y experiencia.

En la mayoría de los casos el foco está en aprovechar la experiencia de los jefes para transferir cultura organizacional. Si bien tanto la cultura como la experiencia siempre están presentes, a través de estos programas se persigue un aprovechamiento productivo de ambas, con un enfoque *ganar-ganar,* es decir, que sea bueno tanto para los involucrados como para la organización en su conjunto.

Relación entre Formación y Desarrollo del talento

Hasta aquí hemos visto, al inicio del capítulo, promociones internas; si la persona a ser promovida no cubre los distintos aspectos del nuevo puesto y se han determinados brechas, surgirán necesidades de formación. Luego, los programas para el desarrollo del talento interno. Para estos se diseñan los planes individuales para los distintos participantes, de los cuales, también, surgen necesidades de formación.

El *paso 5*, que hemos expuesto hasta aquí, es el último de los pasos identificados para transformar una oficina de personal en un área de Recursos Humanos. A esta instancia se llega luego de transitar los cuatro primeros pasos. Al igual que con los otros temas expuestos en los capítulos 2 a 4, la *descripción de puestos* –paso 1– será el punto de partida.

En esta sección, y como cierre de este capítulo, deseo destacar la interrelación de Formación y Desarrollo del talento. Indirectamente, también la relación con Selección. Veamos la figura de la página siguiente.

Los descriptivos de puestos formarán parte de todos los pasos. En los programas para el desarrollo que se han visto en este capítulo, los mencionados descriptivos son la base para su diseño.

De los programas de desarrollo surgen necesidades de formación con características diferenciadoras y algunos puntos en común.

Para complementar el análisis de la figura siguiente, cabe destacar que en la aplicación de los programas de desarrollo podría suceder, de manera poco frecuente, que los participantes no estuviesen listos y fuese necesario realizar una búsqueda

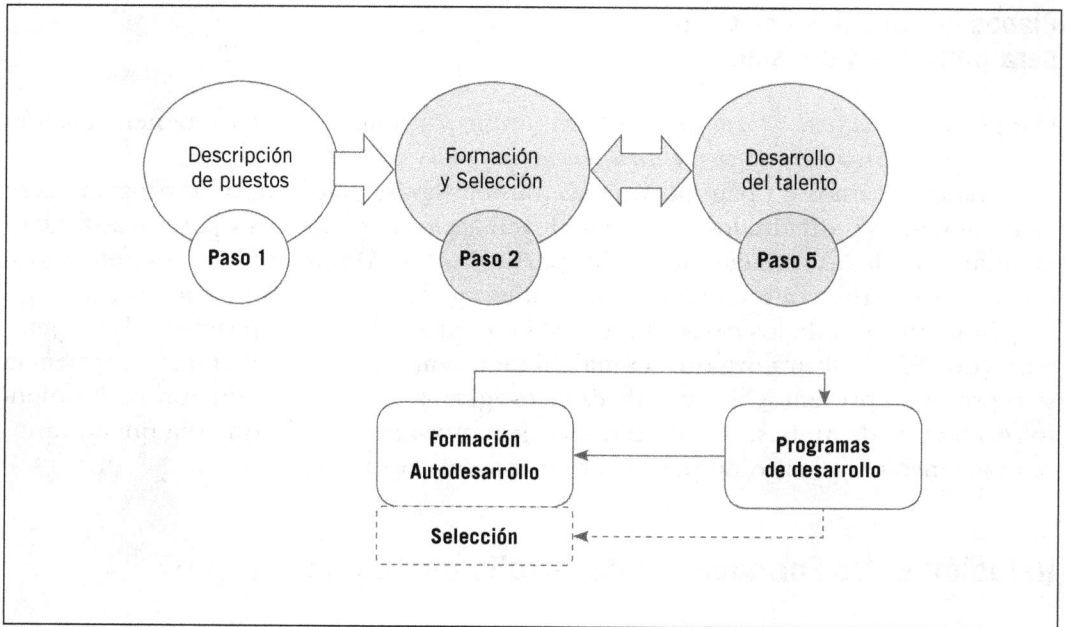

en el mercado (Selección). Si los programas están funcionando adecuadamente, esta situación no debiera presentarse o debería ser muy infrecuente. El principal objetivo de los programas tratados en este capítulo es la preparación de personas adecuadamente formadas, para que ocupen los diferentes puestos organizacionales, en el momento preciso.

Como decíamos en párrafos previos, y haciendo un breve resumen, a partir de los programas de desarrollo interno se confeccionan planes individuales de desarrollo. Se denominan "individuales" porque los distintos colaboradores son identificados (nombre y apellido) y previamente fueron elegidos para formar parte de dichos programas. Esta elección implica, habitualmente, la aplicación de evaluaciones específicas de sus capacidades y la determinación de brechas en relación con un puesto futuro.

- Planes individuales de desarrollo para alcanzar un nivel superior (*planes de sucesión, diagramas de reemplazo, carrera gerencial y especialista*).

- Planes individuales de desarrollo para crear talento (*planes de carrera, plan de jóvenes profesionales, personas clave*).

- Planes individuales como una vía para transferir y transmitir cultura (*mentoring, entrenamiento experto, jefe entrenador*).

Para cada uno de estos grupos de planes individuales, el área de Recursos Humanos llevará un control y seguimiento, utilizando un esquema similar al que se expone en el gráfico al pie.

El ejemplo de la figura al pie nos muestra la planificación de actividades para un programa de planes de sucesión. Su contenido será similar en otros programas y situaciones. El diseño expuesto tiene formato de planilla; lo usual es realizarlo en algún soporte informático, a través de un programa de alta difusión, como Excel.

En el gráfico deseo destacar los siguientes aspectos:

- Identificación de las personas involucradas, en este ejemplo, en un programa de planes de sucesión.

- Actividades a realizar por cada uno, sus plazos, responsables, etcétera.

Esta planificación proveerá información para la confección del *plan de formación* (paso 2). Otros ítems podrán relacionarse con *autodesarrollo* (paso 2), con los *programas para jefes* (paso 5), etcétera.

Un esquema como el expuesto permite el planeamiento y diseño de los planes individuales y, luego, su seguimiento de manera detallada, ítem por ítem.

Planificación de actividades: *Planes de sucesión*

Para todos los designados en el programa como posibles sucesores de otras personas

Apellido Nombre	Conocimientos			Competencias			Experiencia		
	Actividad	Responsable	Mes / Año	Actividad	Responsable	Mes / Año	Actividad	Responsable	Mes / Año
Participante 1									
	Actividad	Responsable	Mes / Año	Actividad	Responsable	Mes / Año	Actividad	Responsable	Mes / Año
Participante 2									
	Actividad	Responsable	Mes / Año	Actividad	Responsable	Mes / Año	Actividad	Responsable	Mes / Año
Participante 3									
	Actividad	Responsable	Mes / Año	Actividad	Responsable	Mes / Año	Actividad	Responsable	Mes / Año
Participante 4									
	Actividad	Responsable	Mes / Año	Actividad	Responsable	Mes / Año	Actividad	Responsable	Mes / Año
Participante 5									

Fuente: *Construyendo talento.* Ediciones Granica, Buenos Aires, 2016.

DE LA BIBLIOTECA ALLES PARA SEGUIR LEYENDO

Libros específicos en relación con este capítulo

– *Codesarrollo: una nueva forma de aprendizaje*. Ediciones Granica, Buenos Aires, 2009.
– *Construyendo talento*. Ediciones Granica, Buenos Aires, 2016.
– *Desarrollo del talento humano. Basado en competencias*. Ediciones Granica, Buenos Aires, 2017.
– Capítulo específico sobre Desarrollo del talento en: *Dirección estratégica de Recursos Humanos. Volumen 1. Gestión por competencias*. Nueva edición. Ediciones Granica, Buenos Aires, 2015; *Dirección estratégica de Recursos Humanos. Volumen 2. Casos*. Nueva edición. Ediciones Granica, Buenos Aires, 2016.

Para el desarrollo de competencias:
– *Diccionario de comportamientos. La trilogía. Tomo 2*. Ediciones Granica, Buenos Aires, 2015.

Para el tema de promociones internas:
– *Selección por competencias. Atracción y reclutamiento en las redes sociales. Entrevista y medición de competencias*. Ediciones Granica, Buenos Aires, 2016.

Libros sobre temas generales de interés

– *Comportamiento organizacional*. Ediciones Granica, Buenos Aires, 2017.
– *Cuestiones sobre gestión de personas. Qué hacer para resolverlas*. Ediciones Granica, Buenos Aires, 2015.
– *Diccionario de términos de Recursos Humanos*. Ediciones Granica, Buenos Aires, 2011.
– *Las 50 herramientas de Recursos Humanos que todo profesional debe conocer*. Ediciones Granica, Buenos Aires, 2017.
– *La Marca Recursos Humanos*. Ediciones Granica, Buenos Aires, 2014.
– *Social media y Recursos Humanos*. Ediciones Granica, Buenos Aires, 2012.

Libros sobre Liderazgo

– *12 pasos para conciliar vida profesional y personal. Desde la mirada individual*. Ediciones Granica, Buenos Aires, 2013.
– *12 pasos para ser un buen jefe*. Ediciones Granica, Buenos Aires, 2014. Título anterior de esta obra: *Cómo ser un buen jefe en 12 pasos* (2008).
– *Cómo delegar efectivamente en 12 pasos*. Ediciones Granica, Buenos Aires, 2010.
– *Cómo llevarme bien con mi jefe y con mis compañeros de trabajo*. Serie Bolsillo. Ediciones Granica, Buenos Aires, 2009.
– *Cómo transformarse en un jefe entrenador en 12 pasos*. Ediciones Granica, Buenos Aires, 2010.
– *Conciliar vida profesional y personal. Dos miradas: organizacional e individual*. Ediciones Granica, Buenos Aires, 2016.
– *Rol del jefe*. Ediciones Granica, Buenos Aires, 2008.

PARTE III
SER UN LÍDER DE RRHH

5 pasos para transformarse en un líder de RRHH

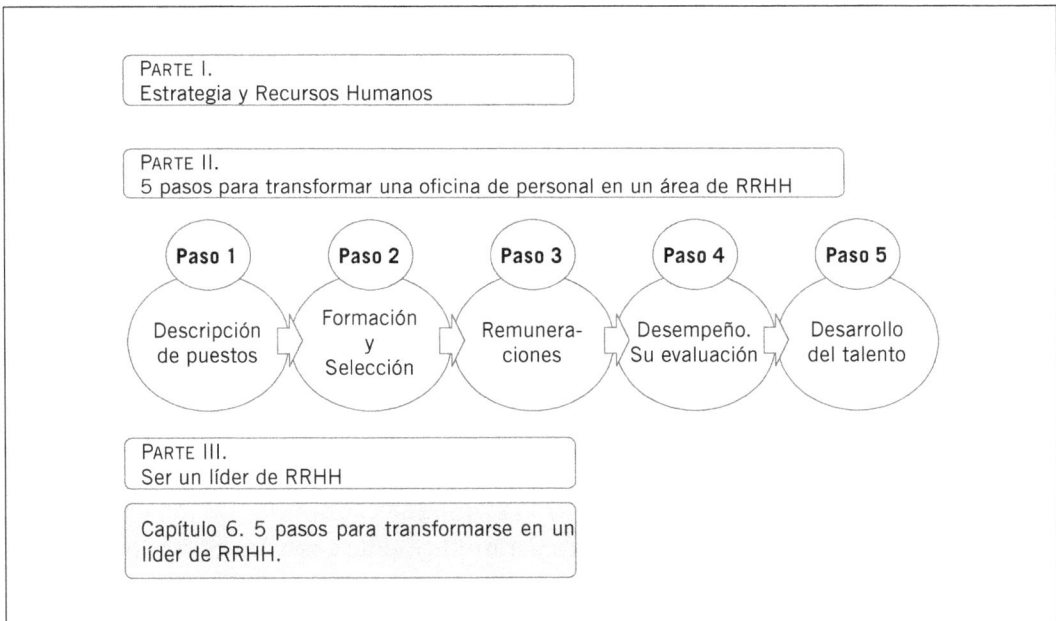

```
┌─────────────────────────────────────────────────────────────────────┐
│  ┌─────────────────────────────────────┐                            │
│  │ PARTE I.                            │                            │
│  │ Estrategia y Recursos Humanos       │                            │
│  └─────────────────────────────────────┘                            │
│                                                                     │
│  ┌───────────────────────────────────────────────────────────────┐ │
│  │ PARTE II.                                                     │ │
│  │ 5 pasos para transformar una oficina de personal en un área   │ │
│  │ de RRHH                                                       │ │
│  └───────────────────────────────────────────────────────────────┘ │
│                                                                     │
│   (Paso 1)   (Paso 2)   (Paso 3)   (Paso 4)   (Paso 5)             │
│                                                                     │
│  Descripción  Formación  Remunera-  Desempeño.  Desarrollo         │
│  de puestos   y          ciones     Su          del talento        │
│               Selección             evaluación                     │
│                                                                     │
│  ┌─────────────────────────────────────┐                           │
│  │ PARTE III.                          │                           │
│  │ Ser un líder de RRHH                │                           │
│  └─────────────────────────────────────┘                           │
│  ┌─────────────────────────────────────┐                           │
│  │ Capítulo 6. 5 pasos para transformarse en un│                   │
│  │ líder de RRHH.                      │                           │
│  └─────────────────────────────────────┘                           │
└─────────────────────────────────────────────────────────────────────┘
```

Temas del capítulo:

- Roles y perfil del profesional de Recursos Humanos
- Liderazgo necesario para ser un líder de RRHH
- 5 pasos para transformarse en un líder de RRHH
- El líder de Recursos Humanos y el valor de marca
- Una reflexión para los número 1 de la organización
- Una reflexión para líderes, responsables y profesionales de RRHH

Si siguió los 5 pasos descritos en este libro o está planeando cómo llevarlos a la práctica, la organización está en camino a contar con un área de Recursos Humanos. Hasta aquí, le propusimos una serie de reflexiones en el Capítulo 0; luego, desde el Capítulo 1 al Capítulo 5 describimos los pasos necesarios para transformar una oficina de personal en un área de RRHH. Desde esta perspectiva, el libro ya terminó.

En este capítulo deseo hablarles a los especialistas de RRHH a nivel más personal, decirle a cada uno cuáles son los 5 pasos a seguir para *convertirse en un líder de Recursos Humanos*.

Roles y perfil del profesional de Recursos Humanos

Los directivos y profesionales de Recursos Humanos tienen roles definidos a cumplir, para lo cual es necesario que cuenten con un determinado perfil. Partiendo de esta afirmación desarrollaré a continuación una propuesta para transformarse en un líder de Recursos Humanos, de cara al futuro, a través de un proceso planeado de 5 pasos. En obras previas[1] he tratado diversos enfoques y miradas en relación con los *roles del profesional de Recursos Humanos*. Tomando como punto de arranque estos roles, en este capítulo se verá cómo un profesional de RRHH puede transformarse en un líder del área y de su especialidad.

Decíamos que, si se ha propuesto implementar los pasos de este libro, la organización está en vías de contar con un área de RRHH. El tema de este capítulo es complementario: la organización necesitará –también– un líder de RRHH. Quizá el lector ya se sienta con la capacidad para asumir ese liderazgo; no obstante, siempre se puede mejorar, alcanzar un nivel superior.

Según las diferentes estructuras organizacionales, los profesionales del área de Recursos Humanos deben cumplir una serie de funciones inherentes a sus respectivos puestos de trabajo. En adición a ello, por el hecho de ser "profesionales" del área, deberán asumir roles específicos para que esa área cumpla con el cometido que se espera de ella, en el contexto actual.

El número 1 de la organización esperará del área de Recursos Humanos que sea un aliado, un soporte –desde su especialidad– para que la organización alcance sus objetivos estratégicos. Al mismo tiempo, proyectando la organización de cara al futuro, requerirá un adecuado manejo de la relación con las personas, contemplando sus expectativas y el desarrollo del talento interno.

---

1 *La Marca Recursos Humanos.* Ediciones Granica, Buenos Aires, 2014. *Comportamiento organizacional.* Ediciones Granica, Buenos Aires, 2017. *Social Media y Recursos Humanos.* Ediciones Granica, Buenos Aires, 2012. *Cuestiones sobre Gestión de Personas.* Ediciones Granica, Buenos Aires, 2015. *Dirección estratégica de Recursos Humanos. Gestión por competencias. Volumen I.* Ediciones Granica, Buenos Aires, 2015.

Desde esta perspectiva, alcanzar la mencionada estrategia es de interés para todos.

En la figura al pie se muestra que las organizaciones desean alcanzar la visión que se haya definido junto con la estrategia. Para ello cuentan con una cierta estructura, políticas, maquinarias (en algunos casos), métodos y procedimientos de trabajo, por citar algunos componentes, y particularmente cuentan con el conjunto de las personas que la integran. El número 1 de la organización, por su parte, espera del área de RRHH que lo ayude a alcanzar dicha estrategia, considerando los intereses diversos de las personas (ya mencionadas), y que impulse el desarrollo del talento interno.

Para que el responsable de RRHH pueda cumplir con aquello que, de algún modo, se espera de su área, deberá evidenciar un comportamiento ético (principios éticos) y experto al mismo tiempo (manejo experto).

En resumen, si se deseara primero analizar y definir el descriptivo de puestos y, en segundo lugar, realizar un diagnóstico sobre la adecuación persona-puesto de un futuro o actual profesional del área de Recursos Humanos, habría que hacerlo de la siguiente manera: determinar si la persona evaluada para dicho puesto posee los principios éticos y el manejo experto en relación con la posición a ocupar; luego, analizar los siguientes aspectos: si a través de su accionar es un soporte en la consecución de la estrategia, considera a las personas y desarrolla el talento. Se desarrollarán estas cuestiones con mayor detalle más adelante.

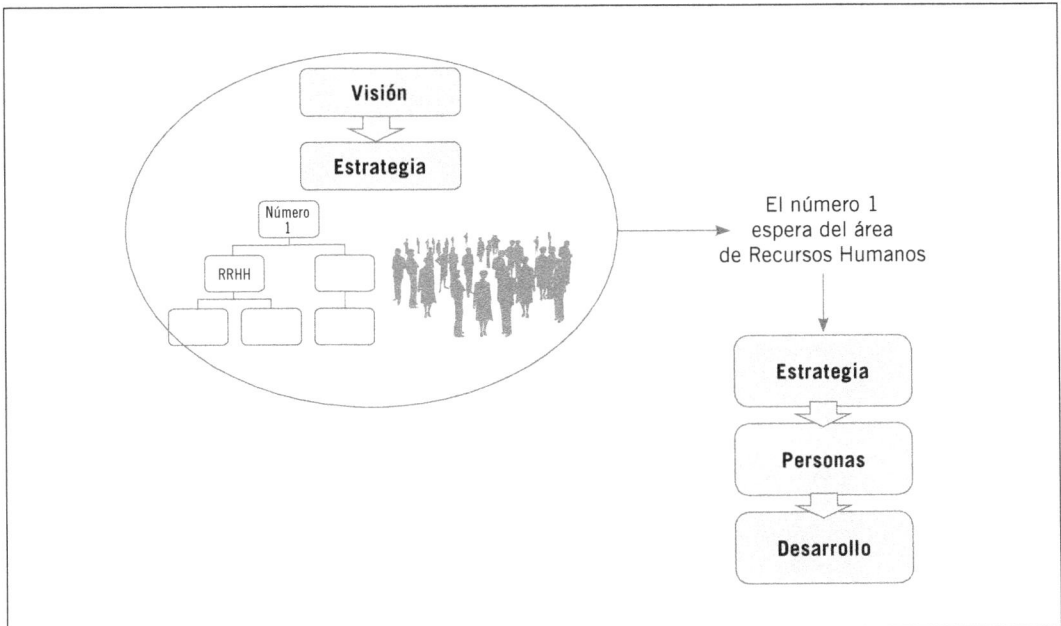

Liderazgo necesario para ser en un líder de RRHH

En todos los capítulos de esta obra se han analizado, hasta aquí, diferentes temas desde una mirada organizacional. En este capítulo, el enfoque será distinto. Lo haremos desde la óptica personal. Cómo ser un líder, cómo mejorar y alcanzar un alto grado de desarrollo como líder... es una cuestión individual, de cada persona en particular. Si bien una organización podrá definir un estilo de liderazgo deseado, no será ese el enfoque en los temas a tratar en este capítulo.

El término "liderazgo", como otros, tiene una utilización amplia y significados diversos. No es mi propósito intentar una nueva definición, solo señalar la diversidad de estilos existente.

En una conversación con una de mis nietas, de siete años en el momento de este relato, me hizo –sin saberlo– una descripción de los distintos estilos de liderazgo de las niñas y niños de su escuela. El relato más o menos fue así: los varones de su grupo tienen un líder y no toman ninguna decisión sin consultarle. Le pregunté qué característica creía ella que tenía este niño líder, y me respondió que, si bien no estaba muy segura, es el niño que "gana" todo, no solo en el aula, también en los espacios recreativos, juegos, etc. En cambio, las niñas no tienen una líder de esas características. Cuando deben tomar una decisión, lo consultan entre todas. Le insistí al respecto para cerciorarme de si había entendido bien. Sí, me había explicado dos estilos de liderazgo muy bien diferenciados.

Esta diferencia entre liderazgo femenino y masculino en niños de siete años tiene un paralelo en las personas adultas. Los liderazgos son diversos.

Los liderazgos concentrados en la figura del líder, quien propone y toma las decisiones principales, representan un estilo más asociado a lo masculino[2], construido en torno al perfil de un líder fuerte.

Un estilo opuesto se identifica en los liderazgos basados en los consensos y el grupo (equipo). Esta forma de liderazgo hace unos años se consideraba asociado al liderazgo femenino, al cual hoy se lo relaciona con las nuevas generaciones, en especial con la generación de los *millennials*[3]. Los jóvenes valoran otros rasgos en sus líderes.

---

2 Hace unos años, a este estilo de liderazgo se lo relacionaba, además, con estructuras jerárquicas militares.

3 *Millennials* (Generación de): nacidos entre 1977 y 1997. Esta generación se caracteriza por basar su accionar en valores tales como inmediatez en las comunicaciones, enfoque comunitario, lectura en medios digitales, tolerancia, diversidad, confianza en los otros. Se utilizan otros nombres para denominar a esta categoría, tales como: nativos digitales, Generación Y, entre otros.

La referencia a masculino-femenino en ningún caso debe relacionarse ni con género ni con orientación sexual, solo lo menciono aquí como una referencia frecuente a los estilos de liderazgo, de todos modos, hoy en desuso.

El liderazgo asociado a los consensos, más acorde a los comportamientos de las nuevas generaciones, se asimila al que hemos denominado liderazgo circular, que explicaré más adelante. No existe un solo estilo de liderazgo, la mayoría de las veces sostenemos que un líder debe ser de tal manera o tal otra, expresando lo que a nosotros nos gustaría y no describiendo la realidad de manera objetiva. Las personas de más edad querrían líderes más fuertes, más enérgicos; y no necesariamente los más jóvenes desean y valoran ese estilo.

¿Por qué incluir una anécdota sobre niños? Para destacar que el liderazgo emana de las personas. El liderazgo no deviene de los atributos de un puesto en particular. El liderazgo se evidencia en comportamientos. Puede ser innato y, también, se puede desarrollar.

En cuanto a las nuevas generaciones, la mayoría de las veces se habla, asimismo, desde una perspectiva *micro*, limitada al entorno directo en el cual nos movemos, sin abordar la temática con una mirada más global. Lo cierto es que, a este respecto, los comportamientos han cambiado, y no solo en las nuevas generaciones. Los especialistas en Recursos Humanos nos ocupamos de las personas, personas que han modificado su comportamiento y que lo seguirán modificando aún más en el futuro. Estas son las proyecciones de los expertos.

En relación con los temas de esta obra, el liderazgo debería devenir de la autoridad que emana de los comportamientos evidenciados, y en especial del manejo experto, el cual genera confianza. Ser un líder de RRHH por los proyectos que desde su rol propone e implementa, por las soluciones que aporta a las diferentes cuestiones y situaciones organizacionales.

A continuación, tres definiciones de competencias[4] que deseo compartir, en relación con los temas aquí tratados.

Liderazgo. Capacidad para generar compromiso y lograr el respaldo de sus superiores con vistas a enfrentar con éxito los desafíos de la organización. Capacidad para asegurar una adecuada conducción de personas, desarrollar el talento, y lograr y mantener un clima organizacional armónico y desafiante.

---

4 Una competencia se abre en grados o niveles. La apertura en grados la encontrará en la obra *Diccionario de competencias. La trilogía. Tomo 1.* Ejemplos de comportamientos en relación con esta competencia los encontrará en la obra *Diccionario de comportamientos. La trilogía. Tomo 2.* Ejemplos de preguntas en relación con esta competencia los podrá encontrar en la obra *Diccionario de preguntas. La trilogía. Tomo 3.*

Liderar con el ejemplo. Capacidad para comunicar la visión estratégica y los valores de la organización a través de un modelo de conducción personal acorde con la ética, y motivar a los colaboradores a alcanzar los objetivos planteados con sentido de pertenencia y real compromiso. Capacidad para promover la innovación y la creatividad, en un ambiente de trabajo confortable.

Credibilidad técnica. Capacidad para alcanzar con precisión los objetivos planteados y superar los estándares de calidad establecidos, al comprender la esencia de los problemas complejos, generar soluciones prácticas y aplicables, y brindar beneficios tanto para el cliente como para la organización. Capacidad para generar confianza en los demás por su desempeño profesional y constituirse en un referente a quien consultar. Implica ser reconocido por poseer sólidos conocimientos y experiencia.

De las definiciones precedentes, la primera –*Liderazgo*– es una de las más frecuentes en el ámbito de las organizaciones. La expresión "sus superiores" hace referencia a cualquier tipo de superior, podrá ser la junta de accionistas, el dueño, el CEO o el número 1 de la organización para otros niveles gerenciales.

En la segunda definición, *Liderar con el ejemplo*, se incorporan conceptos éticos y se apela a la figura del líder que conduce no tanto a través de lo que dice sino de lo que hace (es un ejemplo a seguir).

La tercera definición no habla de liderazgo. De la definición quiero destacar en especial la frase final: "constituirse en un referente a quien consultar, reconocido por sus conocimientos y experiencia".

Un nuevo estilo de liderazgo

El líder de Recursos Humanos que proponemos responde a una idea que he planteado en alguna de mis obras –líder circular–, y que incluye los conceptos anteriores desde una mirada complementaria, enfocada al mundo actual, con los cambios que las nuevas generaciones han planteado y al cual nos hemos incorporado, en alguna medida, también, los integrantes de las generaciones anteriores.

El líder circular es una persona reconocida por otros como su guía por sus valores personales, su visión del negocio y el rol que asigna a sus equipos de trabajo.

La expresión hace referencia a un estilo de liderazgo donde el líder se sitúa en el centro de la acción. Desde este lugar se encuentra cerca de sus colaboradores.

Esta ubicación en el centro de la escena permitirá al líder escuchar en forma atenta a sus colaboradores para, luego, tomar decisiones.

El líder circular comparte la visión con su equipo, fomenta el trabajo colaborativo, otorga confianza y crea compromiso a través de la acción, siendo él mismo un ejemplo a seguir.

En su rol de jefe fomenta el trabajo en equipo basando su accionar en valores. El resultado será un ambiente de trabajo ameno estableciendo una cultura de respeto.

Con este enfoque ganar-ganar en la relación líder-equipo, jefe-colaborador, se libera la creatividad, se descubren talentos.

El liderazgo que deseo plantear en este capítulo es una mezcla de conceptos, con un espectro amplio, que se evidencia en comportamientos.

Autodesarrollo para ser un líder

En el Capítulo 2, entre otros temas, se plantea el *autodesarrollo*. Acciones sencillas en el día a día que permiten crecer, más algunas otras que podrán costar un poco más de esfuerzo y/o tiempo para alcanzar el nivel deseado.

El desarrollo comienza por conocer qué se espera de nosotros e intentar llevar a cabo aquello que aún no hacemos. De acuerdo con el grado requerido de una competencia se podrá ir avanzando, subiendo una escalera imaginaria, como se vio en el capítulo mencionado, donde se expuso la figura siguiente.

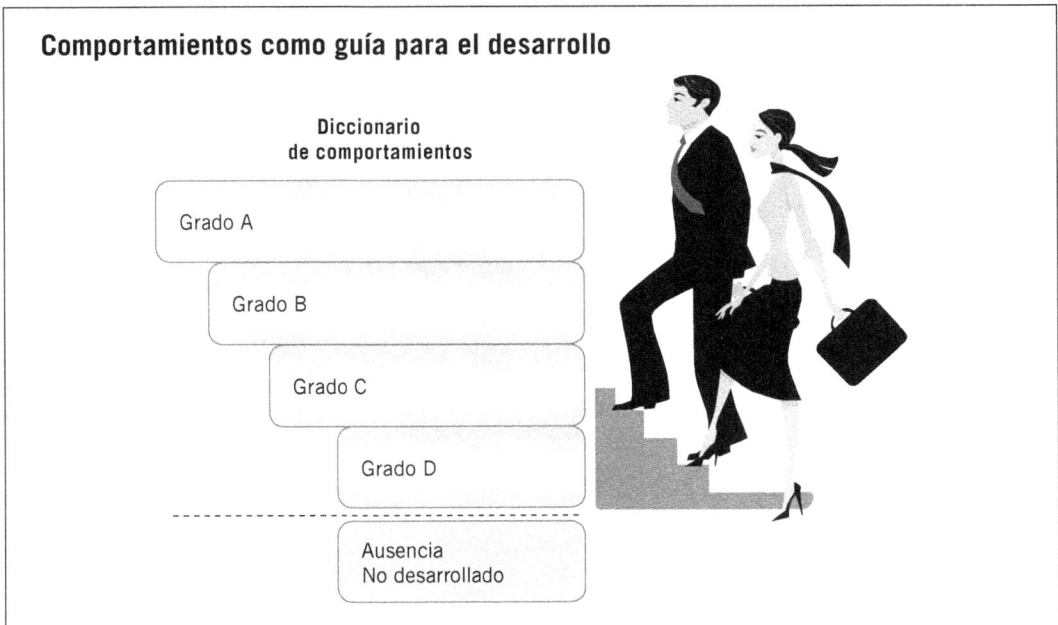

Comportamientos como guía para el desarrollo

Diccionario
de comportamientos

Grado A

Grado B

Grado C

Grado D

Ausencia
No desarrollado

De acuerdo con el grado requerido se podrá ir subiendo en la escala con una primera acción: leer lo allí descrito como comportamiento esperado. Las personas podrán ir incrementando así su nivel de desarrollo de una competencia. La idea que queremos transmitir con el gráfico precedente debe ser considerada en relación con cada una de las competencias que expusimos más arriba y, también, las que veremos a continuación.

Autodesarrollo[5] es el método más eficaz para el desarrollo de competencias, y también su grado de eficacia puede ser muy alto para la adquisición de ciertos conocimientos.

En el Capítulo 2 se vio el *Método 12 pasos*. Aquí estamos hablando de *5 pasos*. En ambos casos, la idea es la misma: dividir la acción que se desea realizar en partes, ya sea para el desarrollo de un conocimiento y/o de una competencia. Dichas partes –pasos– deben tener una secuencia lógica.

La imagen de subir una escalera e ir creciendo en el desarrollo de una capacidad también está relacionada con los pasos para ser un líder en RRHH.

Ser un líder de RRHH *paso a paso*

Paso 5
Paso 4
Paso 3
Paso 2
Paso 1

---

5 Sugerimos releer esta sección del Capítulo 2: *Formación y Selección*.

Los descriptivos de puestos de los líderes de Recursos Humanos

En los capítulos previos vimos que para desempeñarse exitosamente en un puesto de trabajo es necesario un conjunto de elementos, que se exponen en el gráfico al pie.

En la figura se puede observar que un puesto requiere conocimientos, experiencia, competencias y la adecuada motivación. Las definiciones de todos estos conceptos las encontrará en el Capítulo 1.

Sobre la derecha del gráfico se listan las características del ocupante del puesto, lo cual permitirá detectar la eventual existencia de brechas. El análisis y la comparación deberá hacerse ítem por ítem. El líder de Recursos Humanos también será "el ocupante" de algún puesto de trabajo en la organización y tendrá sus propias capacidades, las cuales deberán ser evaluadas.

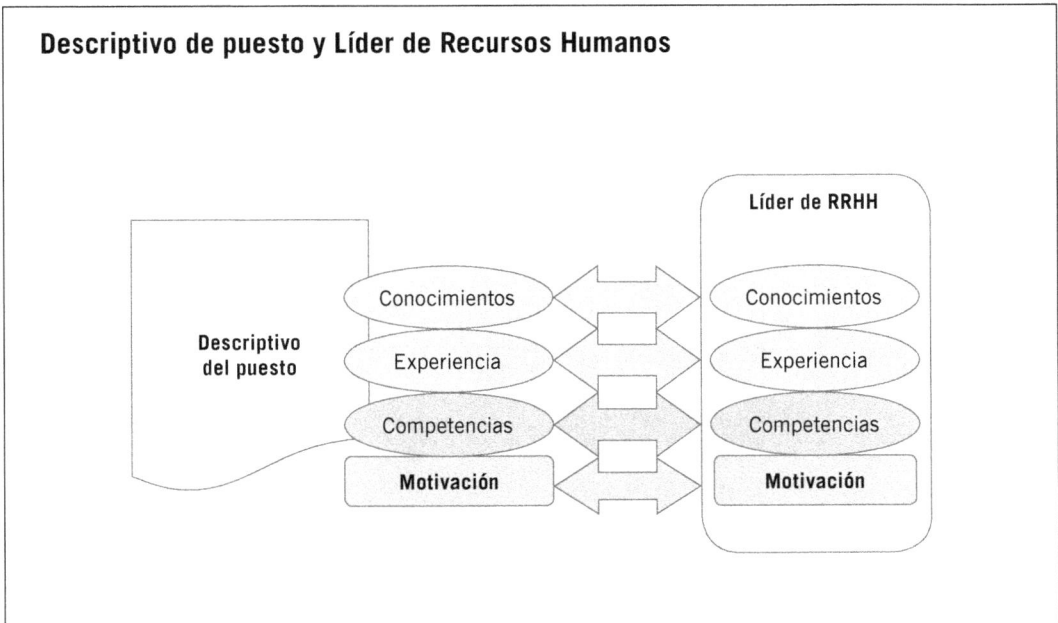

Descriptivo de puesto y Líder de Recursos Humanos

5 pasos para transformarse en un líder de RRHH

No es mi propósito hacer un nuevo juego de palabras a partir del título de la obra, simplemente los pasos identificados en este capítulo también son cinco.

Ser un líder paso a paso

Dividir en pasos o en partes un problema, una situación, es un recurso metodológico. Por lo cual podrá ser usado para resolver un problema o, como en nuestro caso, para el desarrollo de una capacidad. En dicho recurso metodológico está basado el *método 12 pasos*, y también es el aplicado a los temas de esta obra.

Como ya vimos, el desarrollo se puede realizar por varios caminos, entre ellos el autodesarrollo y la división en pasos, para alcanzar un determinado resultado. Además, para ser un líder de Recursos Humanos se deberá contar con una mezcla de conocimientos, experiencia, competencias y motivación. Con esto en mente, a continuación veremos cuáles son los pasos sugeridos para alcanzar el liderazgo en la materia, es decir, para transformarse en un líder de Recursos Humanos.

Pasos para ser un líder de RRHH

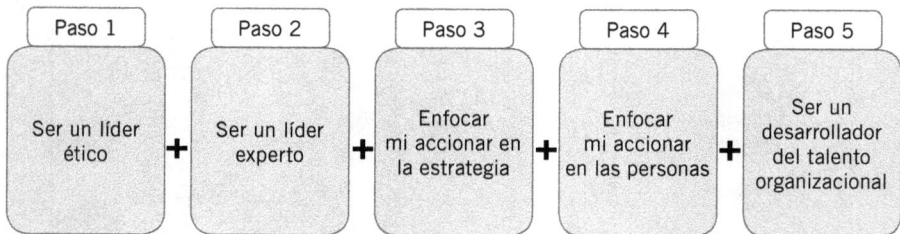

Paso 1	Paso 2	Paso 3	Paso 4	Paso 5
Ser un líder ético	+ Ser un líder experto	+ Enfocar mi accionar en la estrategia	+ Enfocar mi accionar en las personas	+ Ser un desarrollador del talento organizacional

Los pasos son secuenciales y se van agregando uno a uno: ese es el camino a seguir. No obstante la representación gráfica utilizada, imagino los pasos como capas superpuestas. Ser líder ético es el núcleo al cual le vamos sumando los atributos siguientes.

Ser un líder ético

Ser un líder ético, en la especialidad Recursos Humanos o cualquier otra, implica evidenciar comportamientos éticos, en todo momento. En la función específica de RRHH este factor cobra mayor preponderancia si tenemos en cuenta que su accionar cotidiano implica a otras personas. La ética deberá reflejarse en los métodos y procedimientos que se diseñan e implementan.

Para ser un líder ético habrá que tener en algún grado la competencia *Ètica*.

En los libros que llamamos *La trilogía*, se ha definido ética como una competencia[6], que a su vez forma parte de muchos modelos organizacionales, usualmente elegida como competencia cardinal[7].

Ética. Capacidad para sentir y obrar en todo momento de acuerdo con los valores morales y las buenas costumbres y prácticas profesionales, y respetar las políticas organizacionales. Implica sentir y obrar de este modo en todo momento, tanto en la vida profesional y laboral como en la vida privada, aún en forma contraria a supuestos intereses propios o del sector/organización al que pertenece, ya que las buenas costumbres y los valores morales están por encima de su accionar, y la organización así lo desea y lo comprende.

De la definición precedente deseo destacar dos aspectos centrales: por un lado, los valores morales y, por otro, las buenas costumbres y prácticas profesionales. En esta frase se está uniendo este paso con el siguiente (*Ser un líder experto*).

Al comportamiento ético individual y grupal debe adicionársele la consideración de dichos principios en el diseño de los métodos y procedimientos organizacionales vinculados con las personas (los 5 pasos de esta obra).

En relación con la ética y los valores morales, en los diccionarios de *La trilogía* hemos incluido competencias basadas en valores: *Ética y sencillez, Fortaleza, Integridad, Justicia, Prudencia, Respeto, Responsabilidad personal, Responsabilidad social, Sencillez, Temple (templanza)*.

---

6 Obras ya mencionadas: *Diccionario de competencias. La trilogía. Tomo 1; Diccionario de Comportamientos. La trilogía. Tomo 2; Diccionario de preguntas. La trilogía. Tomo 3.*

7 El concepto *competencia cardinal* se describió en el Capítulo 1.

Ser un líder experto

Como decíamos en el punto anterior, se puede ser un líder experto en diversos temas; aquí nos referiremos al área que nos convoca, Recursos Humanos. Para ser experto se deberá conocer sobre la especialidad y, también, sobre las herramientas disponibles junto con las nuevas tendencias para, sobre la base de este conocimiento, seleccionar las más adecuadas en cada circunstancia.

En resumen, ser un experto implica no solo conocer sobre Recursos Humanos sino ir un paso más allá: identificar las diferentes herramientas y buenas prácticas para luego determinar cuáles de ellas son las adecuadas para la organización y las que permitirán alcanzar la estrategia.

Para ser un líder experto son necesarios competencias y conocimientos.

Competencias

Sugerimos al lector releer la definición de *Credibilidad técnica* expuesta en páginas previas. Allí destacan dos conceptos. Al inicio de la definición, "… superar los estándares de calidad establecidos, al comprender la esencia de los problemas complejos, generar soluciones prácticas y aplicables, y brindar beneficios tanto para el cliente como para la organización".

Luego, en la segunda parte de la definición, "… generar confianza en los demás por su desempeño profesional y constituirse en un referente a quien consultar. Implica ser reconocido por poseer sólidos conocimientos y experiencia".

A la competencia anterior hay que adicionar la siguiente:

Conocimientos técnicos. Capacidad para poseer, mantener actualizados y demostrar todos aquellos conocimientos y/o experiencias específicas que se requieran para el ejercicio de la función a cargo, y mantener de manera constante el interés por aprender y compartir con otros los conocimientos y experiencias propios.

Cuando en la denominación de una competencia se utiliza el término "conocimientos", se hace referencia a la capacidad de adquirir los conocimientos y mantenerlos actualizados, por cualquier vía. Se relaciona con un concepto explicado más arriba, *autodesarrollo*. En ambos casos, la capacidad de mejorar, crecer y aprender se basa en la propia iniciativa.

Conocimientos

Para ser un líder experto en Recursos Humanos hay que conocer todas las herramientas[8] disponibles y su utilización. La disciplina RRHH ha cambiado y evolucionado en los últimos años; ser experto implica conocer las tendencias.

En el cuadro siguiente se describen algunas acciones a realizar y su resultado o consecuencia. Respecto de la ética y los Recursos Humanos, se debe tener en cuenta que se trata de un elemento o factor individual, de cada directivo / profesional de RRHH. La competencia podrá ser incluida en el diseño de los procedimientos. En nuestra definición, ética incluye el manejo experto.

La ética se evidencia en los comportamientos de cada persona, ya sea del área de Recursos Humanos o de cualquier otro sector. Los procedimientos propuestos y diseñados por el área de RRHH deben responder a un diseño experto e incluir la ética en su diseño. Ejemplo, en selección de personas, procedimientos éticos respecto de los postulantes, manejo de la diversidad, etcétera.

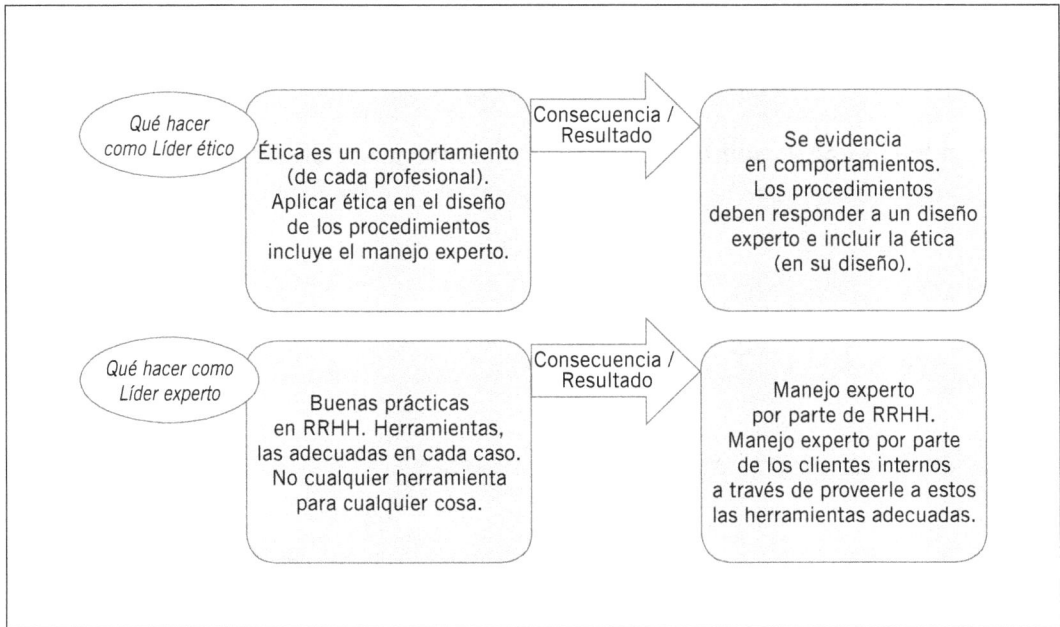

| Qué hacer como Líder ético | Ética es un comportamiento (de cada profesional). Aplicar ética en el diseño de los procedimientos incluye el manejo experto. | Consecuencia / Resultado → | Se evidencia en comportamientos. Los procedimientos deben responder a un diseño experto e incluir la ética (en su diseño). |
| Qué hacer como Líder experto | Buenas prácticas en RRHH. Herramientas, las adecuadas en cada caso. No cualquier herramienta para cualquier cosa. | Consecuencia / Resultado → | Manejo experto por parte de RRHH. Manejo experto por parte de los clientes internos a través de proveerle a estos las herramientas adecuadas. |

---

8 *Las 50 herramientas de Recursos Humanos que todo profesional debe conocer*. Ediciones Granica, Buenos Aires, 2016.

En cuanto al manejo experto, se deben utilizar las buenas prácticas y las herramientas adecuadas en cada caso. Como se señala en la figura, "no cualquier herramienta para cualquier cosa".

El resultado será doble: se produce el manejo experto por parte de RRHH y, al mismo tiempo, se logra el manejo experto por parte de los clientes internos al proveerles las herramientas adecuadas para desempeñarse adecuadamente en sus diferentes roles, incluyendo a la alta gerencia y los diferentes niveles gerenciales y de conducción.

Los dos pasos analizados se relacionan entre sí de manera muy estrecha. Además, serán la base para los pasos posteriores. La idea se expresa en la figura siguiente.

Según el tipo de organización, para ser un "experto", además de conocer sobre RRHH, será necesario contar con otros conocimientos en relación con el negocio/actividad.

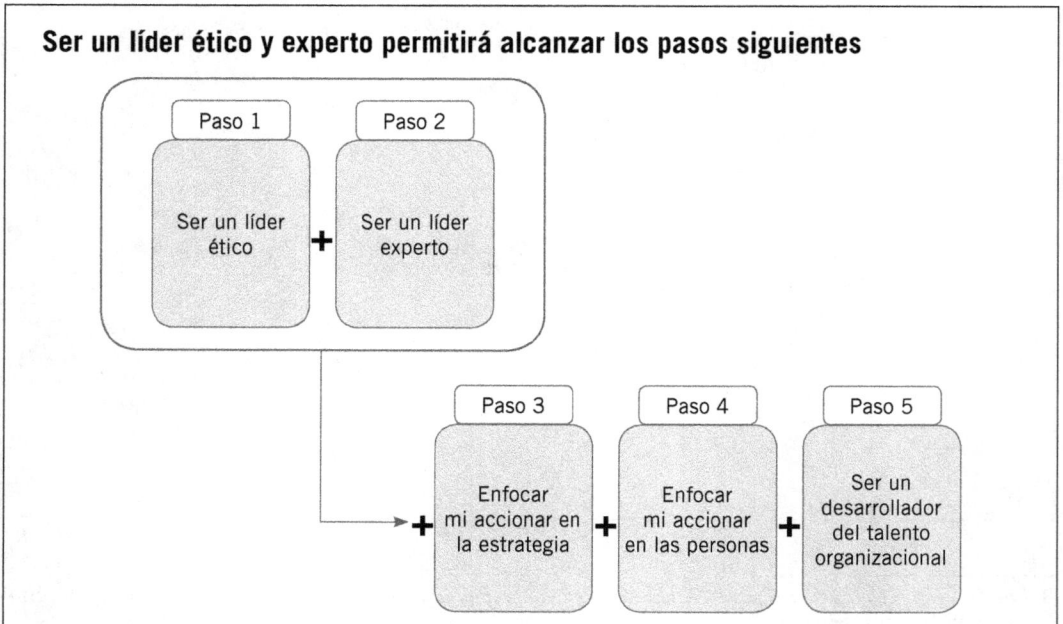

Ser un líder ético y experto permitirá alcanzar los pasos siguientes

Paso 1 — Ser un líder ético

+

Paso 2 — Ser un líder experto

Paso 3 — Enfocar mi accionar en la estrategia

+

Paso 4 — Enfocar mi accionar en las personas

+

Paso 5 — Ser un desarrollador del talento organizacional

Enfocar mi accionar en la estrategia

Para enfocar el accionar en la estrategia deben conocerse las herramientas y su mejor uso en cada caso. Los clientes internos, receptores de las funciones que lleva a cabo el área de RRHH, sienten que el área no es estratégica cuando se implementan y/o se ofrecen soluciones que no resuelven sus cuestiones cotidianas y de cara al futuro. Los directivos y responsables de las diversas áreas esperan soluciones reales a problemas reales. No son receptivos a enfoques voluntaristas o que apelen a la emotividad. No es ese el camino esperado.

Para enfocarse en la estrategia, el directivo de Recursos Humanos deberá primero comprender la estrategia organizacional, para luego llevar adelante planes de acción a fin de que esa estrategia se concrete. Para ello debe desplegar su manejo experto de los asuntos del área.

Para alcanzar los resultados esperados y sus objetivos estratégicos la organización cuenta con *todas* las personas que la integran, directivos y colaboradores de todos los niveles. Un manejo experto de los Recursos Humanos implica, en todos los casos, aplicar un enfoque *ganar-ganar*.

Para enfocar el accionar en la estrategia son necesarios competencias y conocimientos.

Competencias

Varias competencias serán de aplicación en este paso, por ejemplo, *Orientación al cliente interno y externo*, que analizaremos en relación con el paso siguiente. Otras que parten del compromiso, como *Compromiso con la calidad* y *Compromiso con la rentabilidad*. De todas las posibles, hemos elegido la siguiente:

> **Visión estratégica.** Capacidad para anticiparse y comprender los cambios del entorno, y establecer su impacto a corto, mediano y largo plazo en la organización, con el propósito de optimizar las fortalezas, actuar sobre las debilidades y aprovechar las oportunidades del contexto. Implica la capacidad para visualizar y conducir la empresa o el área a cargo como un sistema integral, para lograr objetivos y metas retadores, asociados a la estrategia corporativa.

Conocimientos

Enfocarse en la estrategia implica, además, poseer conocimientos multidisciplinarios según el ámbito de actuación, desde economía y comercio exterior hasta impuestos y regulaciones del Banco Central o ente regulador de cada país. Conocer sobre los productos (de la propia organización) y los de otras empresas similares en el mercado. Conocer sobre gustos y preferencias de los clientes receptores de los

Qué hacer para enfocarse en la Estrategia

Para enfocarse en la estrategia hay que conocerla, comprenderla y, luego, compartirla.
Participar en su elaboración.
Métodos de trabajo alineados a la estrategia, por ejemplo, el modelo de competencias.

Consecuencia / Resultado

Manejo experto en el diseño de los métodos y procedimientos de trabajo relacionados con las personas.

Programas de RRHH orientados a la estrategia.

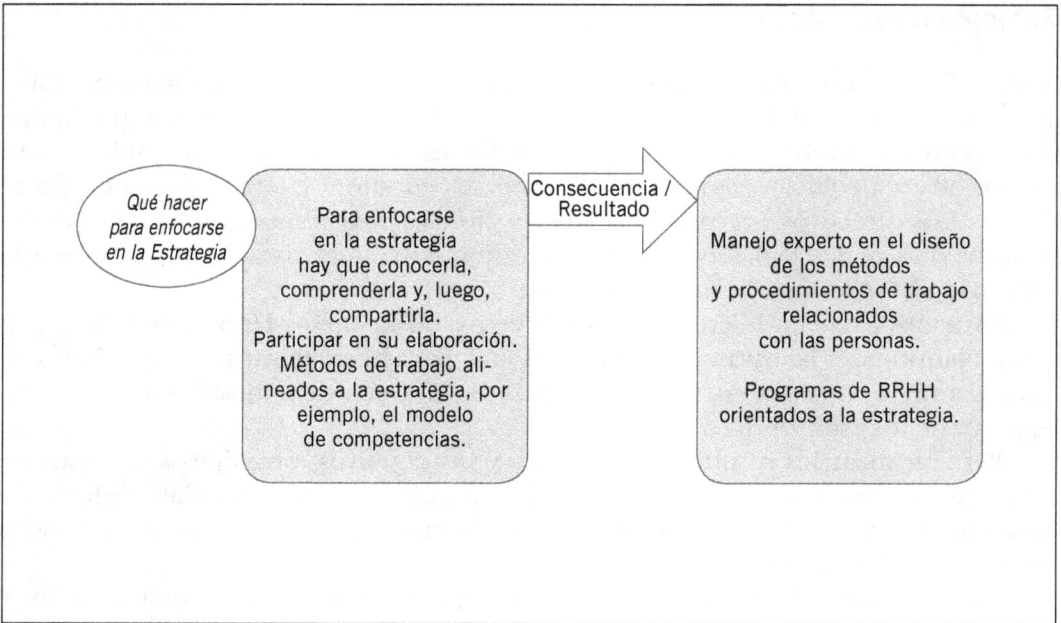

productos y/o servicios que ofrezca la organización. Aunque se trate de una ONG o un ente gubernamental. Conocer el mundo digital y las tendencias.

Poseer conocimientos acerca de todo lo necesario, sin dejar nada de lado. No será posible comprender cabalmente la estrategia sin los conocimientos mencionados.

En resumen, para enfocar su accionar en la estrategia, el líder de RRHH deberá contar con otros conocimientos además de los específicos de RRHH, y adicionar conocimientos multidisciplinarios en relación con el negocio/actividad de la organización donde se desempeñe.

En el gráfico anterior, se describen algunas acciones a realizar y su resultado o consecuencia.

Enfocar mi accionar en las personas

Una vez que usted se ha enfocado en la estrategia, el paso siguiente será enfocar el accionar en las personas, en adición al primer factor. Para ello, el directivo de Recursos Humanos deberá interpretar a los colaboradores dentro del marco organizacional. Interesarse por sus inquietudes y proyectos, analizar la satisfacción laboral y cómo compatibilizar los diferentes intereses individuales con los planes de la organización.

Para enfocar el accionar en las personas son necesarios competencias y conocimientos.

Competencias

La competencia que se expone a continuación podría llamarse también "Orientación al otro"; esa es la idea que se desea transmitir, guiar su propio accionar desde la perspectiva del otro, no de la propia.

Orientación al cliente interno y externo. Capacidad para actuar con sensibilidad ante las necesidades de un cliente y/o conjunto de clientes, actuales o potenciales, externos o internos, que pueda/n presentar en la actualidad o en el futuro. Implica una vocación permanente de servicio al cliente interno y externo, comprender adecuadamente sus demandas y generar soluciones efectivas a sus necesidades.

En el accionar del área de RRHH, al estar volcado hacia el interior de la organización, el concepto de cliente generalmente se relaciona con lo que se entiende como cliente interno.

Conocimientos

Nos referimos en el paso 2 a los conocimientos para ser un experto y al manejo de las herramientas[9] necesarias para lograr un nivel de excelencia y así ser considerado por los otros como "un experto", en nuestro caso, experto en la disciplina RRHH.

Entre las herramientas disponibles deseo destacar las mediciones sobre la satisfacción laboral y las encuestas sobre valores y proyectos personales, mencionadas en el Capítulo 0. Estas encuestas brindan información útil para el diseño de planes organizacionales y, también, para el diseño de métodos y procedimientos de trabajo.

Los temas vistos en esta obra, en todos sus capítulos / pasos, siempre pueden ser analizados desde dos perspectivas, una de las cuales es la de las personas. Invito al lector a que, para cumplimentar este paso, analice todos los temas planteados desde esa óptica.

Ser un desarrollador del talento organizacional

Este es el último paso y, para muchos, uno de los principales. Sin tomar partido sobre cuál es más importante (creo que todos los son), es cierto que se llega a este paso (o nivel) luego de haber transitado los cuatro anteriores.

---

9 *Las 50 herramientas de Recursos Humanos que todo profesional debe conocer.* Ediciones Granica, Buenos Aires, 2017.

El líder desarrollador del talento deberá hacerlo, en todos los casos, con un enfoque *ganar-ganar*.

Cuando se utiliza el principio mencionado, el desarrollo del talento de las personas es al mismo tiempo positivo para ellas –aumenta su autoestima, permite su autorrealización– y para la organización, que de esa manera contará con colaboradores altamente calificados, en conocimientos y competencias, en relación con los puestos que ocupan en la actualidad y/o que ocuparán en el futuro.

Para ser un desarrollador del talento son necesarios competencias y conocimientos.

Competencias

La mayoría de las competencias mencionadas hasta aquí influyen de un modo u otro en este paso. Comparto a continuación una específica.

Desarrollo y autodesarrollo del talento. Capacidad para fomentar e incentivar el crecimiento del talento (conocimientos y competencias) propio y de los demás, y utilizar para ello diversas tecnologías, herramientas y medios, según sea lo más adecuado. Implica la búsqueda del aprendizaje continuo, mantenerse actualizado y poder incorporar nuevos conocimientos a su área de trabajo para obtener mejores resultados en el negocio.

De la definición quiero destacar la frase "… incentivar el crecimiento del talento (conocimientos y competencias) propio y de los demás…".

No imagino a un líder desarrollador del talento que no comience por el desarrollo de sus propias capacidades.

Conocimientos

Para transformarse en un desarrollador del talento se deben conocer las distintas herramientas junto con las nuevas tendencias. Desarrollo es un tema amplio con muchos tópicos involucrados y opciones. Para lograr este paso o nivel, además de las competencias mencionadas, se deberá poseer una amplia gama de conocimientos, junto con las nuevas tendencias.

Al igual que hicimos en páginas anteriores, en el cuadro de la página siguiente se describen algunas acciones a realizar y su resultado o consecuencia.

Sobre la izquierda se mencionan los diagnósticos de adecuación persona-puesto que vimos en el Capítulo 1. Las eventuales brechas detectadas en el mencionado diagnóstico se analizan en el Capítulo 2. Este será el primer aspecto a considerar para desarrollar el talento.

Qué hacer para enfocarse en las personas	Diagnósticos adecuación persona – puesto. Considerar en la adecuación los proyectos personales. Comprender que las personas poseen distintos intereses.	Consecuencia / Resultado	La "adecuación persona-puesto" incrementa la satisfacción laboral y mejora la retención del talento. Permite desarrollar mejor el talento.
Qué hacer para ser un desarrollador del talento	Programas que consideren los intereses de las personas. Enfoque ganar-ganar: positivo para las personas y la organización.	Consecuencia / Resultado	Incrementa la autoestima y permite la autorrealización. Mejores colaboradores: más calificados en conocimientos y competencias.

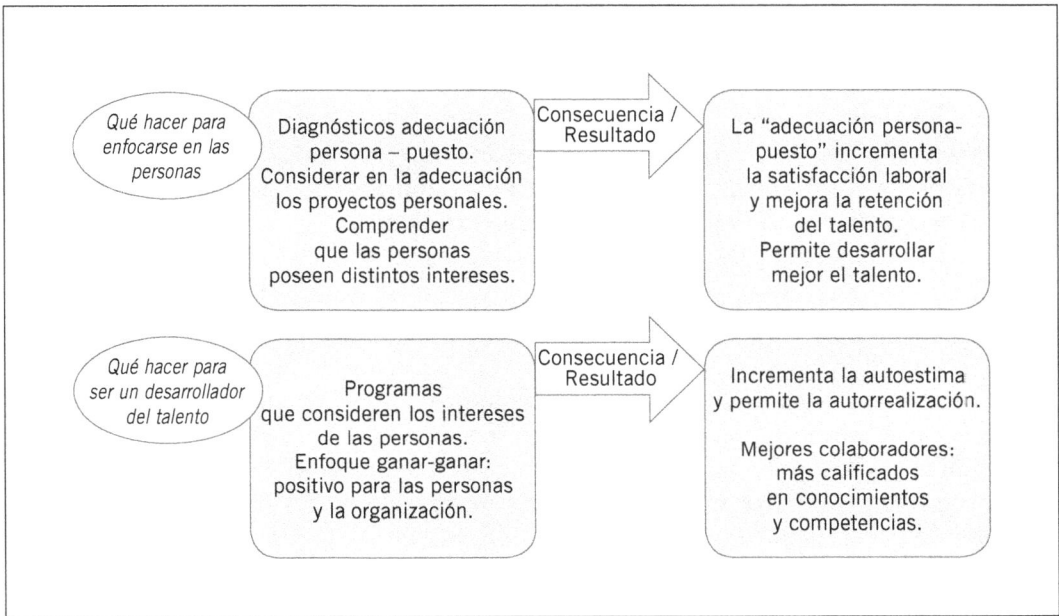

En resumen, la organización debería contar con personas en puestos para los cuales posean conocimientos, competencias y motivación adecuados. Para completar este diagnóstico, también se deberían considerar los proyectos personales.

Desde el área de RRHH se debería comprender los distintos intereses personales y medir adecuadamente la motivación, tanto en el ingreso de nuevos colaboradores como en promociones y programas de desarrollo interno (temas del Capítulo 5).

También corresponde considerar las encuestas de satisfacción laboral, y sobre valores y proyectos personales.

El resultado será altamente favorable para todos los involucrados. La adecuada relación entre los puestos y sus ocupantes mejora la satisfacción personal, y mejora así la retención del talento y, en general, el desempeño de las personas. En su conjunto, permite desarrollar mejor el talento.

Desde la mirada de las personas, incrementa la autoestima y permite la autorrealización,

Desde la mirada organizacional, el resultado será contar con colaboradores más calificados en conocimientos y competencias.

Cada uno de los 5 pasos para ser un líder en Recursos Humanos se relaciona con los otros. Por ejemplo, para diseñar un programa enfocado en las personas, con el propósito de incrementar la satisfacción laboral, habrá que contemplar ciertos aspectos estratégicos junto con el desarrollo del talento, es decir, los distintos elementos deben ser considerados simultáneamente. Para lograr lo antedicho, primero el conductor del área deberá ser un líder ético y experto.

En resumen, no alcanza con cubrir algunos de los aspectos aquí tratados. No alcanza con enfocarse en la estrategia y no ser experto y/o no tener en cuenta a las personas. Tampoco tener altos valores éticos y no considerar la estrategia, o cualquier otra combinación de factores. Todos deberán tenerse en cuenta, tanto de manera particular como en conjunto y al mismo tiempo.

El líder de Recursos Humanos y el valor de marca

Casi como una conclusión de los temas tratados, deseo destacar lo siguiente. Un líder de RRHH, como lo hemos analizado y descrito en este capítulo, agrega valor y ese valor permitirá determinar el valor de marca del área RRHH. Dicha marca será más valiosa si se alcanza un alto grado de desarrollo como líder de RRHH y si se cumplen los 5 pasos para transformar una oficina de personal en un área de RRHH, como se anuncia desde el título de la obra y como se viera en los capítulos 1 a 5.

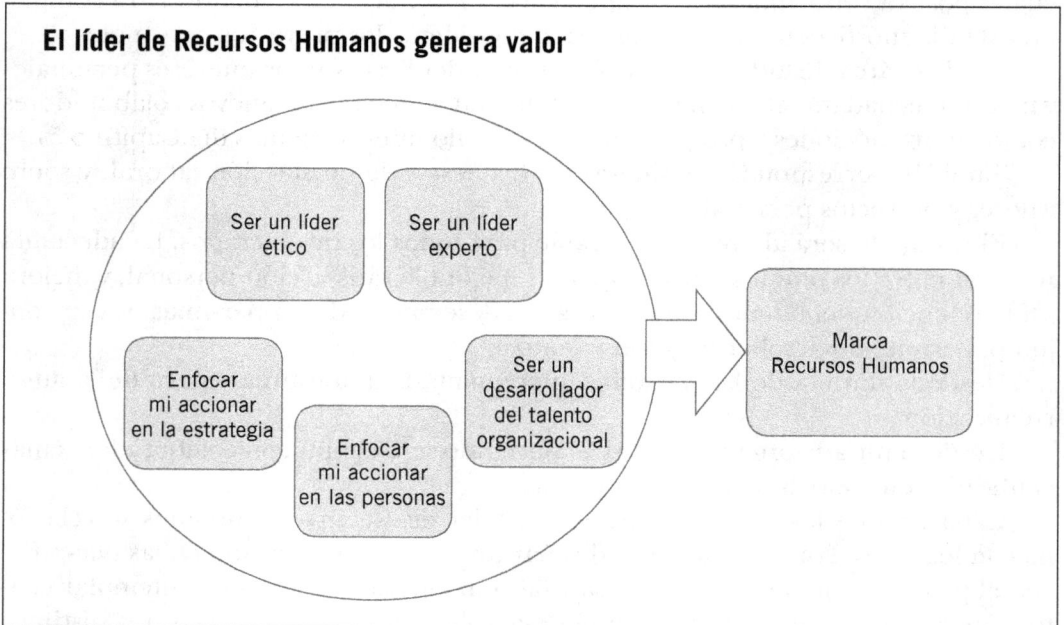

El líder de Recursos Humanos genera valor

- Ser un líder ético
- Ser un líder experto
- Enfocar mi accionar en la estrategia
- Enfocar mi accionar en las personas
- Ser un desarrollador del talento organizacional

→ Marca Recursos Humanos

Marca de Recursos Humanos es un concepto que identifica la valoración positiva que dentro de una organización posee el área de Recursos Humanos, producto de la eficacia de su gestión.

Trabajar sobre el concepto interno de *marca* tiene múltiples aplicaciones prácticas y con diferentes perspectivas:

- *Mirada interna.* Cuando el área de Recursos Humanos alcanza un valor de marca alto, se facilita la implementación de cualquier programa, método o proyecto que proponga, dado que tanto los directivos como los colaboradores en general tienen confianza en su gestión.

- *Mirada externa.* El valor de marca alto produce buena imagen entre directivos y colaboradores, y todos ellos, de manera consciente o no, la transmiten fuera de la organización. Como consecuencia, otras personas desean formar parte de ella.

  Esto implica obtener una respuesta altamente satisfactoria cuando se realizan acciones de atracción. Se logra atraer al mejor talento disponible para la posición ofertada.

  Esta mirada externa se relaciona, además, con la valoración que los colaboradores poseen del rol de sus propios jefes. Relacionar este aspecto con *rol del jefe, programas para jefes*, etcétera.

Una reflexión para los número 1 de la organización

El número 1 de la organización es responsable por todas las áreas, por todas las personas que la componen. Entre otros aspectos, considerar el rol de las nuevas generaciones y su integración en el ámbito laboral. Junto a todo lo anterior, es también responsable por los resultados y deberá responder frente a la junta de accionistas, dueños o socios por el grado de cumplimiento de los objetivos y muchas cosas más.

Por lo tanto y en relación con los temas de esta obra, el citado número 1 es responsable del área de RRHH y por las personas que forman parte de la organización. Desde esta perspectiva, los Recursos Humanos son de su interés y preocupación.

Desde esta mirada y este rol, el número 1 definirá el estilo de liderazgo en materia de Recursos Humanos en la organización, de cara al futuro y de acuerdo con las nuevas tendencias.

Vimos en el Capítulo 0 la ubicación ideal del área de RRHH en la estructura organizacional. Dicha ubicación del área es fundamental para muchos de los aspectos tratados en este libro, en su conjunto.

El número 1, los accionistas, la dirección general de una organización, de cara al futuro, para enfrentar los cambios por venir, deberán contar con personas con las capacidades necesarias para alcanzar la visión y la estrategia. Para ello será preciso identificar claramente cuáles son las características necesarias y desarrollarlas.

Para lograr estos propósitos se deberá comenzar por elegir/seleccionar como número 1 del área de RRHH a un profesional que posea al mismo tiempo manejo experto y valores personales.

Adicionalmente, elegir/seleccionar un profesional que comprenda el negocio (de la organización), que vea la empresa con enfoque empresario.

Una vez que se ha decidido la estructura de la organización y en ella la ubicación del área de RRHH, deberá integrar con voz y voto, al responsable de RRHH, al ámbito donde se toman las decisiones estratégicas.

En este capítulo vimos, en páginas previas, cómo "ser un líder experto" desde la perspectiva del profesional de RRHH . El número 1 de la organización, aún en el caso de que el responsable de RRHH sea un experto en la materia, igualmente debería estar informado sobre las buenas prácticas de RRHH, conocer cuáles herramientas le permitirán alcanzar la visión y estrategia y –al mismo tiempo– considerar a las personas, contemplando sus proyectos personales y motivación. El desarrollo del talento es el gran desafío de nuestros tiempos y un tema de agenda para los líderes empresariales.

Por último, la máxima conducción debe evaluar –mediante indicadores concretos– la actuación del área de RRHH. Los indicadores fueron tratados en el apítulo 0.

Una reflexión para líderes, responsables y profesionales de RRHH

No siempre las áreas de RRHH tienen la ubicación y jerarquía que se propone en el Capítulo 0. Con frecuencia, integra el área de Administración y Finanzas. En cualquiera de las situaciones (que el área reporte al número 1, o no), el responsable de RRHH tendrá su campo de acción y tomará decisiones dentro de su marco de autoridad.

El responsable de RRHH, el número 1 del área, podrá ejercer su liderazgo, de cara al futuro y de acuerdo con las nuevas tendencias. Ofrecemos a continuación algunas sugerencias para alcanzar ese liderazgo.

Como un primer paso, el número 1 de RRHH deberá comprender su rol en toda su magnitud y complejidad. Luego, autoevaluarse. Una mirada crítica en la comparación entre sus conocimientos, experiencias y competencias y los mismos ítems requeridos por el puesto.

En el punto anterior, le sugerimos al número 1 de la organización "integrar al responsable de RRHH, con voz y voto, al ámbito donde se toman las decisiones estratégicas". Como contrapartida, el mencionado responsable del área de RRHH deberá integrar responsablemente la mesa de las decisiones. Dejando de lado una eventual visión sectorial de RRHH, evitando tomar partido por las personas "en contra" de los empresarios y/o números 1 organizacionales. Lamentablemente esta postura es frecuente. Es un buen propósito ser un defensor de los intereses de las personas, pero esto debe alcanzarse en armonía con los intereses organizacionales, no en contra de dichos intereses.

En su rol de líder experto, proponer al número 1 de la organización programas de RRHH de mediano y largo plazo que permitan –al mismo tiempo– alcanzar la visión considerando a las personas. También podrá hacer una revisión crítica de los procedimientos y herramientas actuales. Si estos no son los adecuados, proponer un plan de acción con plazos concretos y metas intermedias para cambiar esa situación.

Se deben diseñar métodos de trabajo considerando que para alcanzar con éxito los objetivos y desafíos que las personas tienen en sus respectivos puestos de trabajo, cualquiera sea el nivel, se deben tener en cuenta y combinar de manera adecuada:

- Conocimientos, competencias, experiencia.

- Motivación y proyectos de cada una de las personas.

Como un aspecto complementario a todo lo anterior, es preciso evaluar/analizar los procedimientos de RRHH desde la mirada del otro.

El resultado final que un líder de RRHH obtendrá de su gestión se podría resumir en las frases siguientes:

- Las personas que integran la organización, los recursos humanos, actuarán en conjunto, coordinadamente, para alcanzar la estrategia organizacional. De esta manera la organización será más exitosa y competitiva. El área, por su parte, logrará una imagen de prestigio dentro de la propia organización, con base en la alta calidad y pertinencia de los servicios prestados.

- La gestión de Recursos Humanos ofrecerá productos/herramientas diseñados en función de la estrategia y considerando las necesidades del otro.

- Los clientes internos, receptores de los servicios que ofrece el área, los recibirán con la calidad adecuada y, además, estos servicios contemplarán las necesidades de cada uno de los receptores.

- Los indicadores de gestión de RRHH darán resultados satisfactorios.

Este resultado final así descrito será el que el número 1 espera del área de RRHH. Para finalizar, un breve test para autoevaluarse en el rol de líder.

Autoevaluación sobre el rol de líder

Preguntarse / reflexionar sobre los siguientes aspectos:

- Desde mi puesto de trabajo, ¿llevo a cabo acciones para ser un líder en RRHH?

- ¿Conozco realmente la visión y los planes estratégicos de la organización?

- ¿Estoy informado acerca de las herramientas de RRHH que permitirían a la organización en la cual me desempeño, alcanzar la visión y estrategia?

- ¿Estoy informado acerca de si estas herramientas de RRHH contemplan a las personas?

- Reflexionar acerca de qué grado de actualización poseo en materia de RRHH y las herramientas para alcanzar un nivel de experto (Paso 2).

- En mi gestión, ¿considero que las personas buscan conciliar los distintos aspectos de su vida? En lo personal: ¿logro alcanzar esa conciliación?

- Mi actividad laboral / el rol que desempeño, ¿responde a mis motivaciones y proyectos personales?

- Reflexionar sobre la siguiente afirmación: "No esperar que la organización proponga planes de formación. Proponerlos siguiendo las buenas prácticas y así alcanzar un manejo experto". ¿Es esa mi forma más frecuente de actuar?

DE LA BIBLIOTECA ALLES PARA SEGUIR LEYENDO

Libros específicos en relación con este capítulo ──────────────

- *Diccionario de términos de Recursos Humanos.* Ediciones Granica, Buenos Aires, 2011.
- *Las 50 herramientas de Recursos Humanos que todo profesional debe conocer.* Ediciones Granica, Buenos Aires, 2017.
- *La Marca Recursos Humanos.* Ediciones Granica, Buenos Aires, 2014.
- *Desarrollo del talento humano. Basado en competencias.* Ediciones Granica, Buenos Aires, 2017.
- *Construyendo talento.* Ediciones Granica, Buenos Aires, 2016.
- *Dirección estratégica de Recursos Humanos. Volumen 1. Gestión por competencias.* Nueva edición. Ediciones Granica, Buenos Aires, 2015.
- *Dirección estratégica de Recursos Humanos. Volumen 2. Casos.* Nueva edición. Ediciones Granica, Buenos Aires, 2016.
- *Diccionario de competencias. La trilogía. Tomo 1.* Ediciones Granica, Buenos Aires, 2015.
- *Diccionario de comportamientos. La trilogía. Tomo 2.* Ediciones Granica, Buenos Aires, 2015.

Libros sobre temas generales de interés ──────────────

- *Comportamiento organizacional.* Ediciones Granica, Buenos Aires, 2017.
- *Cuestiones sobre gestión de personas. Qué hacer para resolverlas.* Ediciones Granica, Buenos Aires, 2015.
- *Social media y Recursos Humanos.* Ediciones Granica, Buenos Aires, 2012.

Libros sobre Liderazgo ──────────────

- *12 pasos para conciliar vida profesional y personal. Desde la mirada individual.* Ediciones Granica, Buenos Aires, 2013.
- *12 pasos para ser un buen jefe.* Ediciones Granica, Buenos Aires, 2014. Título anterior de esta obra: *Cómo ser un buen jefe en 12 pasos* (2008).
- *Cómo delegar efectivamente en 12 pasos.* Ediciones Granica, Buenos Aires, 2010.
- *Cómo llevarme bien con mi jefe y con mis compañeros de trabajo.* Serie Bolsillo. Ediciones Granica, Buenos Aires, 2009.
- *Cómo transformarse en un jefe entrenador en 12 pasos.* Ediciones Granica, Buenos Aires, 2010.
- *Conciliar vida profesional y personal. Dos miradas: organizacional e individual.* Ediciones Granica, Buenos Aires, 2016.
- *Rol del jefe.* Ediciones Granica, Buenos Aires, 2008.

Bibliografía

– *12 pasos para conciliar vida profesional y personal. Desde la mirada individual*. Ediciones Granica, Buenos Aires, 2013.

– *12 pasos para ser un buen jefe*. Ediciones Granica, Buenos Aires, 2014. Título anterior de esta obra: *Cómo ser un buen jefe en 12 pasos* (2008).

– *Codesarrollo: una nueva forma de aprendizaje*. Ediciones Granica, Buenos Aires, 2009.

– *Cómo delegar efectivamente en 12 pasos. Ediciones Granica, Buenos Aires, 2010.*

– *Cómo transformarse en un jefe entrenador en 12 pasos*. Ediciones Granica, Buenos Aires, 2010.

– *Comportamiento organizacional*. Ediciones Granica, Buenos Aires, 2017

– *Conciliar vida profesional y personal. Dos miradas: organizacional e individual*. Ediciones Granica, Buenos Aires, 2016.

– *Construyendo talento*. Ediciones Granica, Buenos Aires, 2016.

– *Cuestiones sobre gestión de personas. Qué hacer para resolverlas*. Ediciones Granica, Buenos Aires, 2015.

– *Desarrollo del talento humano. Basado en competencias*. Ediciones Granica, Buenos Aires. 2017

– *Desempeño por competencias. Estrategia. Desarrollo de personas. Evaluación de 360°*. Ediciones Granica, Buenos Aires. 2017.

– *Diccionario de competencias. La trilogía. Tomo 1*. Ediciones Granica, Buenos Aires, 2015.

– *Diccionario de comportamientos. La trilogía. Tomo 2*. Ediciones Granica, Buenos Aires, 2015.

– *Diccionario de preguntas. La trilogía. Tomo 3*. Ediciones Granica, Buenos Aires, 2015.

– *Diccionario de términos de Recursos Humanos*. Ediciones Granica, Buenos Aires, 2011.

– *Dirección estratégica de Recursos Humanos. Volumen 1. Gestión por competencias*. Nueva edición. Ediciones Granica, Buenos Aires, 2015.

– *Dirección estratégica de Recursos Humanos. Volumen 2. Casos*. Nueva edición. Ediciones Granica, Buenos Aires, 2016.

– *Elija al mejor*. Ediciones Granica, Buenos Aires, 2003. Nuevo libro, 2017.

– *Incidencia de las competencias en la empleabilidad de profesionales. Empleabilidad y Competencias*. EAE Editorial Académica Española; Saarbrücken, Alemania, 2011.

– *La Marca Recursos Humanos*. Ediciones Granica, Buenos Aires, 2014.

– *Las 50 herramientas de Recursos Humanos que todo profesional debe conocer*. Ediciones Granica, Buenos Aires, 2017.

– *Rol del jefe*. Ediciones Granica, Buenos Aires, 2008.

– *Selección por competencias. Atracción y reclutamiento en las redes sociales. Entrevista y medición de competencias.* Ediciones Granica. Buenos Aires, 2016

– *Social media y Recursos Humanos*. Ediciones Granica, Buenos Aires, 2012.

Unas palabras sobre la autora

Martha Alicia Alles es Doctora por la Universidad de Buenos Aires, área Administración. Su tesis doctoral se presentó bajo el título *La incidencia de las competencias en la empleabilidad de profesionales.* Su primer título de grado es Contadora Pública Nacional (UBA). Posee una amplia experiencia como docente universitaria, en diversos posgrados tanto de la Argentina como del exterior.

Con más de cuarenta títulos publicados hasta el presente, es la autora argentina que ha escrito la mayor cantidad de obras sobre su especialidad. Cuenta con colecciones de libros de texto sobre Recursos Humanos, Liderazgo y Management Personal, que se comercializan en toda Hispanoamérica.

De su colección sobre **Recursos Humanos** ha publicado:

Temas generales de Recursos Humanos y Comportamiento Organizacional:

- *Dirección estratégica de Recursos Humanos. Volumen 1. Gestión por competencias* (nueva edición revisada, 2015).
- *Dirección estratégica de Recursos Humanos. Volumen 2. Casos* (nueva edición revisada, 2016).
- *5 pasos para transformar una oficina de personal en un área de Recursos Humanos.* Nuevo libro (2018).
- *Comportamiento organizacional* (2017).

Específicos sobre modelos de competencias:

- *Gestión por competencias. El diccionario* (2002, y 2ª edición revisada, 2005).
- *Diccionario de comportamientos. Gestión por competencias* (2004).
- *Diccionario de preguntas. Gestión por competencias* (2005).

Nuevas obras preparadas sobre la base de un enfoque diferente de la metodología de Gestión por competencias:

- *Diccionario de competencias. La trilogía. Tomo 1* (2015).
- *Diccionario de comportamientos. La trilogía. Tomo 2* (2015).
- *Diccionario de preguntas. La trilogía. Tomo 3* (2015).

Sobre selección:

- *Empleo: el proceso de selección* (1998, y nueva edición revisada, 2001).
- *Empleo: discriminación, teletrabajo y otras temáticas* (1999).
- *Elija al mejor. La entrevista en selección de personas. La entrevista por competencias.* Nuevo libro (2017).

- *Selección por competencias. Atracción y reclutamiento en las redes sociales. Entrevista y medición de competencias.* Nuevo libro (2016).

Sobre desempeño:
- *Desempeño por competencias. Estrategia. Desarrollo de personas. Evaluación de 360°.* Nuevo libro (2017).

Sobre desarrollo de personas:
- *Desarrollo del talento humano. Basado en competencias* (2005, y nueva edición revisada y ampliada, 2017).
- *Codesarrollo. Una nueva forma de aprendizaje* (2009).
- *Construyendo talento* (2016).

Sobre Recursos Humanos, liderazgo y management:
- *Diccionario de términos de Recursos Humanos* (2011).
- *Las 50 herramientas de Recursos Humanos que todo profesional debe conocer* (2017).
- *Social media y Recursos Humanos* (2012).
- *La Marca Recursos Humanos* (2014).
- *Cuestiones sobre Gestión de Personas. Qué hacer para resolverlas* (2015).

De los siguientes títulos están disponibles solo en Internet (**www.marthaalles.com**), para profesores, una edición de *Casos* y otra edición de *Clases: Comportamiento organizacional, Codesarrollo, Construyendo talento, Dirección estratégica de Recursos Humanos* (nueva edición 2015), *Desempeño por competencias, Desarrollo del talento humano. Selección por competencias, La trilogía (Diccionario de competencias. La trilogía. Tomo 1; Diccionario de comportamientos. La trilogía. Tomo 2; y Diccionario de preguntas. La trilogía. Tomo 3), 200 modelos de currículum, y Mitos y verdades en la búsqueda laboral.*

De la serie **Liderazgo** podemos mencionar:
- *Rol del jefe* (2008).
- *12 pasos para ser un buen jefe* (2008).
- *Conciliar vida profesional y personal* (2016).
- *Cómo transformarse en jefe entrenador en 12 pasos* (2010).
- *Cómo delegar efectivamente en 12 pasos* (2010).
- *12 pasos para conciliar vida profesional y personal* (2013).

Su colección de libros destinados al **Management Personal** está compuesta por:
- *Las puertas del trabajo* (1995).
- *Mitos y verdades en la búsqueda laboral* (1997, y nueva edición revisada y ampliada, 2008).
- *200 modelos de currículum* (1997, y nueva edición revisada y ampliada, 2008).
- *Su primer currículum* (1997).
- *Cómo manejar su carrera* (1998).
- *La entrevista laboral* (1999).
- *Mujeres, trabajo y autoempleo* (2000).

En la colección de **Bolsillo** se publicaron:
- *La entrevista exitosa* (2005 y 2009).
- *La mujer y el trabajo* (2005).

- *Mi carrera* (2005 y 2009).
- *Autoempleo* (2005).
- *Mi búsqueda laboral* (2009).
- *Mi currículum* (2009).
- *Cómo llevarme bien con mi jefe y con mis compañeros de trabajo* (2009).
- *Cómo buscar trabajo a través de Internet* (2009).

Martha Alles es habitual colaboradora en revistas y periódicos de negocios, programas radiales y televisivos de la Argentina y de otros países hispanoparlantes, y conferencista invitada por diferentes organizaciones empresariales y educativas, tanto locales como internacionales. En los últimos dos años ha dictado conferencias y seminarios en Bolivia, Colombia, Costa Rica, Chile, Ecuador, El Salvador, Estados Unidos, Guatemala, México, Nicaragua, Panamá, Paraguay, Perú, República Dominicana, Uruguay, Venezuela, entre otros, además de numerosos seminarios en su país, Argentina.

Es consultora internacional en Gestión por competencias y presidenta de Martha Alles International, firma regional que opera en toda Latinoamérica y Estados Unidos, lo que le permite unir sus amplios conocimientos técnicos con su práctica profesional diaria. Cuenta con una experiencia profesional de más de veinticinco años en su especialidad.

Es casada, tiene tres hijos, dos nietas y un nieto.

Martha Alles SA
Talcahuano 833 (Talcahuano Plaza), piso 2
Buenos Aires, Argentina
Teléfono: (54-11) 4815 4852
Twitter: marthaalles

Libros de Martha Alles de la serie Recursos Humanos, publicados por Ediciones Granica

Guía de lecturas: secuencia sugerida

- Comportamiento organizacional

- 5 pasos para transformar una oficina de personal en un área de Recursos Humanos

- Dirección estratégica de Recursos Humanos. Volumen 1. Gestión por competencias.
- Dirección estratégica de Recursos Humanos. Volumen 2. Casos.

Trilogía:
- Diccionario de competencias. Tomo 1
- Diccionario de comportamientos. Tomo 2
- Diccionario de preguntas. Tomo 3

Libros complementarios de la **Serie Management Personal**

- Mitos y verdades en la búsqueda laboral
- 200 modelos de currículum

- Selección por competencias
- Elija al mejor. La entrevista en selección de personas. La entrevista por competencias

- Desempeño por competencias. Estrategia. Desarrollo de personas. Evaluación de 360°

- Desarrollo del talento humano. Basado en competencias

- Construyendo talento
- Codesarrollo: una nueva forma de aprendizaje

Libros de Martha Alles publicados por Ediciones Granica relacionados con Recursos Humanos y Liderazgo

- Diccionario de términos de Recursos Humanos
- Las 50 herramientas de Recursos Humanos que todo profesional debe conocer
- Social media y Recursos Humanos
- La Marca Recursos Humanos
- Cuestiones sobre gestión de personas. Qué hacer para resolverlas

Libros de la serie Liderazgo de Martha Alles publicados por Ediciones Granica

Guía de lecturas: secuencia sugerida

- Rol del jefe. Cómo ser un buen jefe

  - 12 pasos para ser un buen jefe

- Cómo llevarme bien con mi jefe y con mis compañeros de trabajo. Serie Bolsillo

  - Conciliar vida profesional y personal

- Cómo transformarse en un jefe entrenador en 12 pasos

  - Cómo delegar efectivamente en 12 pasos

- 12 Pasos para conciliar vida profesional y personal

www.ingramcontent.com/pod-product-compliance
Lightning Source LLC
Chambersburg PA
CBHW051206200326
41519CB00025B/7029